漢蘭臺令史　班固　撰
唐祕書少監　顏師古　注

漢書

第十一册

卷八五至卷九五(傳五)

中華書局

漢書卷八十五

谷永杜鄴傳第五十五

谷永字子雲，長安人也。父吉，爲衞司馬，使送郅支單于侍子，〔一〕爲郅支所殺，語在陳湯傳。永少爲長安小史，後博學經書。建昭中，御史大夫繁延壽〔二〕聞其有茂材，除補屬，舉爲太常丞，數上疏言得失。

〔一〕師古曰：「爲使而送之還本國也。郅音質。」

〔二〕師古曰：「卽李延壽也。一姓繁，音蒲何反。」

建始三年冬，日食地震同日俱發，詔舉方正直言極諫之士，太常陽城侯劉慶忌舉永待詔公車。對曰：

陛下秉至聖之純德，懼天地之戒異，飭身修政，〔一〕納問公卿，又下明詔，帥舉直言，〔二〕燕見紬繹，以求咎愆，〔三〕使臣等得造明朝，承聖問。〔四〕臣材朽學淺，不通政事。竊聞明王卽位，正五事，建大中，以承天心，〔五〕則庶徵序於下，日月理於上；〔六〕如人君淫溺後宮，般樂游田，〔七〕五事失於躬，大中之道不立，則咎徵降而六極至。〔八〕凡災異之發，各象過失，以類告人。乃十二月朔戊申，日食婺女之分，地震蕭牆之內，〔九〕二者同日俱發，以丁寧陛下，〔一〇〕厥咎不遠，宜厚求諸身。〔一一〕意豈陛下志在閨門，未卹政事，不慎舉錯，〔一二〕婁失中與？〔一三〕內寵大盛，女不遵道，嫉妒專上，妨繼嗣與？古之王者廢五事之中，失夫婦之紀，妻妾得意，謁行於內，勢行於外，至覆傾國家，或亂陰陽。〔一四〕昔褒姒用國，宗周以喪；〔一五〕閻妻驕扇，日以不臧。〔一六〕此其效也。經曰：「皇極，皇建其有極。」〔一七〕傳曰：「皇之不極，是謂不建，時則有日月亂行。」

〔一〕師古曰：「飭與敕同。敕，整也。」

〔二〕師古曰：「帥舉，謂公卿守相皆令舉也。帥字或作師。師，衆也。」

〔三〕師古曰：「紬讀曰抽。紬繹者，引其端緒也。」

〔四〕師古曰：「造，至也，音千到反。」

〔五〕師古曰：「五事，貌、言、視、聽、思也。大中卽皇極也。解在五行志。」

〔六〕師古曰：「庶，衆也。徵，證也。」

〔七〕師古曰：「如，若也。般讀與盤同。」

〔八〕師古曰：「六極，謂一曰凶短折，二曰疾，三曰憂，四曰貧，五曰惡，六曰弱。」

〔九〕師古曰：「蕭牆，屏牆也，解在五行志。」

〔一〇〕師古曰：「丁寧謂再三告示也。」

〔一一〕師古曰：「厚猶深也。」

〔一二〕師古曰：「志在閨門，謂留心於女色也。錯，置也，音千故反。」

〔一三〕師古曰：「婁，古屢字也。與讀曰歟。下皆類此。」

〔一四〕師古曰：「謁，請也。內則所請必行，外則擅其權力，言女寵盛也。」

〔一五〕師古曰：「褒姒，褒人所獻之女也。幽王惑之，卒有犬戎之禍。」

〔一六〕師古曰：「閻，嬖寵之族也。扇，熾也。臧，善也。魯詩小雅十月之交篇曰『此日而食，于何不臧』，又曰『閻妻扇方處』，言厲王無道，內寵熾盛，政化失理，故致災異，日爲之食，爲不善也。」

〔一七〕師古曰：「周書洪範之辭也。皇，大也。極，中也。大立其有中，所以行九疇之義也。」

陛下踐至尊之祚爲天下主，奉帝王之職以統羣生，方內之治亂，在陛下所執。〔一〕誠留意於正身，勉强於力行，損燕私之閒以勞天下，〔二〕放去淫溺之樂，罷歸倡優之笑，〔三〕絕郤不享之義，慎節游田之虞，〔四〕起居有常，循禮而動，躬親政事，致行無倦，安服若性。〔五〕經曰：「繼自今嗣王，其毋淫于酒，毋逸于游田，惟正之共。」〔六〕未有身治正而臣下邪者也。

〔一〕師古曰：「方內，四方之內也。」

〔二〕師古曰：「損，減也。閒讀曰閑。勞，憂也。」

〔三〕師古曰：「矣，古笑字。」

〔四〕師古曰：「卻，退也。享，當也。言所爲不善，不當天心也。一曰天不祐之，不歆享其祀也。虞與娛同。」

〔五〕師古曰：「致，至也。安心而服行之，如天性自然也。」

〔六〕師古曰：「周書無逸之辭也。言從今以往，繼業嗣立之王毋過欲於酒，毋放於田獵，惟宜正身恭己也。共讀曰恭。」

夫妻之際，王事綱紀，安危之機，聖王所致愼也。昔舜飭正二女，以崇至德；〔一〕楚莊忍絕丹姬，以成伯功；〔二〕幽王惑於褒姒，周德降亡；魯桓脅於齊女，社稷以傾。〔三〕誠修後宮之政，明尊卑之序，貴者不得嫉妬專寵，以絕驕嫚之端，抑褒、閻之亂，賤者咸得秩進，各得厥職，〔四〕以廣繼嗣之統，息白華之怨，〔五〕後宮親屬，饒之以財，勿與政事，〔六〕以遠皇父之類，損妻黨之權，〔七〕未有閨門治而天下亂者也。

〔一〕師古曰：「虞書堯典云『釐降二女于媯汭，嬪于虞』。謂堯以二女妻舜，觀其治家，欲使治國，而舜謹敕正躬以待二女，其德益崇，遂受堯禪也。飭與敕同。」

〔二〕應劭曰：「楚莊王得丹姬，三月不聽朝。保申諫，忍絕不復見，乃勤政事，遂爲盟主也。」師古曰：「丹姬是楚文王姬也。莊王用申公巫臣之諫，不納夏姬。谷永集丹字作夏，是也。今此傳作丹，轉寫誤耳。應氏就而謬釋，非本實也。伯讀曰霸。」

〔三〕師古曰：「解並在五行志。」

〔四〕師古曰：「秩，次也，以次而進御也。」

〔五〕師古曰：「詩小雅白華之篇也。幽王惑於褒姒而黜申后，故國人作此詩以刺之。永言此者，譏成帝專寵趙昭儀也。」

〔六〕師古曰：「與讀曰豫。」

〔七〕師古曰：「皇父，周卿士也。小雅十月之交詩曰『皇父卿士，番惟司徒』，刺厲王淫於色，故皇父之屬因嬖寵而爲官也。遠音于萬反。父讀曰甫。」

治遠自近始，習善在左右。昔龍筦納言，而帝命惟允；〔一〕四輔既備，成王靡有過事。〔二〕誠敕正左右齊栗之臣，〔三〕戴金貂之飾執常伯之職者，〔四〕皆使學先王之道，知君臣之義，濟濟謹孚，無敖戲驕恣之過，〔五〕則左右肅艾，〔六〕羣僚仰法，化流四方。經曰：「亦惟先正克左右。」〔七〕未有左右正而百官枉者也。〔八〕

〔一〕師古曰：「龍，舜臣名也。筦字與管同。管，主也。虞書舜典曰帝曰：『龍，命汝作納言，夙夜出納朕命惟允。』允，信也。」

〔二〕師古曰：「四輔，謂左輔、右弼、前疑、後丞也。周書洛誥稱成王曰：『誕保文武受命，亂爲四輔。』」

〔三〕孟康曰：「左右謂尙書官也。齊栗，言其整齊萬事，(嘗)〔常〕戰栗謹敬也。」

〔四〕師古曰：「常伯，侍中也。伯，長也，常使長事者也。一曰常任使之人，此爲長也。」

〔五〕師古曰：「孚，信也。」

〔六〕師古曰：「肅，敬也。艾讀曰乂。乂，治也。」

〔七〕師古曰：「周書君牙之辭也。言王者欲正百官，要在能先正其左右近臣也。」

〔八〕師古曰：「枉，曲也。」

治天下者尊賢考功則治，簡賢違功則亂。〔一〕誠審思治人之術，歡樂得賢之福，論材選士，必試於職，明度量以程能，考功實以定德，〔二〕無用比周之虛譽，毋聽濅潤之譖愬，〔三〕則抱功修職之吏無蔽傷之憂，比周邪僞之徒不得即工，〔四〕小人日銷，俊艾日隆。〔五〕經曰：「三載考績，三考黜陟幽明。」〔六〕又曰：「九德咸事，俊艾在官。」〔七〕未有功賞得於前衆賢布於官而不治者也。

〔一〕師古曰：「簡，略也，謂輕慢也。」

〔二〕師古曰：「程，效也。」

〔三〕師古曰：「比周，言阿黨親密也。濅潤，積漸之深也。比音頻寐反。」

〔四〕李奇曰：「即，就也。工，官也。」

〔五〕師古曰：「艾讀曰乂。其下亦同。」

〔六〕師古曰：「虞書舜典之辭也。言居官者三年一考其功，三考則退其幽闇無功者，升其昭明有功者。」

〔七〕師古曰：「虞書咎繇謨之辭也。言使九德之人皆用事，俊桀治能之士並在官也。九德，謂寬而栗，柔而立，愿而恭，亂而敬，擾而毅，直而溫，簡而廉，剛而塞，彊而義。」

堯遭洪水之災，天下分絕爲十二州，制遠之道微〔一〕而無乖畔之難者，德厚恩深，無怨於下也。秦居平土，一夫大呼而海內崩析者，〔二〕刑罰深酷，吏行殘賊也。夫違天害德，爲上取怨於下，莫甚乎殘賊之吏。誠放退殘賊酷暴之吏（一）〔錮〕廢勿用，益選溫良上德之士以親萬姓，〔三〕平刑釋冤以理民命，〔四〕務省繇役，毋奪民時，薄收賦稅，毋殫民財，〔五〕使天下黎元咸安家樂業，不苦踰時之役，〔六〕不患苛暴之政，不疾酷烈之吏，〔七〕雖有唐堯之大災，民無離上之心。〔八〕經曰：「懷保小人，惠于鰥寡。」〔九〕未有德厚吏良而民畔者也。

〔一〕孟康曰：「本九州，洪水隔分，更爲十二州，處所離遠，相制之道微也。」師古曰：「十二州謂冀、兗、豫、青、徐、荆、揚、雍、梁、幽、并、營也。」

〔二〕師古曰：「呼音火故反。」

〔三〕師古曰：「親謂愛養之。」

〔四〕師古曰：「釋，解也。」

〔五〕師古曰：「殫，盡也，音單。」

〔六〕師古曰：「古者行役不踰時。時謂三月，是爲一（月）〔時〕。」

〔七〕師古曰：「言免此疾患。」

〔八〕師古曰：「堯遭洪水，故云大災。」

〔九〕師古曰：「周書無逸之辭也。懷，和也。保，安也。」

臣聞災異，皇天所以譴告人君過失，猶嚴父之明誡。畏懼敬改，則禍銷福降；忽然簡易，則咎罰不除。經曰：「饗用五福，畏用六極。」〔一〕傳曰：「六沴作見，若不共御，六罰既侵，六極其下。」〔二〕今三年之間，災異鋒起，小大畢具，所行不享上帝，〔三〕上帝不豫，〔四〕炳然甚著。不求之身，無所改正，疏舉廣謀，又不用其言，〔五〕是循不享之迹，無謝過之實也，天責愈深。此五者，王事之綱紀，南面之急務，唯陛下留神。

〔一〕師古曰：「周書洪範之辭。饗，當也。言所行當於天心，則降以五福；若所爲不善，則以六極畏罰之。五福，一曰壽，二曰富，三曰康寧，四曰攸好德，五曰考終命。六極之解已具於前。」

〔二〕師古曰：「此洪範之傳也。沴，災氣也。共讀曰恭。御讀曰禦。言敬而修德以禦災。」

〔三〕師古曰：「享，當也。不當天心。」

〔四〕師古曰：「豫，悅也。」

〔五〕晉灼曰：「疏，遠也。」

對奏，天子異焉，特召見永。

其夏，皆令諸方正對策，語在杜欽傳。永對畢，因曰：「臣前幸得條對災異之效，禍亂所極，言關於聖聰。書陳於前，陛下委棄不納，而更使方正對策，背可懼之大異，問不急之常論，廢承天之至言，角無用之虛文，〔一〕欲末殺災異，滿讕誣天，〔二〕是故皇天勃然發怒，甲已之間暴風三溱，拔樹折木，〔三〕此天至明不可欺之效也。」上特復問永，永對曰：「日食地震，皇后貴妾專寵所致。」語在五行志。

〔一〕師古曰：「角，竟也。」

〔二〕師古曰：「末殺，埽滅也。滿讕謂欺罔也。殺音先曷反。讕音來亶反。」

〔三〕師古曰：「自甲至己，凡六日也。溱與臻同。臻，至也。」

是時，上初卽位，謙讓委政元舅大將軍王鳳，議者多歸咎焉。永知鳳方見柄用，〔一〕陰欲自託，乃復曰：

〔一〕師古曰：「言任用之授以權也。」

方今四夷賓服，皆爲臣妾，北無薰粥冒頓之患，〔一〕南無趙佗、呂嘉之難，三垂晏然，靡有兵革之警。〔二〕諸侯大者乃食數縣，漢吏制其權柄，不得有爲，亡吳、楚、燕、梁之勢。百官盤互，親疏相錯，〔三〕骨肉大臣有申伯之忠，〔四〕洞洞屬屬，小心畏忌，〔五〕無重合、安陽、博陸之亂。〔六〕三者無毛髮之辜，不可歸咎諸舅。此欲以政事過差丞相父子、中尙書宦官，檻塞大異，皆瞽說欺天者也。〔七〕竊恐陛下舍昭昭之白過，忽天地之明戒，聽晻昧之瞽說，〔八〕歸咎乎無辜，倚異乎政事，〔九〕重失天心，〔一〇〕不可之大者也。〔一一〕

〔一〕師古曰：「粥音（戈）〔弋〕六反。」

〔二〕師古曰：「晏，安也。」
〔三〕師古曰：「盤互，盤結而交互也。錯，間雜也。互字或作牙，言如豕牙之盤曲，犬牙之相入也。」
〔四〕師古曰：「申伯，周申后之父。」
〔五〕師古曰：「洞洞，驚肅也。屬屬，專謹也。洞音動。屬音之欲反。」
〔六〕師古曰：「重合，莽通；安陽，上官桀；博陸，霍禹也。」
〔七〕師古曰：「檻，義取檻柙之檻。檻，猶閉也，其字從木。瞽說，言不中道，若無目之人也。」
〔八〕師古曰：「舍謂留也。晻字與暗同，又音一感反。」
〔九〕師古曰：「倚，依也，音於綺反。次下亦同。」
〔一〇〕師古曰：「重音直用反。」
〔一一〕師古曰：「此則為大不可也。」

陛下即位，委任遵舊，未有過政。元年正月，白氣較然起乎東方，〔一〕至其四月，黃濁四塞，覆冒京師，申以大水，著以震蝕。〔二〕各有占應，相為表裏，百官庶事無所歸倚，陛下獨不怪與？〔三〕白氣起東方，賤人將興之表也；黃濁冒京師，王道微絕之應也。夫賤人當起而京師道微，二者已醜。〔四〕陛下誠深察愚臣之言，致懼天地之異，長思宗廟之計，改往反過，抗湛溺之意，解偏駮之愛，〔五〕奮乾剛之威，平天覆之施，使列妾得人人更進，猶尚未足也，〔六〕急復益納宜子婦人，毋擇好醜，毋避嘗字，〔七〕毋論年齒。推法言之，陛下得繼嗣於微賤之間，乃反爲福。得繼嗣而已，母非有賤也。〔八〕後宮女史使令有直意者，廣求於微賤之間，〔九〕以遇天所開右，〔一〇〕慰釋皇太后之憂慍，〔一一〕解謝上帝之譴怒，則繼嗣蕃滋，災異訖息。〔一二〕陛下則不深察愚臣之言，忽於天地之戒，咎根不除，水雨之災，山石之異，將發不久；發則災異已極，天變成形，臣雖欲捐身關策，不及事已。〔一三〕

〔一〕師古曰：「較，明貌。」

〔二〕師古曰：「申，重也。著，明也。」

〔三〕師古曰：「倚音於綺反。與讀曰歟。」

〔四〕師古曰：「已，甚也。」

〔五〕師古曰：「抗，舉也。湛讀曰沈。駮，不周普也。」

〔六〕師古曰：「更，互也，音工衡反。」

〔七〕如淳曰：「王鳳上小妻弟以納後宮，以嘗字乳。王章言之，坐死。今永及此，爲鳳洗前過也。」

〔八〕師古曰：「苟得子耳，勿論其母之貴賤。」

〔九〕師古曰：「（求）〔直〕，當也。令音力成反。」

〔一〇〕師古曰：「右讀曰佑。佑，助也。」

〔一一〕師古曰：「釋，散也。」

〔二〕師古曰：「蕃，多也。訖，止也。蕃音扶元反。」

〔三〕師古曰：「言禍敗既成，不可如何也。已，語終辭也。」

疏賤之臣，至敢直陳天意，斥譏帷幄之私，欲間離貴后盛妾，〔一〕自知忤心逆耳，必不免於湯鑊之誅。此天保右漢家，使臣敢直言也。〔二〕三上封事，然後得召；待詔一旬，然後得見。夫由疏賤納至忠，甚苦；〔三〕由至尊聞天意，甚難。語不可露，願具書所言，因侍中奏陛下，以示腹心大臣。〔四〕腹心大臣以爲非天意，臣當伏妄言之誅；即以爲誠天意也，奈何忘國家大本，背天意而從欲！〔五〕唯陛下省察熟念，厚爲宗廟計。

〔一〕師古曰：「間音居莧反。」

〔二〕師古曰：「右讀曰佑。」

〔三〕師古曰：「由，從也。苦，勞苦也。」

〔四〕如淳曰：「永爲鳳言，而言示腹心大臣，無不可矣。」

〔五〕師古曰：「從讀曰縱。」

時對者數十人，永與杜欽爲上第焉。上皆以其書示後宮。後上嘗賜許皇后書，采永言以責之，語在外戚傳。

永既陰爲大將軍鳳說矣，能實最高，由是擢爲光祿大夫。永奏書謝鳳曰：「永斗筲之材，〔一〕質薄學朽，無一日之雅，左右之介，〔二〕將軍說其狂言，〔三〕擢之皂衣之吏，廁之爭臣之末，不聽浸潤之譖，不食膚受之愬，〔四〕雖齊桓晉文用士篤密，察父悊兄覆育子弟，誠無以加！〔五〕昔豫子吞炭壞形以奉見異，〔六〕齊客隕首公門以報恩施，〔七〕知氏、孟嘗猶有死士，何況將軍之門！」鳳遂厚之。

〔一〕師古曰：「筲，竹器也。斗筲，喻小而不大也。解在公孫劉田傳。筲音所交反。」

〔二〕師古曰：「雅，素也。介，紹也。言非宿素之交，又無介紹而進也。」

〔三〕師古曰：「說讀曰悅。」

〔四〕師古曰：「食猶受納也。膚受，謂初入皮膚至骨髓，言其深也。」

〔五〕師古曰：「察，明也。悊，智也。」

〔六〕師古曰：「豫讓也。為智伯報讎，欲殺趙襄子，恐人識之，故吞炭以變其聲，釁面以壞其形，云『智伯國士遇我』故也。」

〔七〕師古曰：「舍人魏子三收邑入，不與孟嘗。孟嘗怒之，魏子曰：『假與賢者。』齊湣王受讒，孟嘗出奔，魏子所與粟賢者到宮門自剄，以明孟嘗之心。」

數年，出為安定太守。時上諸舅皆修經書，任政事。平阿侯譚年次當繼大將軍鳳輔政，尤與永善。陽朔中，鳳薨。鳳病困，薦從弟御史大夫音以自代。上從之，以音為大司馬車騎將軍，領尚書事，而平阿侯譚位特進，領城門兵。永聞之，與譚書曰：「君侯躬周召之德，執管晏之操，〔一〕敬賢下士，樂善不倦，〔二〕宜在上將久矣，以大將軍在，故抑鬱於家，不得舒憤。今大將軍不幸蚤薨，〔三〕絫親疏，序材能，宜在君侯。〔四〕拜吏之日，京師士大夫悵然失望。此皆永等愚劣，不能褒揚萬（一）〔分〕。〔五〕屬聞以特進領城門兵，〔六〕是則車騎將軍秉政雍容于內，而至戚賢舅執管籥於外也。愚竊不爲君侯喜。宜深辭職，自陳淺薄不足以固城門之守，收太伯之讓，保謙謙之路，〔七〕闔門高枕，爲知者首。願君侯與博覽者參之，〔八〕小子爲君侯安此。」譚得其書大感，遂辭讓不受領城門職。由是譚、音相與不平。

〔一〕師古曰：「召讀曰邵。其下亦同。」

〔二〕師古曰：「下音胡亞反。」

〔三〕師古曰：「蚤，古早字。」

〔四〕師古曰：「絫，古累字。累親疏，謂積累其次而計之。」

〔五〕師古曰：「言萬分之一。」

〔六〕師古曰：「屬，近也，音之欲反。」

〔七〕師古曰：「太伯，王季之兄也，讓不爲嗣而適吳越。」

〔八〕師古曰：「參詳其事。」

永遠爲郡吏，恐爲音所危，病滿三月免。音奏請永補營軍司馬，永數謝罪自陳，得轉爲長史。

音用從舅越親輔政，威權損於鳳時。永復說音曰：「將軍履上將之位，食膏腴之都，任周召之職，擁天下之樞，〔一〕可謂富貴之極，人臣無二，天下之責四面至矣，將何以居之？宜夙夜孶孶，〔二〕執伊尹之彊德，以守職匡上，誅惡不避親愛，舉善不避仇讎，以章至公，立信四方。〔三〕篤行三者，乃可以長堪重任，久享盛寵。〔四〕太白出西方六十日，法當參天，今已過期，〔五〕尚在桑榆之間，質弱而行遲，形小而光微。〔六〕熒惑角怒明大，逆行守尾。其逆，常也；守尾，變也。意豈將軍忘湛漸之義，委曲從順，〔七〕所執不彊，不廣用士，尚有好惡之忌，蕩蕩之德未純，〔八〕方與將相大臣乖離之萌也？何故始襲司馬之號，俄而金火並有此變？上天至明，不虛見異，唯將軍畏之慎之，深思其故，改求其路，以享天意。」音猶不平，薦永爲護苑使者。

〔一〕師古曰：「擁，持也。」

〔二〕師古曰：「孶孶，不怠也。孶與孜同。」

〔三〕師古曰：「章，明也。」

〔四〕師古曰：「篤，厚也。享，當也。」

〔五〕服虔曰：「太白出，當居天三分之一。已過期，言其行遲，在戌亥之間。」

〔六〕如淳曰：「言其行遲象王音也。永見音爲司馬，以疏間親，自以位過，故以太白喻司馬，司馬主兵故也。是永之佞曲從苟合也。」

〔七〕師古曰：「湛讀曰沈。漸讀曰潛。周書洪範曰：『沈潛剛克』，言人性沈密（謂）〔而〕潛深者，行之以剛則能堪也，故激勸之云爾。」

〔八〕師古曰：「此永自知有忤於晉，故以斯言自救解。」

晉薨，成都侯商代爲大司馬衞將軍，永乃遷爲涼州刺史。奏事京師訖，當之部，時有黑龍見東萊，上使尚書問永，受所欲言。〔一〕永對曰：

〔一〕師古曰：「永有所言，令尚書卽受之。」

臣聞王天下有國家者，患在上有危亡之事，而危亡之言不得上聞；如使危亡之言輒上聞，〔一〕則商周不易姓而迭興，三正不變改而更用。〔二〕夏商之將亡也，行道之人皆知之，〔三〕晏然自以若天有日莫能危，〔四〕是故惡日廣而不自知，大命傾而不寤。易曰：「危者有其安者也，亡者保其存者也。」〔五〕陛下誠垂寬明之聽，無忌諱之誅，使芻蕘之臣得盡所聞於前，不懼於後患，直言之路開，則四方衆賢不遠千里，輻湊陳忠，羣臣之上願，社稷之長福也。

〔一〕師古曰：「如，若也。有卽上聞。」

〔二〕師古曰：「迭音徒結反。更音工衡反。」

〔三〕師古曰：「凡在道路行者也。」

〔四〕師古曰：「自謂如日在天而無有能傷危也。」

〔五〕師古曰：「下繫之辭也。言安必思危，存不忘亡，乃得保其安存。」

漢家行夏正，夏正色黑，黑龍，同姓之象也。〔一〕龍陽德，由小之大，〔二〕故爲王者瑞應。未知同姓有見本朝無繼嗣之慶，多危殆之隙，欲因擾亂舉兵而起者邪？將動心冀爲後者，殘賊不仁，若廣陵、昌邑之類？臣愚不能處也。〔三〕元年九月黑龍見，其晦，日有食之。今年二月己未夜星隕，乙酉，日有食之。六月之間，大異四發，二而同月，三代之末，春秋之亂，未嘗有也。臣聞三代所以隕社稷喪宗廟者，皆由婦人與羣惡沈湎於酒。書曰：「乃用婦人之言，自絕于天；」〔四〕「四方之逋逃多罪，是宗是長，是信是使。」〔五〕詩云：「燎之方陽，寧或滅之？赫赫宗周，褒姒威之！」〔六〕易曰：「濡其首，有孚失是。」〔七〕秦所以二世十六年而亡者，養生泰奢，奉終泰厚也。二者陛下兼而有之，臣請略陳其效。

〔一〕張晏曰：「夏以建寅爲正，萬物在地中，色黑，今黑龍見，同姓象也。」

〔二〕師古曰：「言因小以至大。」

〔三〕師古曰：「處謂斷決也。」

〔四〕師古曰：「今文周書泰誓之辭。婦人，妲己。言紂用妲己之言，自取殄滅，非天絕之。」

〔五〕師古曰：「亦泰誓之辭也。宗，尊也。言紂容納逃亡多罪之人，親信使用，尊而長之。」

〔六〕師古曰：「小雅正月之詩。威亦滅也，言火燎方熾，寧有能滅之者乎？而宗周之盛，乃爲褒姒所滅，怨其甚也。威音呼悅反。」

〔七〕師古曰：「未濟上九爻辭也。言耽樂無節，飲酒濡首，有信之道於是遂失也。濡，濕也。」

易曰「在中餽，無攸遂」，〔一〕言婦人不得與事也。〔二〕詩曰：「懿厥悊婦，爲梟爲鴟；」「匪降自天，生自婦人。」〔三〕建始、河平之際，許、班之貴，頃動前朝，〔四〕熏灼四方，賞賜無量，空虛內臧，女寵至極，不可上矣；〔五〕今之後起，天所不饗，什倍於前。〔六〕廢先帝法度，聽用其言，官秩不當，縱釋王誅，〔七〕驕其親屬，假之威權，從横亂政，〔八〕刺舉之吏，莫敢奉憲。又以掖庭獄大爲亂阱，〔九〕榜箠瘠於炮格，〔一〇〕絕滅人命，主爲趙、李報德復怨，〔一一〕反除白罪，建治正吏，〔一二〕多繫無辜，掠立迫恐，〔一三〕至爲人起責，分利受謝。〔一四〕生入死出者，不可勝數。是以日食再既，〔一五〕以昭其辜。〔一六〕

〔一〕師古曰：「家人六二爻辭也。餽與饋同。饋，食也。言婦人之道居中主食，巽順而已，無所必遂。」

〔二〕師古曰：「與讀曰豫。」

〔三〕師古曰：「大雅瞻卬之詩。懿，美也。悊，智也。言幽王以悊婦爲美，實乃爲梟鴟也。婦謂褒姒也。梟鴟，惡聲之鳥，故以諭焉。又言此禍亂非從天而下，以寵褒姒之故，生此災耳。」

〔四〕師古曰：「許皇后及班倢伃之家。」

〔五〕師古曰：「上猶加也。」

〔六〕如淳曰：「謂趙、李本從卑賤起也。」

〔七〕師古曰：「縱，放也。釋，解也。王誅，謂王法當誅者。」

〔八〕師古曰：「從音子用反。橫音胡孟反。」

〔九〕師古曰：「穿地爲坑阱以拘繫人也。亂者，言其非正而又多也。阱音材性反。」

〔一〇〕師古曰：「𤺋，痛也。炮格，紂所作刑也。膏塗銅柱，加之(以)火上，令罪人行其上，輒墮炭中，笑而以爲樂。𤺋音千感反。」

〔一一〕師古曰：「復亦報也，音扶福反。」

〔一二〕師古曰：「反讀曰幡。罪之明白者反而除之，吏之公正者建議劾治也。」

〔一三〕師古曰：「掠笞服之，立其罪名。」

〔一四〕師古曰：「言富賈有錢，假託其名，代之爲主，放與它人，以取利息而共分之，或受報謝，別取財物。」

〔一五〕孟康曰：「既，盡也。」

〔一六〕師古曰：「昭，明也。」

王者必先自絕，然后天絕之。陛下棄萬乘之至貴，樂家人之賤事，〔一〕厭高美之尊號，好匹夫之卑字，〔二〕崇聚僄輕無義小人以爲私客，〔三〕數離深宮之固，挺身晨夜，與羣小相隨，〔四〕烏集雜會，飲醉吏民之家，〔五〕亂服共坐，流湎媟嫚，溷殽無別，閔免遁樂，晝夜在路。〔六〕典門戶奉宿衞之臣執干戈而守空宮，公卿百僚不知陛下所在，積數年矣。

〔一〕師古曰：「謂私畜田及奴婢財物。」

〔二〕孟康曰：「成帝好微行，更作私字以相呼。」
〔三〕師古曰：「僄，疾也，音頻妙反，又音匹妙反。」
〔四〕師古曰：「挺，引也，音大鼎反。」
〔五〕師古曰：「言聚散不恆，如烏鳥之集。」
〔六〕師古曰：「閔免猶黽勉也。遁，流遁也。」

王者以民爲基，民以財爲本，財竭則下畔，下畔則上亡。是以明王愛養基本，不敢窮極，使民如承大祭。〔一〕今陛下輕奪民財，不愛民力，聽邪臣之計，去高敞初陵，捐十年功緒，〔二〕改作昌陵，反天地之性，因下爲高，積土爲山，發徒起邑，並治宮館，大興繇役，重增賦斂，徵（法）〔發〕如雨，〔三〕役百乾谿，費疑驪山，〔四〕靡敝天下，〔五〕五年不成而後反故。又廣旴營表，〔六〕發人冢墓，斷截骸骨，暴揚尸柩。百姓財竭力盡，愁恨感天，災異婁降，饑饉仍臻。〔七〕流散冗食，餧死於道，以百萬數。〔八〕公家無一年之畜，百姓無旬日之儲，〔九〕上下俱匱，無以相救。詩云：「殷監不遠，在夏后之世。」〔一〇〕願陛下追觀夏、商、周、秦所以失之，以鏡考己行。〔一一〕有不合者，臣當伏妄言之誅！〔一二〕

〔一〕師古曰：「言常畏慎。」
〔二〕師古曰：「緒謂功作之端次。」
〔三〕師古曰：「言其多也。」

〔四〕師古曰：「㑗讀曰儗。儗，比也。言勞役之功百倍於楚靈王，費財之廣比於秦始皇。」

〔五〕師古曰：「靡，散也，音式皮反。」

〔六〕晉灼曰：「盱音吁。盱，大也。」

〔七〕師古曰：「婁，古屢字也。仍，頻也。」

〔八〕師古曰：「冗亦散也。餧，餓也。冗音人勇反。餧音乃賄反。」

〔九〕師古曰：「畜讀曰蓄。」

〔一〇〕師古曰：「大雅蕩之詩也。」

〔一一〕師古曰：「鏡謂監照之。考，校也。」

〔一二〕師古曰：「言上之所爲，違於節儉，皆與永言同。」

漢興九世，百九十餘載，繼體之主七，皆承天順道，遵先祖法度，或以中興，或以治安。至於陛下，獨違道縱欲，輕身妄行，當盛壯之隆，無繼嗣之福，有危亡之憂，積失君道，不合天意，亦已多矣。爲人後嗣，守人功業，如此，豈不負哉！方今社稷宗廟禍福安危之機在於陛下，陛下誠肯發明聖之德，昭然遠寤，畏此上天之威怒，深懼危亡之徵兆，蕩滌邪辟之惡志，〔一〕厲精致政，專心反道，〔二〕絕羣小之私客，免不正之詔除，〔三〕悉罷北宮私奴車馬媠出之具，〔四〕克己復禮，毋貳微行出飲之過，〔五〕以防迫切之禍，深惟日食再既之意，抑損椒房玉堂之盛寵，〔六〕毋聽後宮之請謁，除掖庭之亂獄，出炮格之陷阱，誅戮邪佞之臣及左右執左道以事上者，以塞天下之望，且寑初陵之作，止諸繕治宮室，闕更減賦，盡休力役，〔七〕存卹振捄困乏之人，以弭遠方，〔八〕厲崇忠直，放退殘賊，無使素餐之吏久尸厚祿，以次貫行，固執無違，〔九〕夙夜孳孳，婁省無怠，〔一〇〕舊愆畢改，新德既章，〔一一〕纖介之邪不復載心，則赫赫大異庶幾可銷，天命去就庶幾可復，〔一二〕社稷宗廟庶幾可保。唯陛下留神反覆，熟省臣言。臣幸得備邊部之吏，不知本朝失得，瞽言觸忌諱，罪當萬死。

〔一〕師古曰：「辟讀曰僻。」

〔二〕師古曰：「反猶還也。」

〔三〕師古曰：「除謂除補為官者。」

〔四〕師古曰：「嫷亦惰字耳。惰出，惰游也。」

〔五〕師古曰：「貳謂重為之也。論語稱孔子云顏回『不貳過』。」

〔六〕師古曰：「椒房，皇后所居。玉堂，嬖幸之舍也。」

〔七〕師古曰：「闕亦謂減削之。更謂更卒也，音工衡反。」

〔八〕師古曰：「捄，古救字也。弭，安也。」

〔九〕師古曰：「貫，聯續也。謂上所陳衆條諸事，宜次第相續行之，不當更違異也。貫音工端反。」

〔一〇〕師古曰：「婁，古屢字也。屢省，屢自觀省也。」

〔二〕師古曰：「章，明也。」

〔三〕師古曰：「去就者，言去離無德而就有德。」

成帝性寬而好文辭，又久無繼嗣，數爲微行，多近幸小臣，趙、李從微賤專寵，皆皇太后與諸舅夙夜所常憂。至親難數言，故推永等使因天變而切諫，勸上納用之。永自知有內應，展意無所依違，〔一〕每言事輒見答禮。〔二〕至上此對，上大怒。衞將軍商密擿永令發去。〔三〕上使侍御史收永，敕過交道廐者勿追。〔四〕御史不及永，還，上意亦解，自悔。明年，徵永爲太中大夫，遷光祿大夫給事中。

〔一〕師古曰：「展，申也。」

〔二〕師古曰：「加禮而答之。」

〔三〕師古曰：「擿謂發動之，音乇歷反。」

〔四〕晉灼曰：「交道廐去長安六十里，近延陵。」

元延元年，爲北地太守。時災異尤數，永當之官，上使衞尉淳于長受永所欲言。永對曰：

臣永幸得以愚朽之材爲太中大夫，備拾遺之臣，從朝者之後，進不能盡思納忠輔宣聖德，退無被堅執銳討不義之功，猥蒙厚恩，仍遷至北地太守。絕命隕首，身膏(草野)

〔野草〕，不足以報塞萬分。陛下聖德寬仁，不遺易忘之臣，〔一〕垂周文之聽，下及芻蕘之愚，有詔使衞尉受臣永所欲言。臣聞事君之義，有言責者盡其忠，〔二〕有官守者修其職。臣永幸得免於言責之辜，有官守之任，〔三〕當畢力遵職，養綏百姓而已，〔四〕不宜復關得失之辭。忠臣之於上，志在過厚，是故遠不違君，死不忘國。昔史魚既沒，餘忠未訖，委柩後寢，以屍達誠；〔五〕汲黯身外思內，發憤舒憂，遺言李息。〔六〕經曰：「雖爾身在外，乃心無不在王室。」〔七〕臣永幸得給事中出入三年，雖執干戈守邊垂，思慕之心常存於省闥，是以敢越郡吏之職，陳累年之憂。

〔一〕師古曰：「易忘，言其微賤不足記也。」

〔二〕師古曰：「謂職當諫爭。」

〔三〕師古曰：「言不爲諫官，但郡守耳。」

〔四〕師古曰：「綏，安也。」

〔五〕如淳曰：「禮，大夫殯於正室，士於適室。韓非曰史魚卒，委柩後寢，衞君弔而問之，曰：『不能進蘧伯玉，退彌子瑕，以屍諫也。』」

〔六〕師古曰：「謂論張湯也，事見黯傳。」

〔七〕師古曰：「周書康王之誥也。言諸蕃屏之臣，身雖在外，其心常當忠篤而在王室。」

臣聞天生蒸民，不能相治，〔一〕爲立王者以統理之，方制海內非爲天子，列土封疆非爲諸侯，皆以爲民也。垂三統，列三正，去無道，開有德，不私一姓，明天下乃天下之天下，非一人之天下也。王者躬行道德，承順天地，博愛仁恕，恩及行葦，〔二〕籍稅取民不過常法，宮室車服不踰制度，事節財足，黎庶和睦，則卦氣理效，五徵時序，百姓壽考，庶屮蕃滋，〔三〕符瑞並降，以昭保右。〔四〕失道妄行，逆天暴物，窮奢極欲，湛湎荒淫，〔五〕婦言是從，誅逐仁賢，離逖骨肉，羣小用事，〔六〕峻刑重賦，百姓愁怨，則卦氣悖亂，咎徵著郵，〔七〕上天震怒，災異婁降，日月薄食，五星失行，山崩川潰，水泉踊出，妖孽並見，茀星耀光，〔八〕饑饉荐臻，百姓短折，萬物夭傷。終不改寤，惡洽變備，不復譴告，更命有德。詩云：「乃眷西顧，此惟予宅。」〔九〕

〔一〕師古曰：「蒸，衆也。」

〔二〕師古曰：「詩大雅行葦之篇曰『敦彼行葦，牛羊勿踐履』，言政化所及，仁道霑被，雖草木至賤，無所殘傷。」

〔三〕師古曰：「庶，衆也。屮，古草字也。蕃，多也，音扶元反。」

〔四〕師古曰：「保，安也。右，助也。言爲天所安助也。右讀曰佑。」

〔五〕師古曰：「湛讀曰沈。」

〔六〕師古曰：「逖，遠也。」

〔七〕師古曰：「悖，乖也。郵字與尤同。尤，過也。悖音布內反。」

〔八〕師古曰：「茀與孛同，音步內反。」

〔九〕師古曰：「大雅皇矣之詩也。言天以殷紂為惡不變，乃眷然西顧，見文王之德，而與之宅居也。」

夫去惡奪弱，遷命賢聖，天地之常經，百王之所同也。加以功德有厚薄，期質有修短，時世有中季，天道有盛衰。〔一〕陛下承八世之功業，當陽數之標季，〔二〕涉三七之節紀，〔三〕遭无妄之卦運，〔四〕直百六之災阸。〔五〕三難異科，雜焉同會。〔六〕建始元年以來二十載間，羣災大異，交錯鋒起，多於春秋所書。八世著記，久不塞除，〔七〕重以今年正月己亥朔日有食之，〔八〕三朝之會，〔九〕四月丁酉四方衆星白晝流隕，七月辛未彗星橫天。乘三難之際會，畜衆多之災異，〔一〇〕因之以饑饉，接之以不贍。彗星，極異也，土精所生，流隕之應出於飢變之後，兵亂作矣，厥期不久，隆德積善，懼不克濟。〔一一〕內則為深宮後庭將有驕臣悍妾醉酒狂悖卒起之敗，〔一二〕北宮苑囿街巷之中臣妾之家幽閒之處，〔一三〕徵舒、崔杼之亂；〔一四〕外則為諸夏下土將有樊並、蘇令、陳勝、項梁奮臂之禍。內亂朝暮，日戒諸夏，〔一五〕舉兵以火角為期。〔一六〕安危之分界，宗廟之至憂，〔一七〕臣永所以破膽寒心，〔一八〕豫言之累年。下有其萌，然後變見於上，〔一九〕可不致慎！

〔一〕師古曰：「中讀曰仲。」

〔二〕孟康曰：「陽九之末季也。」師古曰：「標音必遙反。」

〔三〕孟康曰：「至平帝乃三七二百一十歲之厄，今已涉向其節紀。」

〔四〕應劭曰：「天必先雲而後雷，雷而後雨，而今無雲而雷。无妄者，無所望也。萬物无所望於天，災異之最大者也。」師古曰：「取易之无妄卦爲義。」

〔五〕師古曰：「直，當也。」

〔六〕師古曰：「雜謂相參也。一曰雜音先合反。雜焉，總萃貌。」

〔七〕李奇曰：「高祖以來至元帝，著記災異未塞除也。」

〔八〕師古曰：「重音直用反。」

〔九〕師古曰：「歲月日三者之始，故云三朝。」

〔一〇〕師古曰：「畜讀曰蓄。蓄，積聚也。」

〔一一〕師古曰：「修德積善尙恐不濟，況不隆不積者乎。」

〔一二〕師古曰：「卒讀曰猝。」

〔一三〕師古曰：「閒讀曰閑。」

〔一四〕師古曰：「陳夏徵舒殺其君平國，齊崔杼弑其君光。」

〔一五〕師古曰：「內亂，則禍在朝暮；諸夏，則日戒有兵。」

〔一六〕張晏曰：「以熒惑芒角爲期。」

〔一七〕師古曰：「分音扶問反。」

〔一八〕師古曰：「言懼甚。」

〔一九〕師古曰：「萌謂事之始生，如草木萌牙者也。」

禍起細微，姦生所易。〔一〕願陛下正君臣之義，無復與羣小媟黷燕飲；〔二〕中黃門後庭素驕慢不謹嘗以醉酒失臣禮者，悉出勿留。勤三綱之嚴，修後宮之政，〔三〕抑遠驕妒之寵，崇近婉順之行，加惠失志之人，懷柔怨恨之心。〔四〕保至尊之重，秉帝王之威，朝覲法出而後駕，陳兵清道而後行，無復輕身獨出，飲食臣妾之家。三者既除，內亂之路塞矣。

〔一〕師古曰：「易，輕也，音弋豉反。」
〔二〕師古曰：「媟，狎也。黷，汙也。」
〔三〕師古曰：「三綱，君臣、父子、夫婦也。」
〔四〕師古曰：「懷，和也。」

諸夏舉兵，萌在民饑饉而吏不卹，興於百姓困而賦斂重，發於下怨離而上不知。易曰：「屯其膏，小貞吉，大貞凶。」〔一〕傳曰：「飢而不損茲謂泰，厥災水，厥咎亡。」〔二〕訞辭曰：「關動牡飛，辟爲無道，臣爲非，厥咎亂臣謀篡。」〔三〕王者遭衰難之世，有飢饉之災，不損用而大自潤，故凶；百姓困貧無以共求，〔四〕愁悲怨恨，故水；城關守國之固，固將去焉，故牡飛。往年郡國二十一傷於水災，禾黍不入。今年蠶麥咸惡。百川沸騰，江河溢決，大水泛濫郡國十五有餘。比年喪稼，〔五〕時過無宿麥。〔六〕百姓失業流散，羣輩守關。〔七〕大異較炳如彼，水災浩浩，黎庶窮困如此，宜損常稅小自潤之時，〔八〕而有司奏請加賦，甚繆經義，逆於民心，布怨趨禍之道也。牡飛之狀，殆爲此發。古者穀不登虧膳，災婁至損服，凶年不塈塗，明王之制也。〔九〕詩云：「凡民有喪，扶服捄之。」〔一〇〕論語曰：「百姓不足，君孰予足？」〔一一〕臣願陛下勿許加賦之奏，益減大官、導官、中御府、均官、掌畜、廩犧用度，止尚方、織室、京師郡國工服官發輸造作，以助大司農。流恩廣施，振贍困乏，開關梁，內流民，恣所欲之，〔一二〕以救其急。立春，遣使者循行風俗，宣布聖德，〔一三〕存卹孤寡，問民所苦，勞二千石，〔一四〕敕勸耕桑，毋奪農時，以慰綏元元之心，防塞大姦之隙。〔一五〕諸夏之亂，庶幾可息。

〔一〕孟康曰：「膏者所以潤人肌膚，爵祿亦所以養人者也。小貞，臣也。大貞，君也。遭屯難飢荒，君當開倉廩，振百姓，而反吝，則凶；臣吝嗇，則吉。論語曰：『出內之吝，謂之有司。』」師古曰：「易屯卦九五爻辭。」

〔二〕師古曰：「洪範傳之辭。」

〔三〕師古曰：「易訞占之辭也。訞即妖字耳。」

〔四〕師古曰：「共讀曰供。無以供在上之所求。」

〔五〕師古曰：「比，頻也。」

〔六〕師古曰：「時過者，失時不得種也。秋種夏收，故云宿麥。」

〔七〕如淳曰：「欲入就賤穀也。」

〔八〕師古曰：「言所潤益於己者，當減小之。」
〔九〕師古曰：「墍，如今仰泥屋也，音許旣反。」
〔一〇〕師古曰：「邶國谷風之詩。服音蒲北反。捄，古救字。」
〔一一〕師古曰：「論語載有若對魯哀公之辭也。言百姓不足，君安得獨足乎？」
〔一二〕師古曰：「之，往也。」
〔一三〕師古曰：「行音下更反。」
〔一四〕師古曰：「勞，慰勉也。二千石，謂郡守、諸侯相也，音來到反。」
〔一五〕師古曰：「綏，安也。」

臣聞上主可與爲善而不可與爲惡，下主可與爲惡而不可與爲善。陛下天然之性，疏通聰敏，上主之姿也。〔一〕少省愚臣之言，感寤三難，〔二〕深畏大異，定心爲善，捐忘邪志，毋貳舊愆，厲精致（改）〔政〕，至誠應天，則積異塞於上，禍亂伏於下，何憂患之有？竊恐陛下公志未專，私好頗存，尙愛羣小，不肯爲耳！

〔一〕師古曰：「姿，材也。」
〔二〕師古曰：「省，視也。」

對奏，天子甚感其言。

永於經書，汎爲疏達，〔一〕與杜欽、杜鄴略等，不能洽浹如劉向父子及揚雄也。其於天官、京氏易最密，故善言災異，前後所上四十餘事，略相反覆，專攻上身與後宮而已。黨於王氏，上亦知之，不甚親信也。

〔一〕師古曰：「汎，普也，音敷劍反。」

永所居任職，〔一〕爲北地太守歲餘，衞將軍商薨，曲陽侯根爲票騎將軍，薦永，徵入爲大司農。歲餘，永病，三月，有司奏請免。故事，公卿病，輒賜告，至永獨卽時免。數月，卒於家。本名並，以尉氏樊並反，更名永云。

〔一〕師古曰：「言所處之官皆稱職。」

杜鄴字子夏，本魏郡繁陽人也。祖父及父積功勞皆至郡守，武帝時徙茂陵。鄴少孤，其母張敞女。鄴壯，從敞子吉學問，得其家書。以孝廉爲郎。

與車騎將軍王音善。平阿侯譚不受城門職，後薨，上閔悔之，乃復令譚弟成都侯商位特進，領城門兵，得舉吏如將軍府。鄴見音前與平阿有隙，卽說音曰：「鄴聞人情，恩深者其養謹，愛至者其求詳。〔一〕夫戚而不見殊，孰能無怨？〔二〕此棠棣、角弓之詩所爲作也。〔三〕昔秦伯有千乘之國，而不能容其母弟，春秋亦書而譏焉。〔四〕周召則不然，〔五〕忠以相輔，義以相匡，同己之親，等己之尊，不以聖德獨兼國寵，又不爲長專受榮任，分職於陝，並爲弼疑。〔六〕

故內無感恨之隙，外無侵侮之羞，〔七〕俱享天祐，兩荷高名者，蓋以此也。竊見成都侯以特進領城門兵，復有詔得舉吏如五府，此明詔所欲寵也。將軍宜承順聖意，加異往時，每事凡議，必與及之，指爲誠發，出於將軍，則孰敢不說諭？〔八〕昔文侯寤大鴈之獻而父子益親，〔九〕陳平共壹飯之篹而將相加驩，〔一〇〕所接雖在楹階俎豆之間，其於爲國折衝厭難，豈不遠哉！〔一一〕竊慕倉唐、陸子之義，所白奧內，唯深察焉。」〔一二〕音甚嘉其言，由是與成都侯商親密，二人皆重鄴。後以病去郎。商爲大司馬衞將軍，除鄴主簿，以爲腹心，舉侍御史。哀帝卽位，遷爲涼州刺史。鄴居職寬舒，少威嚴，數年以病免。

〔一〕師古曰：「詳，悉也。」

〔二〕師古曰：「戚，近也。殊謂異於疏也。」

〔三〕師古曰：「棠棣、角弓皆小雅篇名也。棠棣美燕兄弟，角弓刺不親九族也。」

〔四〕師古曰：「秦景公母弟公子鍼有寵於其父桓公，景公立，鍼懼而奔晉。事在昭元年，故經書『秦伯之弟鍼出奔晉』。傳曰『稱弟，罪秦伯也』。」

〔五〕師古曰：「言周公召公無私怨也。」

〔六〕師古曰：「分職於陝，謂自陝以東周公主之，自陝以西召公主之。陝即今陝州縣也，音式冉反。而說者妄云分郟是潁川郟縣，繆矣。弼疑，謂左輔右弼前疑後承也。」

〔七〕師古曰：「感音胡闇反。」

〔八〕師古曰：「言此之意指皆出忠誠，彼必和悅，無憂乖異也。說讀曰悅。」

〔九〕師古曰：「魏文侯廢太子擊，立擊弟訢，封擊於中山，三年不往來。擊臣趙倉唐進大鴈於文侯，應對以禮，文侯感寤，廢訢而召立擊，父子更親也。」

〔一〇〕師古曰：「陳平用陸賈說，以五百金爲絳侯具食是也。共讀曰供。」

〔一一〕師古曰：「厭音一葉反。」

〔一二〕師古曰：「奧內，室中隱奧之處也。」

是時，帝祖母定陶傅太后稱皇太太后，帝母丁姬稱帝太后，而皇后即傅太后從弟子也。傅氏侯者三人，丁氏侯者二人。又封傅太后同母弟子鄭業爲陽信侯。傅太后尤與政專權。〔一〕元壽元年正月朔，上以皇后父孔鄉侯傅晏爲大司馬衞將軍，而帝舅陽安侯丁明爲大司馬票騎將軍。臨拜，日食，詔舉方正直言。扶陽侯韋育舉鄴方正，鄴對曰：

〔一〕師古曰：「與讀曰豫。」

臣聞禽息憂國，碎首不恨；〔一〕卞和獻寶，刖足願之。〔二〕臣幸得奉直言之詔，無二者之危，敢不極陳！臣聞陽尊陰卑，卑者隨尊，尊者兼卑，天之道也。是以男雖賤，各爲其家陽；女雖貴，猶爲其國陰。故禮明三從之義，〔三〕雖有文母之德，必繫於子。〔四〕春秋不書紀侯之母，陰義殺也。〔五〕昔鄭伯隨姜氏之欲，終有叔段篡國之禍；周襄王內迫惠后之難，而遭居鄭之危。〔六〕漢興，呂太后權私親屬，又以外孫爲孝惠后，是時繼嗣不明，凡事多晻，〔七〕晝昏冬雷之變，不可勝載。竊見陛下行不偏之政，每事約儉，非禮不動，誠欲正身與天下更始也。然嘉瑞未應，而日食地震，民訛言行籌，傳相驚恐。案春秋災異，以指象爲言語，〔八〕故在於得一類而達之也。日食，明陽爲陰所臨，坤卦乘離，明夷之象也。〔九〕坤以法地，爲土爲母，以安靜爲德。震，不陰之效也。〔一〇〕占象甚明，臣敢不直言其事！

〔一〕應劭曰：「禽息，秦大夫，薦百里奚而不見納。繆公出，當車以頭擊闑，腦乃播出，曰『臣生無補於國而不如死也』！繆公感寤而用百里奚，秦以大治。」

〔二〕師古曰：「解在鄒陽傳。」

〔三〕師古曰：「謂婦人在家從父，既嫁從夫，夫死從子。」

〔四〕師古曰：「文母，文王之妃太姒也。」

〔五〕師古曰：「隱(三)〔二〕年『紀侯使(履)〔裂〕繻來逆女』。公羊傳曰『婚禮不稱主人』，主人謂壻也。『不稱母，母不通也。』殺謂減降也，音所例反。」

〔六〕師古曰：「解並在前。」

〔七〕師古曰：「晻與暗同。」

〔八〕師古曰：「謂天不言，但以景象指意告喻人。」

〔九〕應劭曰：「明夷之卦：『上六，不明晦，初登于天，後入于地。』明夷者，明傷也。初登于天者，初爲天子，言以善聞于天也。後入于地者，傷賢害仁，佞惡在朝，必以惡終入于地也。」

〔一〇〕師古曰：「言地當安靜而今乃震，是爲不遵陰道也。」

昔曾子問從令之義，孔子曰：「是何言與！」〔一〕善閔子騫守禮不苟，從親所行，無非理者，故無可間也。〔二〕前大司馬新都侯莽退伏弟家，以詔策決，復遣就國。高昌侯宏去蕃自絕，猶受封土。〔三〕制書侍中駙馬都尉遷不忠巧佞，免歸故郡，〔四〕間未旬月，則有詔還，大臣奏正其罰，卒不得遣，而反兼官奉使，顯寵過故。及陽信侯業，皆緣私君國，非功義所止。〔五〕諸外家昆弟無賢不肖，並侍帷幄，布在列位，〔六〕或典兵衞，或將軍屯，寵意并於一家，積貴之勢，世所希見所希聞也。至乃并置大司馬將軍之官。皇甫雖盛，三桓雖隆，魯爲作三軍，無以甚此。當拜之日，晻然日食。〔七〕不在前後，臨事而發者，明陛下謙遜無專，承指非一，所言輒聽，所欲輒隨，〔八〕有罪惡者不坐辜罰，無功能者畢受官爵，流漸積猥，正尤在是，〔九〕欲令昭昭以覺聖朝。昔詩人所刺，春秋所譏，指象如此，殆不在它。由後視前，忿邑非之，〔一〇〕逮身所行，不自鏡見，則以爲可，計之過者。〔一一〕疏賤獨偏見，疑內亦有此類。〔一二〕天變不空，保右世主如此之至，奈何不應！〔一三〕

〔一〕師古曰：「曾子問子：『從父之令，可謂孝乎？』孔子非之。事見孝經。與讀曰歟。」

〔二〕師古曰：「論語稱孔子曰『孝哉閔子騫，人不間於其父母昆弟之言』是也。間音居莧反。」

〔三〕師古曰：「董宏也。」

〔四〕師古曰：「傅遷也。」

〔五〕師古曰：「謂緣私恩而得封爵爲一國之君耳，非有功而侯也。」

〔六〕師古曰：「不問賢與不肖，皆親近在位。」

〔七〕師古曰：「晻音烏感反。」

〔八〕師古曰：「謂皆迫於太后也。」

〔九〕師古曰：「尤，過也。言過惡正在於此。」

〔10〕師古曰：「由，從也。邑，於邑也。」

〔11〕師古曰：「逮，及也。鏡，鑒照也。自以所行爲可，是計策之誤也。」

〔12〕如淳曰：「在外而賤，舉錯有過失，爲主上所疑也。」師古曰：「此說非也。言天子不自見其過。疏賤獨偏見，鄴自謂傍觀而見之也。疑內亦有此類，謂後宮嬖幸非理寵遇，亦有如傅遷、鄭業等妄受恩賞者。」

〔13〕（應劭）〔師古〕曰：「右讀曰佑。應謂應天戒而修德政。」

臣聞野雞著怪，高宗深動；〔一〕大風暴過，成王怛然。〔二〕願陛下加致精誠，思承始初，事稽諸古，〔三〕以厭下心，〔四〕則黎庶羣生無不說喜，〔五〕上帝百神收還威怒，禎祥福祿何嫌不報！〔六〕

〔一〕師古曰：「謂雉升鼎耳，故懼而修德，解在五行志。」

〔二〕師古曰：「謂成王信流言而疑周公，天乃雷電以風，禾盡偃，大木斯拔，王乃啓金縢之書，悔而還周公。」

〔三〕師古曰：「每事皆考於古昔。」

〔四〕師古曰：「厭，滿也，音一贍反。」

〔五〕師古曰：「說讀曰悅。」

〔六〕師古曰：「嫌，疑也。」

鄴未拜，病卒。鄴言民訛言行籌，及谷永言王者買私田，彗星隕石牡飛之占，語在五行志。

初，鄴從張吉學，吉子竦又幼孤，從鄴學問，亦著於世，尤長小學。〔一〕鄴子林，清靜好古，亦有雅材，建武中歷位列卿，至大司空。其正文字過於鄴、竦，故世言小學者由杜公。

〔一〕師古曰：「小學，謂文字之學也。周禮『八歲入小學，保氏教國子以六書』，故因名云。」

贊曰：孝成之世，委政外家，諸舅持權，重於丁、傅在孝哀時。故杜鄴敢譏丁、傅，而欽、永不敢言王氏，其勢然也。及欽欲挹損鳳權，而鄴附會音、商。永陳三七之戒，斯爲忠焉，至其引申伯以阿鳳，隙平阿於車騎，〔一〕指金火以求合，〔二〕可謂諒不足而談有餘者。〔三〕孔子稱「友多聞」，三人近之矣。〔四〕

〔一〕師古曰：「謂勸王譚不受城門之職。」

〔二〕師古曰：「謂陳金火之變說音云『蕩蕩之德未純』。𥅦音親已，忘舊怨也。」

〔三〕師古曰：「諒，信也。」

〔四〕師古曰：「孔子云：『友直，友諒，友多聞，益矣。』贊言杜鄴、杜欽、谷永無直諒之德，但多聞也。」

校勘記

三四四七頁一三行　(嘗)〔常〕戰栗謹敬也。　景祐、殿本都作「常」，此誤。

三四四九頁二行　誠放退殘賊酷暴之吏(二)〔錮〕廢勿用，　景祐、殿本都作「錮」。

三四四九頁一三行　是爲一(月)〔時〕。　景祐、殿本都作「時」。　王先謙說作「時」是。

三四五一頁一五行　粥音(戈)〔弋〕六反。　景祐、殿本都作「弋」。

三四五三頁一四行　(求)〔直〕，當也。　景祐、殿、局本都作「直」，此誤。

三四五六頁二行　不能褒揚萬(一)〔分〕。　景祐、殿本都作「分」。　王文彬說疑作「分」是。

三四五七頁一六行　言人性沈密(謂)〔而〕潛深者，　殿本作「而」。王先謙說作「而」是。　按景祐本亦作「謂」。

三四六一頁三行　加之(以)火上，　景祐本無「以」字，殿本有「以」字，無「上」字。

三四六三頁九行　徵(法)〔發〕如雨，　景祐、殿本都作「發」，此誤。

三四六五頁一五行　身膏(草野)〔野草〕，　景祐、殿、局本都作「野草」。

三四七三頁一一行　厲精致(敃)〔政〕，　景祐、殿本都作「政」。

三四七六頁一一行　隱(三)〔二〕年，紀侯使(履)〔裂〕繻來逆女。　殿本「三」作「二」，「履」作「裂」。

三四七八頁一一行　(應劭)〔師古〕曰：　景祐、殿本都作「師古」。

漢書卷八十六

何武王嘉師丹傳第五十六

何武字君公，蜀郡郫縣人也。〔一〕宣帝時，天下和平，四夷賓服，神爵、五鳳之間婁蒙瑞應。〔二〕而益州刺史王襄使辯士王褒頌漢德，作中和、樂職、宣布詩三篇。〔三〕武年十四五，與成都楊覆衆等共習歌之。是時，宣帝循武帝故事，求通達茂異士，召見武等於宣室。〔四〕上曰：「此盛德之事，吾何足以當之哉！」以褒爲待詔，武等賜帛罷。

〔一〕師古曰：「郫音疲。」
〔二〕師古曰：「婁，古屢字也。」
〔三〕師古曰：「中和者，言政致隆平，得中和之道也。樂職，謂百官萬姓樂得其常道也。宣布，德化周洽，徧於四海也。」
〔四〕師古曰：「殿名也，解在賈誼傳。」

武詣博士受業，治易。以射策甲科爲郎，與翟方進交志相友。光祿勳舉四行，〔一〕遷爲鄠令，坐法免歸。

〔一〕師古曰：「元帝永光元年詔舉質樸、敦厚、遜讓、有行義各一人。時詔書又令光祿歲以此科第郎從官，故武以此四行得舉之也。」

武兄弟五人，皆爲郡吏，郡縣敬憚之。武弟顯家有市籍，租常不入，縣數負其課。〔一〕市嗇夫求商捕辱顯家，〔二〕顯怒，欲以吏事中商。〔三〕武曰：「以吾家租賦繇役不爲衆先，奉公吏不亦宜乎！」武卒白太守，召商爲卒吏，州里聞之皆服焉。

〔一〕師古曰：「以顯家不入租，故每令縣負課殿。」

〔二〕師古曰：「求，姓；商，名也。」

〔三〕師古曰：「中傷之也，又音竹仲反。」

久之，太僕王音舉武賢良方正，徵對策，拜爲諫大夫，遷揚州刺史。所舉奏二千石長吏必先露章，服罪者爲虧除，免之而已；〔一〕不服，極法奏之，抵罪或至死。

〔一〕師古曰：「虧，減也。減（係）〔除〕其狀，直令免去也。」

九江太守戴聖，禮經號小戴者也，行治多不法，前刺史以其大儒，優容之。及武爲刺史，行部錄囚徒，有所舉以屬郡。〔一〕聖曰：「後進生何知，乃欲亂人治！」〔二〕皆無所決。武使從事廉得其罪，〔三〕聖懼，自免。後爲博士，毀武於朝廷。武聞之，終不揚其惡。而聖子賓客爲羣盜，得，〔四〕繫廬江，聖自以子必死。武平心決之，卒得不死。自是後，聖慙服。武每奏事

至京師，〔五〕聖未嘗不造門謝恩。〔六〕

〔一〕師古曰：「屬，委也，音之欲反。」

〔二〕師古曰：「言武仕學未久，故謂之後進生也。」

〔三〕師古曰：「廉，察也。」

〔四〕師古曰：「聚爲羣盜而吏捕得也。」

〔五〕師古曰：「刺史每歲盡，則入奏事於京師也。」

〔六〕師古曰：「造，至也，音千到反。」

武爲刺史，二千石有罪，應時舉奏，其餘賢與不肖敬之如一，是以郡國各重其守相，州中清平。行部必先卽學官見諸生，〔一〕試其誦論，問以得失，然後入傳舍，出記問墾田頃畝，五穀美惡，〔二〕已乃見二千石，以爲常。〔三〕

〔一〕師古曰：「卽，就也。學官，學舍也。」

〔二〕師古曰：「記謂敎命之書。」

〔三〕師古曰：「常依次第也。」

初，武爲郡吏時，事太守何壽。壽知武有宰相器，以其同姓故厚之。後壽爲大司農，其兄子爲廬江長史。時武奏事在邸，壽兄子適在長安，壽爲具召武弟顯及故人楊覆衆等，〔一〕酒酣，見其兄子，〔二〕曰：「此子揚州長史，〔三〕材能駑下，未嘗省見。」〔四〕顯等甚慙，退以謂武，武曰：「刺史古之方伯，上所委任，一州表率也，職在進善退惡。吏治行有茂異，民有隱逸，乃當召見，不可有所私問。」顯、覆衆强之，不得已召見，賜巵酒。〔五〕歲中，廬江太守舉之。〔六〕其守法見憚如此。

〔一〕師古曰：「具謂酒食之具也。」

〔二〕師古曰：「令出見顯等。」

〔三〕師古曰：「言揚州部內長史也。」

〔四〕師古曰：「省，視也。言不爲武所識拔也。」

〔五〕師古曰：「對賜一巵之酒也。」

〔六〕師古曰：「終得武之力助也。」

爲刺史五歲，入爲丞相司直，丞相薛宣敬重之。出爲清河太守，數歲，坐郡中被災害什四以上免。久之，大司馬曲陽侯王根薦武，徵爲諫大夫。遷兗州刺史，入爲司隸校尉，徙京兆尹。二歲，坐舉方正所舉者召見槃辟雅拜，〔一〕有司以爲詭衆虛僞。〔二〕武坐左遷楚內史，遷沛郡太守，復入爲廷尉。綏和〔三〕〔元〕年，御史大夫孔光左遷廷尉，武爲御史大夫。成帝欲修辟雍，通三公官，〔三〕即改御史大夫爲大司空。〔四〕武更爲大司空，封氾鄉侯，食邑千戶。氾鄉在琅邪不其，〔五〕哀帝初即位，褒賞大臣，更以南陽犨之博望鄉爲氾鄉侯國，〔六〕增邑千戶。

〔一〕服虔曰：「行禮容拜也。」師古曰：「槃辟猶言槃旋也。辟音闢。」

〔二〕師古曰：「詭，違也。」

〔三〕師古曰：「通，開也，謂更開置之。」

〔四〕師古曰：「就其所任之人而并官俱改，不別拜授也。」

〔五〕師古曰：「爲後改食博望鄉，故此指言在琅邪不其也。汜音凡。其音基。」

〔六〕師古曰：「讎音昌牛反。」

武爲人仁厚，好進士，獎稱人之善。〔一〕爲楚內史厚兩龔，在沛郡厚兩唐，〔二〕及爲公卿，薦之朝廷。此人顯於世者，何侯力也，世以此多焉。〔三〕然疾朋黨，問文吏必於儒者，問儒者必於文吏，以相參檢。欲除吏，先爲科例以防請託。其所居亦無赫赫名，去後常見思。

〔一〕師古曰：「獎，勸也，進而勸之。」

〔二〕師古曰：「兩龔，龔勝、龔舍也。兩唐，唐林、唐尊也。」

〔三〕師古曰：「多，重也，重武進賢也。」

及爲御史大夫司空，與丞相方進共奏言：「往者諸侯王斷獄治政，內史典獄事，相總綱紀輔王，中尉備盜賊。今王不斷獄與政，〔一〕中尉官罷，職并內史，郡國守相委任，所以壹統信，安百姓也。〔二〕今內史位卑而權重，威職相踰，不統尊者，難以爲治。臣請相如太守，內史如都尉，以順尊卑之序，平輕重之權。」制曰：「可。」以內史爲中尉。初武爲九卿時，奏言宜置三公官，又與方進共奏罷刺史，更置州牧，後皆復復故，〔三〕語在朱博傳。唯內史事施行。

〔一〕師古曰：「與讀曰豫。」
〔二〕師古曰：「令百姓信之而安附也。」
〔三〕師古曰：「又依其舊也。下復音扶目反。」

多所舉奏，號爲煩碎，不稱賢公。功名略比薛宣，其材不及也，而經術正直過之。武後母在郡，遣吏歸迎。會成帝崩，吏恐道路有盜賊，後母留止，左右或譏武事親不篤。〔一〕哀帝亦欲改易大臣，遂策免武曰：「君舉錯煩苛，不合衆心，〔二〕孝聲不聞，惡名流行，無以率示四方。其上大司空印綬，罷歸就國。」後五歲，諫大夫鮑宣數稱冤之，天子感丞相王嘉之對，而高安侯董賢亦薦武，武由是復徵爲御史大夫。月餘，徙爲前將軍。

〔一〕師古曰：「左右謂天子側近之臣。」
〔二〕師古曰：「錯，置也，音千故反。」

先是，新都侯王莽就國，數年，上以太皇太后故徵莽還京師。莽從弟成都侯王邑爲侍中，矯稱太皇太后指白哀帝，爲莽求特進給事中。哀帝復請之，事發覺。〔一〕太后爲謝，上以太后故不忍誅之，左遷邑爲西河屬國都尉，削千戶。後有詔舉大常，莽私從武求舉，武不敢舉。後數月，哀帝崩，太后卽日引莽入，收大司馬董賢印綬，詔有司舉可大司馬者。莽故大司馬，辭位辟丁、傅，〔一〕衆庶稱以爲賢，又太后近親，自大司徒孔光以下舉朝皆舉莽。武爲前將軍，素與左將軍公孫祿相善，二人獨謀，以爲往時孝惠、孝昭少主之世，外戚呂、霍、上官持權，幾危社稷，〔三〕今孝成、孝哀比世無嗣，〔四〕方當選立親近輔幼主，不宜令異姓大臣持權，〔五〕親疏相錯，爲國計便。〔六〕於是武舉公孫祿可大司馬，而祿亦舉武。太后竟自用莽爲大司馬。莽風有司劾奏武、公孫祿互相稱舉，〔七〕皆免。

〔一〕師古曰：「哀帝反更以此事請於太后，太后本無此言，故矯事發覺也。復音扶目反。」

〔二〕師古曰：「辟讀曰避。」

〔三〕師古曰：「幾音鉅依反。」

〔四〕師古曰：「比，頻也。」

〔五〕師古曰：「異姓謂非宗室及外戚。」

〔六〕師古曰：「錯謂間雜也。」

〔七〕師古曰：「風讀曰諷。」

武就國後，莽寖盛，爲宰衡，〔一〕陰誅不附己者。元始三年，呂寬等事起。時大司空甄豐承莽風指，〔二〕遣使者乘傳案治黨與，〔三〕連引諸所欲誅，上黨鮑宣，南陽彭偉、杜公子，〔四〕

郡國豪桀坐死者數百人。武在見誣中，大理正檻車徵武，武自殺。衆人多冤武者，莽欲厭衆意，令武子況嗣爲侯，〔五〕諡武曰刺侯。〔六〕莽篡位，免況爲庶人。

〔一〕師古曰：「寖，漸也。」

〔二〕師古曰：「風謂風采也。指，意也。」

〔三〕師古曰：「傳音張戀反。」

〔四〕師古曰：「彭偉及杜公子二人皆南陽人。」

〔五〕師古曰：「厭，滿也，音一贍反。」

〔六〕師古曰：「刺音來曷反。」

王嘉字公仲，平陵人也。以明經射策甲科爲郎，坐戶殿門失闌免。〔一〕光祿勳于永除爲掾，察廉爲南陵丞，〔二〕復察廉爲長陵尉。鴻嘉中，舉敦朴能直言，召見宣室，對政事得失，超遷太中大夫。出爲九江、河南太守，治甚有聲。徵入爲大鴻臚，徙京兆尹，遷御史大夫。建平三年代平當爲丞相，封新甫侯，加食邑千一百戶。

〔一〕師古曰：「戶，止也。嘉掌守殿門，止不當入者而失闌入之，故坐免也。春秋左氏傳曰『屈蕩戶之』。」

〔二〕師古曰：「南陵，縣名，屬宣（州）〔城〕。」

嘉爲人剛直嚴毅有威重，上甚敬之。哀帝初立，欲匡成帝之政，多所變動，〔一〕嘉上疏曰：

〔一〕師古曰：「匡，正也，正其乖失者。」

臣聞聖王之功在於得人。孔子曰：「材難，不其然與！」〔一〕「故繼世立諸侯，象賢也。」〔二〕雖不能盡賢，天子爲擇臣，立命卿以輔之。〔三〕居是國也，累世尊重，然後士民之衆附焉，是以教化行而治功立。今之郡守重於古諸侯，往者致選賢材，賢材難得，拔擢可用者，或起於囚徒。昔魏尚坐事繫，文帝感馮唐之言，遣使持節赦其辠，拜爲雲中太守，匈奴忌之。武帝擢韓安國於徒中，拜爲梁內史，骨肉以安。〔四〕張敞爲京兆尹，有罪當免，黠吏知而犯敞，敞收殺之，其家自冤，使者覆獄，劾敞賊殺人，〔五〕上逮捕不下，〔六〕會免，亡命數十日，宣帝徵敞拜爲冀州刺史，卒獲其用。前世非私此三人，貪其材器有益於公家也。

〔一〕師古曰：「論語載孔子之言也。材難，謂有賢材者難得也。與讀曰歟。」

〔二〕師古曰：「象其先父祖之賢耳，非必其人皆有德也。」

〔三〕師古曰：「命卿，命於天子者也。」

〔四〕師古曰：「言梁孝王得免罪也。」

〔五〕師古曰：「覆音芳目反。」

〔六〕師古曰：「言使者上奏請逮捕敞，而天子不下其事也。下音胡稼反。」

孝文時，吏居官者或長子孫，以官爲氏，倉氏、庫氏則倉庫吏之後也。其二千石長吏亦安官樂職，然後上下相望，莫有苟且之意。其後稍稍變易，公卿以下傳相促急，又數改更政事，〔一〕司隸、部刺史察過悉劾，發揚陰私，〔二〕吏或居官數月而退，送故迎新，交錯道路。中材苟容求全，〔三〕下材懷危內顧，〔四〕壹切營私者多。二千石益輕賤，吏民慢易之。〔五〕或持其微過，增加成辠，言於刺史、司隸，或至上書章下；〔六〕衆庶知其易危，〔七〕小失意則有離畔之心。前山陽亡徒蘇令等從橫，〔八〕吏士臨難，莫肯伏節死義，以守相威權素奪也。〔九〕孝成皇帝悔之，下詔書，二千石不爲縱，〔一〇〕遣使者賜金，尉厚其意，誠以爲國家有急，取辦於二千石，二千石尊重難危，乃能使下。

〔一〕師古曰：「更亦變也。」
〔二〕師古曰：「悉，盡也。言事無大小盡皆舉劾，過於所察之條也。」
〔三〕師古曰：「不敢操持羣下也。」
〔四〕師古曰：「常恐獲罪，每爲私計也。」
〔五〕師古曰：「易亦輕也，音弋豉反。」
〔六〕師古曰：「依其所上之章而下令治之。」
〔七〕師古曰：「言易可（輕）〔傾〕危也。」
〔八〕師古曰：「從音子用反。橫音胡孟反。」

〔九〕師古曰：「守，郡守也。相，諸侯相也。素奪，謂先不假之威權也。」

〔一〇〕孟康曰：「二千石不以故縱爲罪，所以優也。」

孝宣皇帝愛其良民吏，〔一〕有章劾，事留中，會赦壹解。〔二〕故事，尚書希下章，爲煩擾百姓，證驗繫治，或死獄中，章文必有「敢告之」字乃下。〔三〕唯陛下留神於擇賢，記善忘過，容忍臣子，勿責以備。〔四〕二千石、部刺史、三輔縣令有材任職者，人情不能不有過差，宜可闊略，〔五〕令盡力者有所勸。此方今急務，國家之利也。前蘇令發，〔六〕欲遣大夫使逐問狀，時見大夫無可使者，〔七〕召盩厔令尹逢拜爲諫大夫遣之。(令)〔今〕諸大夫有材能者甚少，宜豫畜養可成就者，則士赴難不愛其死；臨事倉卒乃求，非所以明朝廷也。

〔一〕師古曰：「良，善也。良人吏，善治百姓者。」

〔二〕師古曰：「不即下治其事，恐爲擾動，故每留中。或經赦令，一切皆解散也。」

〔三〕師古曰：「所以丁寧告者之辭，絕其相誣也。」

〔四〕師古曰：「不求備於一人也。」

〔五〕師古曰：「當寬恕其小罪也。」

〔六〕師古曰：「謂蘇令等初發起爲盜賊也。」

〔七〕師古曰：「謂見在大夫皆不堪爲使也。」

嘉因薦儒者公孫光、滿昌及能吏蕭咸、薛修等，皆故二千石有名稱。天子納而用之。

會息夫躬、孫寵等因中常侍宋弘上書告東平王雲祝詛，又與后舅伍宏謀弑上爲逆，雲等伏誅，躬、寵擢爲吏二千石。是時，侍中董賢愛幸於上，上欲侯之而未有所緣，傅嘉勸上因東平事以封賢。上於是定躬、寵告東平本章，〔一〕掇去宋弘，更言因董賢以聞，〔二〕欲以其功侯之，皆先賜爵關內侯。頃之，欲封賢等，上心憚嘉，乃先使皇后父孔鄉侯傅晏持詔書視丞相御史。〔三〕於是嘉與御史大夫賈延上封事言：「竊見董賢等三人始賜爵，衆庶匈匈，咸曰賢貴，其餘并蒙恩，〔四〕至今流言未解。陛下仁恩於賢等不已，宜暴賢等本奏語言，〔五〕延問公卿大夫博士議郎，考合古今，明正其義，然後乃加爵土；不然，恐大失衆心，海內引領而議。暴平其事，必有言當封者，在陛下所從；天下雖不說，咎有所分，〔六〕不獨在陛下。前定陵侯淳于長初封，其事亦議。大司農谷永以長當封，衆人歸咎於永，先帝不獨蒙其譏。〔七〕臣嘉、臣延材駑不稱，死有餘責。〔八〕知順指不迕，可得容身須臾，〔九〕所以不敢者，思報厚恩也。」上感其言，止。數月，遂下詔封賢等，因以切責公卿曰：「朕居位以來，寢疾未瘳，〔一〇〕反逆之謀，相連不絕，賊亂之臣，近侍帷幄。前東平王雲與后謁祝詛朕，使侍醫伍宏等內侍案脈，〔一一〕幾危社稷，殆莫甚焉！〔一二〕昔楚有子玉得臣，晉文爲之側席而坐；〔一三〕近事，汲黯折淮南之謀。今雲等至有圖弑天子逆亂之謀者，是公卿股肱莫能悉心務聰明以銷厭未萌之故。〔一四〕賴宗廟之靈，侍中駙馬都尉賢等發覺以聞，咸伏厥辜。書不云乎？『用德章厥善。』〔一五〕其封賢爲高安侯、南陽太守寵爲方陽侯、左曹光祿大夫躬爲宜陵侯。」

〔一〕師古曰：「定謂改治也。」
〔二〕師古曰：「掇讀曰剟。剟，削也，削去其名也。剟音竹劣反。」
〔三〕師古曰：「視讀曰示。」
〔四〕師古曰：「言董賢以貴寵故妄得封，而躬、寵等遂蒙恩。」
〔五〕師古曰：「暴謂章露也。」
〔六〕師古曰：「說讀曰悅。」
〔七〕師古曰：「蒙，被也。」
〔八〕師古曰：「稱，副也。」
〔九〕師古曰：「迕，逆也。」
〔一〇〕師古曰：「瘳，差也，音丑留反。」
〔一一〕師古曰：「案謂切診也。」
〔一二〕師古曰：「幾音鉅依反。殆亦危也。」
〔一三〕師古曰：「已解於上。」
〔一四〕師古曰：「悉，盡也。務聰明者，廣視聽也。厭音一涉反。」
〔一五〕師古曰：「商書盤庚之辭也。」

後數月，日食，舉直言，嘉復奏封事曰：

臣聞咎繇戒帝舜曰：「亡敖佚欲有國，兢兢業業，一日二日萬機。」〔一〕箕子戒武王曰：「臣無有作威作福，亡有玉食；臣之有作威作福玉食，害于而家，凶于而國，人用側頗辟，民用僭慝。」〔二〕言如此則逆尊卑之序，亂陰陽之統，而害及王者，其國極危。國人傾仄不正，民用僭差不壹，此君不由法度，上下失序之敗也。武王躬履此道，隆至成康。〔三〕自是以後，縱心恣欲，法度陵遲，〔四〕至於臣弒君，子弒父。父子至親，失禮患生，何況異姓之臣？孔子曰：「道千乘之國，敬事而信，節用而愛人，使民以時。」〔五〕孝文皇帝備行此道，海內蒙恩，爲漢太宗。孝宣皇帝賞罰信明，施與有節，記人之功，忽於小過，〔六〕以致治平。孝元皇帝奉承大業，溫恭少欲，都內錢四十萬萬，水衡錢二十五萬萬，少府錢十八萬萬。〔七〕嘗幸上林，後宮馮貴人從臨獸圈，猛獸驚出，貴人前當之，元帝嘉美其義，賜錢五萬。〔八〕掖庭見親，有加賞賜，屬其人勿衆謝。〔九〕示平惡偏，重失人心，賞賜節約。是時外戚貲千萬者少耳，故少府水衡見錢多也。〔一〇〕雖遭初元、永光凶年飢饉，加有西羌之變，外奉師旅，內振貧民，終無傾危之憂，以府臧內充實也。孝成皇帝時，諫臣多言燕出之害，〔一一〕及女寵專愛，躭於酒色，損德傷年，其言甚切，然終不怨怒也。寵臣淳于長、張放、史育，育數貶退，家貲不滿千萬，放斥逐就國，長榜死於獄。〔一二〕不以私愛害公義，故雖多內譏，朝廷安平，〔一三〕傳業陛下。

〔一〕師古曰：「虞書咎繇謨之辭也。言有國之人不可傲慢逸欲，但當戒慎危懼，以理萬事之機也。敖讀曰傲。」

〔二〕師古曰：「周書洪範載箕子對武王之辭也。玉食，精好如玉也。而，汝也。頗，偏也。僭，不信也。慝，惡也。」

〔三〕師古曰：「言武王能履法度，故至成康之時，德化隆盛也。」

〔四〕師古曰：「陵遲即陵夷也，言漸頹替也。」

〔五〕師古曰：「論語載孔子之言也。道，治也。千乘謂兵車千乘，說在刑法志。」

〔六〕師古曰：「忽，忘也。」

〔七〕師古曰：「言不費用，故蓄積也。」

〔八〕師古曰：「此言雖嘉其義而賞亦不多。」

〔九〕師古曰：「掖庭宮人，有親戚來見而帝賜之者，屬其家勿使於衆人中謝也。屬音之欲反。」

〔一〇〕師古曰：「見在之錢也。」

〔一一〕師古曰：「燕出謂微行也。」

〔一二〕師古曰：「榜，笞擊也，音彭。」

〔一三〕師古曰：「雖有好內之譏，而不害政也。」

陛下在國之時，好詩書，上儉節，徵來所過道上稱誦德美，此天下所以回心也。〔一〕初即位，易帷帳，去錦繡，乘輿席緣綈繒而已。〔二〕共皇寢廟比比當作，〔三〕憂閔元元，惟用度不足，〔四〕以義割恩，輒且止息，今始作治。而駙馬都尉董賢亦起官寺上林中，又爲賢治大第，開門鄉北闕，〔五〕引王渠灌園池，〔六〕使者護作，〔七〕賞賜吏卒，甚於治宗廟。賢母病，長安廚給祠具，〔八〕道中過者皆飲食。〔九〕爲賢治器，器成，奏御乃行，或物好，特賜其工，自貢獻宗廟三宮，猶不至此。〔一〇〕賢家有賓婚及見親，諸官並共，〔一一〕賜及倉頭奴婢，人十萬錢。使者護視，發取市物，百賈震動，〔一二〕道路讙譁，羣臣惶惑。詔書罷苑，而以賜賢二千餘頃，均田之制從此墮壞。〔一三〕奢僭放縱，變亂陰陽，災異衆多，百姓訛言，持籌相驚，〔一四〕被髮徒跣而走，乘馬者馳，天惑其意，不能自止。或以爲籌者策失之戒也。陛下素仁智慎事，今而有此大譏。

〔一〕師古曰：「望爲治也。」

〔二〕師古曰：「綈，厚繒也，音徒奚反。」

〔三〕師古曰：「共皇，哀帝之父，即定陶恭王也。比比猶頻頻也。共讀曰恭。」

〔四〕師古曰：「惟，思也。」

〔五〕師古曰：「鄉讀曰嚮。」

〔六〕蘇林曰：「王渠，官渠也，猶今御溝也。」晉灼曰：「渠名也，在城東覆盎門外。」師古曰：「晉說是。」

〔七〕師古曰：「護，監視也。」

〔八〕師古曰：「長安有廚官，主爲官食。」

〔九〕如淳曰：「禱於道中，故行人皆得飲食。」

〔一〇〕師古曰：「三宮，天子、太后、皇后也。」

〔一一〕師古曰：「見親，親戚相見也。並供，言百官各以所掌事及財物就供之。共讀曰供。」

〔一二〕師古曰：「賈謂販賣之人也。言百賈者，非一之稱也。賈音古。」

〔一三〕孟康曰：「自公卿以下至於吏民名曰均田，皆有頃數，於品制中令均等。今賜賢二千餘頃，則壞其等制也。」師古曰：「薨，古死字。墮音火規反。」

〔一四〕師古曰：「言行西王母籌也。」

孔子曰：「危而不持，顛而不扶，則將安用彼相矣！」〔一〕臣嘉幸得備位，竊內悲傷不能通愚忠之信；身死有益於國，不敢自惜。唯陛下慎己之所獨鄉，察衆人之所共疑。〔二〕往者寵臣鄧通、韓嫣〔三〕驕貴失度，逸豫無厭，小人不勝情欲，卒陷罪辜，〔四〕亂國亡軀，不終其祿，所謂愛之適足以害之者也。宜深覽前世，以節賢寵，全安其命。

〔一〕師古曰：「論語稱季氏將伐顓臾，冉有、季路見於孔子，孔子以此言責之，以其不匡諫也。」

〔二〕師古曰：「鄉讀曰嚮。」

〔三〕師古曰：「嫣音偃。」

〔四〕師古曰：「卒，終也。」

於是上寖不說，〔一〕而愈愛賢，不能自勝。

〔一〕師古曰：「灢，漸也。說讀曰悅。」

會祖母傅太后薨，上因託傅太后遺詔，令成帝母王太后下丞相御史，益封賢二千戶，及賜孔鄉侯、汝昌侯、陽新侯國。〔一〕嘉封還詔書，〔二〕因奏封事諫上及太后曰：「臣聞爵祿土地，天之有也。書云：『天命有德，五服五章哉！』〔三〕王者代天爵人，尤宜慎之。裂地而封，不得其宜，則衆庶不服，感動陰陽，其害疾自深。〔四〕今聖體久不平，此臣嘉所內懼也。高安侯賢，佞幸之臣，陛下傾爵位以貴之，單貨財以富之，〔五〕損至尊以寵之，〔六〕主威已黜，府藏已竭，唯恐不足。財皆民力所爲，孝文皇帝欲起露臺，重百金之費，克己不作。今賢散公賦以施私惠，一家至受千金，往古以來貴臣未嘗有此，流聞四方，皆同怨之。里諺曰：『千人所指，無病而死。』臣常爲之寒心。今太皇太后以永信太后遺詔，詔丞相御史益賢戶，賜三侯國，臣嘉竊惑。山崩地動，日食於三朝，〔七〕皆陰侵陽之戒也。前賢已再封，晏、商再易邑，業緣私横求，恩已過厚，〔八〕求索自恣，不知厭足，甚傷尊（卑）〔尊〕之義，不可以示天下，爲害痛矣！臣驕侵罔，陰陽失節，〔九〕氣感相動，害及身體。陛下寢疾久不平，繼嗣未立，宜思正萬事，順天人之心，以求福祐，柰何輕身肆意，〔一〇〕不念高祖之勤苦垂立制度欲傳之於無窮哉！孝經曰：『天子有爭臣七人，雖無道，不失其天下。』〔一一〕臣謹封上詔書，不敢露見，非愛死而不自法，恐天下聞之，故不敢自劾。愚（贛）〔戇〕數犯忌諱，唯陛下省察。」

〔一〕師古曰：「傅晏、傅商、鄭業也。」

〔二〕師古曰：「還謂卻上之於天子也。」

〔三〕師古曰：「虞書咎繇謨之辭也。言皇天命於有德者以居列位，天子諸侯卿大夫士尊卑之服采章各異也。」

〔四〕師古曰：「言此氣損害，故令天子身自有疾也。」

〔五〕師古曰：「單，盡也。」

〔六〕師古曰：「言上意傾惑，爲下所窺也。」

〔七〕師古曰：「歲月日之朝也。已解於上。」

〔八〕師古曰：「横音胡孟反。」

〔九〕師古曰：「罔謂誣蔽也。」

〔一〇〕師古曰：「肆，放也。」

〔一一〕師古曰：「言上能納諫，則免於過惡也。」

初，廷尉梁相與丞相長史、御史中丞及五二千石雜治東平王雲獄，時冬月未盡二旬，而相心疑雲冤，獄有飾辭，〔一〕奏欲傳之長安，〔二〕更下公卿覆治。尚書令鞫譚、僕射宗伯鳳以爲可許。〔三〕天子以相等皆見上體不平，外內顧望，操持兩心，〔四〕幸雲踰冬，無討賊疾惡主讎之意，制詔免相等皆爲庶人。後數月大赦，嘉奏封事薦相等明習治獄，「相計謀深沈，譚頗知雅文，鳳經明行修，聖王有計功除過，〔五〕臣竊爲朝廷惜此三人。」書奏，上不能平。〔六〕

後二十餘日，嘉封還益董賢戶事，上乃發怒，召嘉詣尚書，責問以「相等前坐在位不盡忠誠，外附諸侯，操持兩心，背人臣之義，今所稱相等材美，足以相計除罪。君以道德，位在三公，以總方略一統萬類分明善惡爲職，知相等罪惡陳列，著聞天下，時輒以自劾，今又稱譽相等，云爲朝廷惜之。大臣舉錯，恣心自在，〔七〕迷國罔上，近由君始，將謂遠者何！〔八〕對狀」。〔九〕嘉免冠謝罪。

〔一〕師古曰：「假飾之辭，非其實也。」

〔二〕師古曰：「傳謂移其獄事也。」

〔三〕師古曰：「鞫及宗伯皆姓也。鞫音居六反。」

〔四〕師古曰：「操音千高反。」

〔五〕師古曰：「收采其功，以（明）〔免〕罪過也。」

〔六〕師古曰：「心恕也。」

〔七〕師古曰：「錯，置也。」

〔八〕師古曰：「近臣尚然，則遠者固宜爾也。」

〔九〕師古曰：「敕令具對也。」

事下將軍中朝者。光祿大夫孔光、左將軍公孫祿、右將軍王安、光祿勳馬宮、光祿大夫龔勝劾嘉迷國罔上不道，請與廷尉雜治。勝獨以爲嘉備宰相，諸事並廢，咎由嘉生；〔一〕嘉坐薦相等，微薄，以應迷國罔上不道，恐不可以示天下。遂可光等奏。

〔一〕師古曰：「孔光以下衆共劾嘉，而勝獨爲異議也。」

光等請謁者召嘉詣廷尉詔獄，制曰：「票騎將軍、御史大夫、中二千石、二千石、諸大夫、博士、議郎議。」衞尉雲等五十人以爲「如光等言可許」。議郎龔等以爲「嘉言事前後相違，無所執守，不任宰相之職，宜奪爵土，免爲庶人。」永信少府猛等十人以爲「聖王斷獄，必先原心定罪，探意立情，故死者不抱恨而入地，生者不銜怨而受罪。明主躬聖德，重大臣刑辟，廣延有司議，欲使海內咸服。嘉罪名雖應法，聖王之於大臣，在輿爲下，御坐則起，〔一〕疾病視之無數，死則臨弔之，廢宗廟之祭，進之以禮，退之以義，誄之以行。〔二〕案嘉本以相等爲罪，罪惡雖著，大臣括髮關械、裸躬就笞，〔三〕非所以重國褒宗廟也。今春月寒氣錯繆，霜露數降，宜示天下以寬和。臣等不知大義，唯陛下察焉。」有詔假謁者節，召丞相詣廷尉詔獄。

〔一〕師古曰：「解在翟方進傳。」

〔二〕師古曰：「言大臣之死，積累其行而爲誄也。誄者，累德行之文。」

〔三〕師古曰：「括，結也。關，貫也。裸，露也。」

使者既到府，掾史涕泣，共和藥進嘉，嘉不肯服。主簿曰：「將相不對理陳冤，相踵以爲故事，〔一〕君侯宜引決。」〔二〕使者危坐府門上。〔三〕主簿復前進藥，嘉引藥杯以擊地，謂官屬曰：「丞相幸得備位三公，奉職負國，當伏刑都市以示萬衆。丞相豈兒女子邪，何謂咀藥而死！」〔四〕嘉遂裝出，見使者再拜受詔，乘吏小車，去蓋不冠，隨使者詣廷尉。廷尉收嘉丞相新甫侯印綬，縛嘉載致都船詔獄。

〔一〕師古曰：「踵由躡也。」

〔二〕師古曰：「令自殺也。」

〔三〕師古曰：「以逼促嘉也。」

〔四〕師古曰：「咀，嚼也，音才汝反。」

上聞嘉生自詣吏，大怒，使將軍以下與五二千石雜治。吏詰問嘉，嘉對曰：「案事者思得實。竊見相等前治東平王獄，不以雲爲不當死，欲關公卿示重慎；置驛馬傳囚，勢不得踰冬月，誠不見其外內顧望阿附爲雲驗。復幸得蒙大赦，相等皆良善吏，臣竊爲國惜賢，不私此三人。」獄吏曰：「苟如此，則君何以爲罪猶當？有以負國，不空入獄矣。」吏稍侵辱嘉，嘉喟然卬天歎曰：〔一〕「幸得充備宰相，不能進賢退不肖，以是負國，死有餘責。」吏問賢不肖主名，嘉曰：「賢，故丞相孔光、故大司空何武，不能進；惡，高安侯董賢父子，佞邪亂朝，而不能退。罪當死，死無所恨。」嘉繫獄二十餘日，不食歐血而死。帝舅大司馬票騎將軍丁明素重嘉而憐之，上遂免明，以董賢代之，語在賢傳。

〔一〕師古曰：「卬讀曰仰。」

嘉爲相三年誅，國除。死後上覽其對而思嘉言，復以孔光代嘉爲丞相，徵用何武爲御史大夫。元始四年，詔書追錄忠臣，封嘉子崇爲新甫侯，追謚嘉爲忠侯。

師丹字仲公，琅邪東武人也。治詩，事匡衡。舉孝廉爲郎。元帝末，爲博士，免。建始中，州舉茂材，復補博士，出爲東平王太傅。丞相方進、御史大夫孔光舉丹論議深博，廉正守道，徵入爲光祿大夫、丞相司直。數月，復以光祿大夫給事中，由是爲少府、光祿勳、侍中，甚見尊重。成帝末年，立定陶王爲皇太子，以丹爲太子太傅。哀帝即位，爲左將軍，賜爵關內侯，食邑，領尚書事，遂代王莽爲大司馬，封高樂侯。月餘，徙爲大司空。

上少在國，見成帝委政外家，王氏僭盛，常內邑邑。即位，多欲有所匡正。封拜丁、傅，奪王氏權。丹自以師傅居三公位，得信於上，上書言：「古者諒闇不言，聽於冢宰，〔一〕三年無改於父之道。〔二〕前大行尸柩在堂，而官爵臣等以及親屬，赫然皆貴寵。封舅爲陽安侯，皇后尊號未定，豫封父爲孔鄉侯。出侍中王邑、射聲校尉王邯等。詔書比下，變動政事，〔三〕卒暴無漸。〔四〕臣縱不能明陳大義，復曾不能牢讓爵位，〔五〕相隨空受封侯，增益陛下之過。

間者郡國多地動，水出流殺人民，日月不明，五星失行，此皆舉錯失中，號令不定，法度失理，陰陽溷濁之(患)〔應〕也。〔六〕臣伏惟人情無子，年雖六七十，猶博取而廣求。〔七〕孝成皇帝深見天命，燭知至德，〔八〕以壯年克己，立陛下爲嗣。先帝暴棄天下而陛下繼體，四海安寧，百姓不懼，此先帝聖德當合天人之功也。臣聞天威不違顏咫尺，〔九〕願陛下深思先帝所以建立陛下之意，且克己躬行以觀羣下之從化。天下者，陛下之家也，胏附何患不富貴，不宜倉卒。先帝不量臣愚，以爲太傅，陛下以臣託師傅，故亡功德而備鼎足，封大國，加賜黃金，位爲三公，職在左右，〔一〇〕不能盡忠補過，而令庶人竊議，災異數見，此臣之大罪也。臣不敢言乞骸骨歸於海濱，恐嫌於僞。誠慙負重責，義不得不盡死。」書數十上，多切直之言。

〔一〕師古曰：「論語云子張曰：『書云高宗諒闇，三年不言。』孔子曰：『何必高宗，古之人皆然。君薨，百官總己以聽於冢宰三年。』諒，信也。闇，默然也。」

〔二〕師古曰：「論語稱孔子曰：『父在觀其志，父沒觀其行；三年無改於父之道，可謂孝矣。』」

〔三〕師古曰：「比，頻也。」

〔四〕師古曰：「卒讀曰猝。」

〔五〕師古曰：「牢，堅也。」

〔六〕師古曰：「溷音胡頓反。」

〔七〕師古曰：「取讀曰娶。」

〔八〕師古曰：「燭，照也。至德，指謂哀帝。」

〔九〕師古曰：「言常若在前，宜自肅懼也。」

〔10〕師古曰：「左右，助也。左讀曰佐。右讀曰佑。」

初，哀帝即位，成帝母稱太皇太后，成帝趙皇后稱皇太后，而上祖母傅太后與母丁后皆在國邸，自以定陶共王爲稱。高昌侯董宏上書言：「秦莊襄王母本夏氏，而爲華陽夫人所子，〔一〕及即位後，俱稱太后。宜立定陶共王后爲皇太后。」事下有司，時丹以左將軍與大司馬王莽共劾奏宏「知皇太后至尊之號，天下一統，而稱引亡秦以爲比喻，詿誤聖朝，非所宜言，大不道。」上新立，謙讓，納用莽、丹言，免宏爲庶人。傅太后大怒，要上欲必稱尊號，上於是追尊定陶共王爲共皇，尊傅太后爲共皇太后，丁后爲共皇后。郎中令泠襃、黃門郎段猶等復奏言：〔二〕「定陶共皇太后、共皇后皆不宜復引定陶蕃國之名以冠大號，車馬衣服宜皆稱皇之意，〔三〕置吏二千石以下各供厥職，〔四〕又宜爲共皇立廟京師。」上復下其議，有司皆以爲宜如襃、猶言。丹議獨曰：「聖王制禮取法於天地，故尊卑之禮明則人倫之序正，人倫之序正則乾坤得其位而陰陽順其節，人主與萬民俱蒙祐福。尊卑者，所以正天地之位，不可亂也。今定陶共皇太后、共皇后以定陶共爲號者，母從子妻從夫之義也。欲立官置吏，車服與太皇太后並，非所以明尊卑亡二上之義也。定陶共皇號謚已前定，義不得復改。禮：『父爲士，子爲天子，祭以天子，其尸服以士服。』子亡爵父之義，尊父母也。爲人後者爲之子，故爲所後服斬衰三年，而降其父母朞，明尊本祖而重正統也。孝成皇帝聖恩深遠，故爲共王立後，奉承祭祀，今共皇長爲一國太祖，萬世不毀，恩義已備。陛下既繼體先帝，持重大宗，承宗廟天地社稷之祀，義不得復奉定陶共皇祭入其廟。今欲立廟於京師，而使臣下祭之，是無主也。又親盡當毀，空去一國太祖不墮之祀，〔五〕而就無主當毀不正之禮，非所以尊厚共皇也。」丹由是浸不合上意。〔六〕

〔一〕師古曰：「莊襄王，始皇之父也。華陽夫人，孝文王之夫人也。子謂養以爲子也。」

〔二〕師古曰：「泠音零。」

〔三〕師古曰：「皇者，至尊之號，其服御宜皆副稱之也。稱音尺孕反。」

〔四〕師古曰：「謂詹事、太僕、少府等衆官也。」

〔五〕師古曰：「墮亦毀也，音火規反。」

〔六〕師古曰：「浸，漸也。」

會有上書言古者以龜貝爲貨，今以錢易之，民以故貧，宜可改幣。上以問丹，丹對言可改。章下有司議，皆以爲行錢以來久，難卒變易。〔一〕丹老人，忘其前語，後從公卿議。又丹使吏書奏，吏私寫其草，丁、傅子弟聞之，使人上書告丹上封事行道人偏持其書。上以問將軍中朝臣，皆對曰：「忠臣不顯諫，大臣奏事不宜漏泄，令吏民傳寫流聞四方。『臣不密則失身』，〔二〕宜下廷尉治。」事下廷尉，廷尉劾丹大不敬。事未決，給事中博士申咸、炔欽上書，〔三〕言「丹經行無比，〔四〕自近世大臣能若丹者少。發憤懣，奏封事，不及深思遠慮，使主簿書，漏泄之過不在丹。以此貶黜，恐不厭衆心。」〔五〕尚書劾咸、欽：「幸得以儒官選擢備腹心，上所折中定疑，〔六〕知丹社稷重臣，議罪處罰，國之所慎，咸、欽初傳經義以爲當治，〔七〕事以暴列，乃復上書妄稱譽丹，前後相違，不敬。」上貶咸、欽秩各一等，遂策免丹曰：「夫三公者，朕之腹心也，輔善相過，匡率百僚，和合天下者也。朕既不明，委政於公，間者陰陽不調，寒暑失常，變異婁臻，〔八〕山崩地震，河決泉涌，流殺人民，百姓流連，無所歸心，司空之職尤廢焉。君在位出入三年，未聞忠言嘉謀，而反有朋黨相進不公之名。乃者以挺力田議改幣章示君，〔九〕君內爲朕建可改不疑；〔一〇〕以君之言博考朝臣，君乃希衆雷同，外以爲不便，令觀聽者歸非於朕。朕隱忍不宣，爲君受愆。朕疾夫比周之徒〔一一〕虛僞壞化，寖以成俗，故屢以書飭君，〔一二〕幾君省過求己，〔一三〕而反不受，退有後言。及君奏封事，傳於道路，布聞朝市，言事者以爲大臣不忠，辜陷重辟，獲虛采名，謗譏匈匈，流於四方。腹心如此，謂疏者何？殆謬於二人同心之利焉，〔一四〕將何以率示羣下，附親遠方？朕惟君位尊任重，慮不周密，懷諼迷國，〔一五〕進退違命，反覆異言，甚爲君恥之，非所以共承天地，永保國家之意。〔一六〕以君嘗託傅位，未忍考於理，已詔有司赦君勿治。其上大司空高樂侯印綬，罷歸。」

〔一〕師古曰：「卒讀曰猝。」
〔二〕師古曰：「易上繫之辭。」
〔三〕蘇林曰：「炔音桂。」
〔四〕師古曰：「比音必寐反。」
〔五〕師古曰：「厭音一贍反。」
〔六〕師古曰：「折，斷也。取其言以斷事之中而定所疑。」
〔七〕師古曰：「傅讀曰附。」
〔八〕師古曰：「婁，古屢字。」
〔九〕師古曰：「挺，引拔也，謂特拔異力田之人優寵之也。挺音徒鼎反。而說者以挺爲縣名，失之遠矣。」
〔一〇〕師古曰：「共立此議也。」
〔一一〕師古曰：「比音頻寐反。」
〔一二〕師古曰：「飭與敕同。」
〔一三〕師古曰：「省，視也。自求諸己，不尤人也。幾音冀。」
〔一四〕師古曰：「易上繫辭曰『二人同心，其利斷金』，故詔書引之。」
〔一五〕師古曰：「諼，詐也，音虛袁反。」
〔一六〕師古曰：「共讀曰恭。」

尙書令唐林上疏曰：「竊見免大司空丹策書，泰深痛切，君子作文，爲賢者諱。丹經爲世儒宗，德爲國黃耇，〔一〕親傅聖躬，位在三公，所坐者微，海內未見其大過，事旣已往，免爵大重，京師識者咸以爲宜復丹邑爵，使奉朝請，〔二〕四方所瞻卬也。〔三〕惟陛下財覽衆心，有以尉復師傅之臣。」〔四〕上從林言，下詔賜丹爵關內侯，食邑三百戶。

〔一〕師古曰：「黃耇，老人之稱也。黃謂白髮落更生黃者也。耇，老人面色不淨如垢也。」

〔二〕師古曰：「識者，謂有識之人也。請音材性反。」

〔三〕師古曰：「卬讀曰仰。」

〔四〕師古曰：「財與裁同。復，報也，音扶目反。」

丹旣免數月，上用朱博議，尊傅太后爲皇太太后，丁后爲帝太后，與太皇太后及皇太后同尊，又爲共皇立廟京師，儀如孝元皇帝。博遷爲丞相，復與御史大夫趙玄奏言：「前高昌侯宏首建尊號之議，而爲丹所劾奏，免爲庶人。時天下衰粗，委政於丹。〔一〕丹不深惟褒廣尊親之義而妄稱說，抑貶尊號，虧損孝道，不忠莫大焉。陛下聖仁，昭然定尊號，宏以忠孝復封高昌侯。丹惡逆暴著，雖蒙赦令，不宜有爵邑，請免爲庶人。」奏可。丹於是廢歸鄉里者數年。

〔一〕師古曰：「言新有成帝之喪，斬衰粗服，故天子不親政事也。」

平帝即位，新都侯王莽白太皇太后發掘傅太后、丁太后冢，奪其璽綬，更以民葬之，定陶隳廢共皇廟。〔一〕諸造議泠褒、段猶等皆徙合浦，復免高昌侯宏爲庶人。徵丹詣公車，賜爵關內侯，食故邑。數月，太皇太后詔大司徒、大司空曰：「夫褒有德，賞元功，先聖之制，百王不易之道也。故定陶太后造稱僭號，甚悖義理。〔二〕關內侯師丹端誠於國，不顧患難，執忠節，據聖法，分明尊卑之制，確然有柱石之固，臨大節而不可奪，可謂社稷之臣矣。有司條奏邪臣建定稱號者已放退，而丹功賞未加，殆繆乎先賞後罰之義，非所以章有德報厥功也。其以厚丘之中鄉戶二千一百封丹爲義陽侯。」月餘薨，謚曰節侯。子業嗣，王莽敗乃絕。

〔一〕師古曰：「隳音火規反。」

〔二〕師古曰：「悖，乖也，音布內反。」

贊曰：何武之舉，王嘉之爭，師丹之議，〔一〕考其禍福，乃效於後。〔二〕當王莽之作，外內咸服，董賢之愛，疑於親戚，〔三〕武、嘉區區，以一蕢障江河，用沒其身。〔四〕丹與董宏更受賞罰，〔五〕哀哉！故曰「依世則廢道，違俗則(危)〔危〕殆」，〔六〕此古人所以難受爵位者也。

〔一〕師古曰：「何武舉公孫祿爲大司馬，王嘉爭益董賢封邑，師丹議丁、傅不宜稱尊號。」

〔二〕師古曰：「終以王莽篡位，董賢遇禍，丁、傅喪敗。」

〔三〕師古曰：「儗讀曰擬。擬，比也。」

〔四〕師古曰：「蕢，織草為器，所以盛土也。一蕢之土，固不能障塞江河，是以其身沉沒也。蕢音匱。」

〔五〕師古曰：「更，互也。宏初建議尊號，為丹所劾而免爵土。及丹廢黜，宏復獲封。至王莽執政，宏為庶人，丹受國邑。故云互受賞罰也。更音工衡反。」

〔六〕師古曰：「言隨時曲直則廢於正道，違忤流俗則其身不安也。」

校勘記

三四八二頁一一行 減(係)〔除〕其狀，直令免去也。景祐、殿本都作「除」。王先謙說作「除」是。

三四八四頁一三行 綏和(三)〔元〕年，景祐、殿本都作「元」。朱一新說作「三」誤。

三四八八頁一四行 屬宣(州)〔城〕。景祐、殿本都作「宣城」。

三四九〇頁一五行 言易可(輕)〔傾〕危也。景祐、殿本都作「傾」。王先謙說作「傾」是。

三四九一頁七行 (令)〔今〕諸大夫有材能者甚少，景祐、殿、局本都作「今」，此誤。

三四九八頁一一行 甚傷尊(卑)〔尊〕之義，景祐、殿本都作「尊尊」，通鑑同。

三四九八頁一五行 愚(贛)〔戇〕數犯忌諱，景祐、殿本都作「戇」。王先謙說此脫「戇」下「心」。

三五〇〇頁一〇行 收采其功，以(明)〔免〕罪過也。景祐、殿本都作「免」。王先謙說作「免」是。

三五〇四頁二行 陰陽溷濁之(患)〔應〕也。景祐、殿本都作「應」。

三五二〇頁一三行　違俗則（免）〔危〕殆，景祐、殿本都作「危」。

漢書卷八十七上

揚雄傳第五十七上

師古曰：「自長楊賦以後分爲下卷。」

揚雄字子雲，蜀郡成都人也。其先出自有周伯僑者，以支庶初食采於晉之（楊）〔揚〕，〔一〕因氏焉，不知伯僑周何別也。〔二〕揚在河、汾之間，〔三〕周衰而揚氏或稱侯，號曰揚侯。會晉六卿爭權，韓、魏、趙興而范、中行、知伯弊。當是時，偪揚侯，〔四〕揚侯逃於楚巫山，因家焉。〔五〕楚漢之興也，揚氏遡江上，處巴江州。〔六〕而揚季官至廬江太守。漢元鼎間避仇復遡江上，處崏山之陽曰郫，〔七〕有田一壥，有宅一區，〔八〕世世以農桑爲業。自季至雄，五世而傳一子，故雄亡它揚於蜀。〔九〕

〔一〕師古曰：「采，官也。以官受地，謂之采地。」

〔二〕師古曰：「別謂分系緒也。」

〔三〕應劭曰：「左傳霍、揚、韓、魏皆姬姓也。揚，今河東揚縣。」

〔四〕晉灼曰：「漢名臣奏載張衡說，云晉大夫食采於揚，爲揚氏，食我有罪而揚氏滅。無揚侯。有揚侯則非六卿所偪也。」師古曰：「晉說是也。雄之自序譜諜蓋爲疏謬，范、中行不與知伯同時滅，何得言當是時偪揚侯乎？偪，古逼(也)〔字〕。」

〔五〕師古曰：「巫山，今在荆州西南也。」

〔六〕李奇曰：「江州，縣名也，巴郡所治也。」師古曰：「遡謂逆流而上也，音素。」

〔七〕師古曰：「崏山，江水所出也。山南曰陽。郫，縣名也。崏音旻。郫音疲。」

〔八〕晉灼曰：「周禮，上地夫一廛，一百畝也。」

〔九〕師古曰：「蜀諸姓揚者皆非雄族，故言雄無它揚。」

雄少而好學，不爲章句，訓詁通而已，〔一〕博覽無所不見。爲人簡易佚蕩，〔二〕口吃不能劇談，〔三〕默而好深湛之思，〔四〕清靜亡爲，少耆欲，〔五〕不汲汲於富貴，不戚戚於貧賤，〔六〕不修廉隅以徼名當世。〔七〕家產不過十金，乏無儋石之儲，晏如也。〔八〕自有大度，非聖哲之書不好也；非其意，雖富貴不事也。顧嘗好辭賦。〔九〕

〔一〕師古曰：「詁謂指義也。」

〔二〕張晏曰：「佚音鐵。蕩音讜。」晉灼曰：「佚蕩，緩也。」

〔三〕鄭氏曰：「劇，甚也。」晉灼曰：「或作遽。遽，疾也。口吃不能疾言。」師古曰：「劇亦疾也，無煩作遽也。」

〔四〕師古曰：「湛讀曰沈。」

〔五〕師古曰：「耆讀曰嗜。」

〔六〕師古曰：「汲汲，欲速之義，如井汲之爲也。」

〔七〕師古曰：「徼，要也，音工堯反。徼字或作激。激，發也，音工歷反。」

〔八〕師古曰：「儋石，解在蒯通傳。」

〔九〕師古曰：「顧，反也。」

先是時，蜀有司馬相如，作賦甚弘麗溫雅，雄心壯之，每作賦，常擬之以爲式。〔一〕又怪屈原文過相如，至不容，作離騷，自投江而死，悲其文，讀之未嘗不流涕也。以爲君子得時則大行，不得時則龍蛇，〔二〕遇不遇命也，何必湛身哉！〔三〕乃作書，往往摭離騷文而反之，〔四〕自崏山投諸江流以弔屈原，名曰反離騷；又旁離騷作重一篇，名曰廣騷；〔五〕又旁惜誦以下至懷沙一卷，名曰畔牢愁。〔六〕畔牢愁、廣騷文多不載，獨載反離騷，其辭曰：

〔一〕師古曰：「擬謂比象也。」

〔二〕應劭曰：「易曰『龍蛇之蟄，以存身也』。」師古曰：「大行，安步徐行。」

〔三〕師古曰：「湛讀曰沈。謂投水而死。」

〔四〕師古曰：「摭，拾取也，音之亦反。」

〔五〕師古曰：「旁，依也，音步浪反。其下類此。重音直用反。」

〔六〕李奇曰：「畔，離也。牢，聊也。與君相離，愁而無聊也。」師古曰：「惜誦、懷沙皆屈原所作九章中之名也。」

有周氏之蟬嫣兮，或鼻祖於汾隅，〔一〕靈宗初諜伯僑兮，流于末之揚侯。〔二〕淑周楚之豐烈兮，超既離虖皇波，〔三〕因江潭而汼記兮，欽弔楚之湘纍。〔四〕

〔一〕應劭曰：「蟬嫣，連也，言與周氏親連也。」劉德曰：「鼻，始也。」師古曰：「雄自言系出周氏而食采於揚，故云始祖於汾隅也。嫣音於連反。」

〔二〕應劭曰：「諜，譜也，言從伯僑以來可得而敘也。」

〔三〕應劭曰：「淑，善也。言去汾隅從巫山得周楚之美烈也。超，速也。」晉灼曰：「離，歷也。皇，大也。」師古曰：「言其先祖所居經河及江也。河江，四瀆之水，故云大波也。虖，古乎字。其下並同。」

〔四〕蘇林曰：「潭，水邊也。」鄧展曰：「汼，往也。」李奇曰：「諸不以罪死曰纍，荀息、仇牧皆是也。屈原赴湘死，故曰湘纍也。」師古曰：「記，書記也，謂弔文也。言因江水之邊而投書記以往弔也。欽，敬也。潭音尋。汼音于放反。纍音力追反。」

惟天軌之不辟兮，何純絜而離紛！〔一〕紛纍以其淟涊兮，暗纍以其繽紛。〔二〕

〔一〕師古曰：「天軌，猶言天路。辟，開也。離，遭也。紛，難也。言天路不開，故使純善貞絜之人遭此難也。易曰：『天地閉，賢人隱。』辟讀曰闢。」

〔二〕應劭曰：「淟涊，穢濁也。」師古曰：「繽紛，交雜也。淟音吐典反。涊音乃典反。繽音匹人反。」

漢十世之陽朔兮，招搖紀于周正，〔一〕正皇天之清則兮，度后土之方貞。〔二〕圖纍承彼洪族兮，又覽纍之昌辭，〔三〕帶鉤矩而佩衡兮，履欃槍以爲綦。〔四〕素初貯厥麗服兮，

何文肆而質韰！〔五〕資娵娃之珍髢兮，鬻九戎而索賴。〔六〕

〔一〕晉灼曰：「十世數高祖、呂后至成帝也。成帝八年乃稱陽朔。」應劭曰：「招搖，斗杓星也，主天時。周正，十一月也。」蘇林曰：「言己以此時弔屈原也。」

〔二〕應劭曰：「平正司法者莫過於天，養物均調者莫過於地也。父伯庸名我爲平以法天，字我爲原以法地也。」晉灼曰：「此雄取離騷辭反之，應說是也。」師古曰：「應、晉二說皆非也。自漢十世以下，四句不道屈原也，此乃雄自論己心所履行取法天地耳。自圖纍以下方論屈原云也。」

〔三〕師古曰：「圖，按其本系之圖書也。洪，大也。覽，省視也。昌，美也。」

〔四〕應劭曰：「鉤，規也。矩，方也。衡，平也。」鄧展曰：「欃槍，妖星也。」晉灼曰：「綦，履跡也。此反屈原雖佩帶方平之行，而蹈惡人跡，以致放退也。」師古曰：「綦，履下飾也。欃音初咸反。槍音初行反。綦音其。」

〔五〕應劭曰：「貯，積也。肆，放也。韰，狹也。」如淳曰：「文肆者，楚辭遠游乘龍之言也。質韰者，恨世不用己而自沈也。」師古曰：「麗服謂『扈江離與辟芷，紉秋蘭以爲佩』之類是也。韰音械。」

〔六〕孟康曰：「娵，閭娵也。娃，吳娃也。髢，鬄也。賴，得也。九戎被髮，髢雖珍好，無所用也。」師古曰：「娵、娃皆美女也。賴，利也。言屈原以高行仕楚，亦猶資美女之髢鬻於九戎而求其利，必不得也。娵音子踰反。娃音烏佳反。髢音徒計反。」

鳳皇翔於蓬陼兮，豈駕鵝之能捷！〔一〕騁驊騮以曲囏兮，驢騾連蹇而齊足。〔二〕枳棘之榛榛兮，蝯貁擬而不敢下，〔三〕靈修既信椒、蘭之唼佞兮，吾纍忽焉而不蚤睹？〔四〕

〔一〕應劭曰：「蓬陼，蓬萊之陼也，在海中。」晉灼曰：「揵，及也。」師古曰：「駕鵝，鳥名也，解在司馬相如傳。駕音加。」

〔二〕師古曰：「驊騮，駿馬名也，其色如華而赤也。言使駿馬馳騖於屈曲艱阻之中，則與驢騾齊足也。驊音華。連音力展反。囏，古艱字。」

〔三〕師古曰：「榛榛，梗穢貌也。蝯，善攀援。狖似猴，卬鼻而長尾。擬，疑也。榛音臻，又士臻反。狖音弋授反。」

〔四〕服虔曰：「靈修，楚王也。」蘇林曰：「椒、蘭，令尹子椒、子蘭也。」師古曰：「蚤，古早字也。唼佞，譖言也。唼音妾。」

衿芰茄之綠衣兮，被夫容之朱裳，〔一〕芳酷烈而莫聞兮，（固）不如襞而幽之離房。〔二〕閨中容競淖約兮，相態以麗佳，〔三〕知衆嫭之嫉妒兮，何必颺纍之蛾睂？〔四〕

〔一〕應劭曰：「衿音衿系之衿。衿，帶也。芰，蔆也。」師古曰：「衿音其禁反。茄亦荷字也，見張揖古今字詁。被音披，又音皮義反。」

〔二〕師古曰：「襞，疊衣也。離房，別房也。襞音壁。」

〔三〕應劭曰：「衆士競善，猶女競容也。」師古曰：「淖約，善容止也。相態以麗佳，言競爲佳麗之態以相傾也。淖音綽。」

〔四〕晉灼曰：「離騷云『衆女嫉余之蛾睂』。」師古曰：「嫭，美貌也。颺，古揚字也。蛾睂，形若蠶蛾睂也。此亦譏屈原自擧蛾睂令衆嫉之。嫭音胡故反。睂，古眉字。」

懿神龍之淵潛，竢慶雲而將擧，亡春風之被離兮，孰焉知龍之所處？〔一〕愍吾纍之

衆芬兮，颺燁燁之芳苓，遭季夏之凝霜兮，慶夭顇而喪榮。〔三〕

〔二〕晉灼曰：「龍竢風雲而後升，士須明君而後進。國無道則愚，誰知其所邪？」師古曰：「懿，美也。竢，待也。龍以潛居待雲爲美，以譏屈原不能隱德，自取禍也。被讀曰披。」

〔三〕晉灼曰：「雄愍屈原光香，奄先秋遇凋，生亦不辰也。」張晏曰：「慶，辭也。」師古曰：「燁燁，光盛。苓，香草名，音零。慶讀與羌同。顇，古悴字。」

橫江、湘以南淮兮，云走乎彼蒼吾，馳江潭之汎溢兮，將折衷虖重華。〔一〕舒中情之煩或兮，恐重華之不纍與，〔二〕陵陽侯之素波兮，豈吾纍之獨見許？〔三〕

〔一〕應劭曰：「舜葬蒼梧，在江湘之南，屈原欲啓質聖人，陳己情愛也。」師古曰：「淮，往也。走，趣也。重華，舜名也。淮音于放反。走音奏。潭音尋。衷音竹仲反。」

〔二〕張晏曰：「舜聖，卒避父害以全身，資於事父以事君，恐不與屈原爲纍與。」

〔三〕應劭曰：「陽侯，古之諸侯也，有罪自投江，其神爲大波。陵，乘也。言屈原襲陽侯之罪，而欲折中求舜，未必獨見然許之也。」

精瓊靡與秋菊兮，將以延夫天年；臨汨羅而自隕兮，恐日薄於西山。〔一〕解扶桑之總轡兮，縱令之遂奔馳，〔二〕鸞皇騰而不屬兮，豈獨飛廉與雲師！〔三〕

〔一〕應劭曰：「精，細；靡，屑也。瓊，玉之華也。」晉灼曰：「離騷云『精瓊靡以爲粻兮』，『予夕餐秋菊之落英』。又曰『老冉冉其將至』，『日忽忽其將暮』。」師古曰：「此又譏屈原，云瓊靡秋菊，將以延年，崦嵫忽迫，喜於未暮，何乃自投汨羅，言行相反！」

〔二〕應劭曰：「總，結也。扶桑，日所拂木也。」晉灼曰：「離騷云『總余轡於扶桑，聊消搖以相羊』。屈原言結我車轡於扶桑，以留日之入，人年得不老。日以喻君，而反離朝自沈，解轡縱君，使遂奔馳也。」

〔三〕應劭曰：「楚辭云『鸞皇爲余先戒兮』，『後飛廉使奔屬』，『雲師告余以未具』。飛廉，風伯也。雲師，豐隆也。鸞皇，俊鳥也。」晉灼曰：「已縱其轡使之奔馳，鸞皇迅飛亦無所及，非獨飛廉、雲師，言莊嚴未具，使君不適道也。」

卷薜芷與若蕙兮，臨湘淵而投之；棍申椒與菌桂兮，赴江湖而漚之。〔一〕費椒稰以要神兮，又勤索彼瓊茅，〔二〕違靈氛而不從兮，反湛身於江皋！〔三〕

〔一〕師古曰：「離騷云『貫薜荔之落蘂』，『雜杜衡與芳芷』，『又樹蕙之百畝』，『雜申椒與菌桂』，皆以自喻德行芬芳也。今何爲自投江湘而喪此芳乎？棍，大束也。漚，漬也，今漚麻也。棍音下本反，漚音一搆反。又音一候反。」

〔二〕孟康曰：「椒稰，以椒香米饋也。離騷曰『懷椒稰而要之』。」晉灼曰：「離騷云『索瓊茅以筳篿』。」師古曰：「索，求也。瓊茅，靈草也。筳篿，析竹所用卜也。稰音所，又音思呂反。筳音廷。篿音專。」

〔三〕晉灼曰：「靈氛，古之善占者。離騷曰『欲從靈氛之吉占兮，心猶豫而狐疑』。」師古曰：「既不從靈氛之占，何爲費椒稰而勤瓊茅也？湛讀曰沈。江皋，江水邊之游地也。」

纍既𠬜夫傅說兮，奚不信而遂行？〔一〕徒恐鶗鴂之將鳴兮，顧先百草爲不芳！〔二〕

〔一〕晉灼曰：「𠬜，慕也。離騷曰『說操築於傅巖兮，武丁用之而不疑』。」師古曰：「𠬜，古攀字。既攀援傅說，何不信其所行，自見用而遂去？」

〔三〕師古曰：「離騷云『鷤鴂之先鳴兮，使夫百草爲不芳』。雄言終以自沈，何惜芳草而憂鷤鴂也？鴂，鴃字也。鷤鴃鳥一名買鵵，一名子規，一名杜鵑，常以立夏鳴，鳴則衆芳皆歇。鷤音大系反。鴂音桂。鷤字或作鶗，亦音題。鴃又音決。鵵音詭。」

初纍棄彼虙妃兮，更思瑤臺之逸女，〔一〕抨雄鴆以作媒兮，何百離而曾不壹耦！〔二〕乘雲蜺之旖柅兮，望昆侖以樛流，覽四荒而顧懷兮，奚必云女彼高丘？〔三〕

〔一〕師古曰：「離騷云『吾令豐隆乘雲兮，求虙妃之所在』，又曰『望瑤臺之偃蹇兮，見有娀之佚女』。此又譏其執心不定也。虙妃，古神女。有娀女，卽簡狄也。虙讀曰伏。」

〔二〕師古曰：「離騷云『吾令鴆爲媒兮，鴆告余以不好，雄鴆之鳴逝兮，余猶惡其佻巧』，故云百離不一耦也。抨，使也。耦，合也。抨音普耕反。」

〔三〕蘇林曰：「離騷云『登閬風而緤馬，忽反顧以流涕，哀高丘之無女。』女以喻士，高丘謂楚也。」師古曰：「離騷又云『揚雲蜺之晻藹』。閬風在昆侖山上，故云望昆侖也。旖柅，雲貌也。樛流猶周流也。女，仕也，何必要仕於楚也。旖音於綺反。柅音女綺反。樛音居虯反。女音尼據反。」

既亡鸞車之幽藹兮，（焉）駕八龍之委蛇？〔一〕臨江瀕而掩涕兮，何有九招與九歌？〔二〕夫聖哲之（不）遭兮，固時命之所有；雖增欷以於邑兮，吾恐靈修之不纍改。〔三〕昔仲尼之去魯兮，斐斐遲遲而周邁，〔四〕終回復於舊都兮，何必湘淵與濤瀨！〔五〕溷漁父之餔歠兮，絜沐浴之振衣，〔六〕棄由、聃之所珍兮，蹠彭咸之所遺！〔七〕

〔一〕晉灼曰：「離騷云『駕八龍之蜿蜿兮，載雲旗之委蛇』。」師古曰：「言既無鸞車，則不得云駕八龍也。幽藹猶晻藹也。蛇音移。」

〔二〕晉灼曰：「離騷云『擥茹蕙以掩涕』，又曰『奏九歌以舞韶』。」師古曰：「此又譏其哀樂不相副也。招讀曰韶。」

〔三〕師古曰：「離騷云『曾歔欷余鬱邑兮，哀朕時之不當』。增，重也。雄言自古聖哲，皆有不遇，屈原雖自歎於邑，而楚王終不改寤也。於邑，短氣也。於音烏。邑音烏合反。於邑亦讀如本字。」

〔四〕師古曰：「斐斐，往來貌也。音芳非反。」

〔五〕師古曰：「言孔子去其本邦，遲遲系戀，意在舊都，裴回反覆。屈原何獨不懷鄢郢而赴江湘也？濤，大波也。瀨，急流也。濤音大高反。」

〔六〕師古曰：「漁父云『何不餔其糟而歠其醨』？屈原以爲溷濁，不肯從之，乃云：『新沐者必彈冠，新浴者必振衣也』。餔音必胡反。歠音昌悅反。」

〔七〕師古曰：「由，許由也。聃，老聃也。二人守道，不爲時俗所汙，然保已全身，無殘辱之醜。彭咸，殷之介士也，不得其志，投江而死。此又非屈原不慕由、聃高蹤，而遵彭咸遺蹟。蹠，蹈也，（亦）〔音〕之亦反。」

孝成帝時，客有薦雄文似相如者，上方郊祠甘泉泰畤、汾陰后土，以求繼嗣，召雄待詔承明之庭。〔一〕正月，從上甘泉，還奏甘泉賦以風。〔二〕其辭曰：

〔一〕師古曰：「承明殿在未央宮。」

〔二〕師古曰：「風讀曰諷。」

惟漢十世，將郊上玄，定泰畤，雍神休，尊明號，〔一〕同符三皇，錄功五帝，卹胤錫羨，拓迹開統。〔二〕於是乃命羣僚，歷吉日，協靈辰，〔三〕星陳而天行。〔四〕詔招搖與泰陰兮，伏鉤陳使當兵，〔五〕屬堪輿以壁壘兮，梢夔魖而抶獝狂。〔六〕八神奔而警蹕兮，振殷轔而軍裝；〔七〕蚩尤之倫帶干將而秉玉戚兮，飛蒙茸而走陸梁。〔八〕齊總總撙撙，其相膠葛兮，猋駭雲訊，奮以方攘；〔九〕駢羅列布，鱗以雜沓兮，柴虒參差，魚頡而鳥䀢；〔一〇〕翕赫曶霍，霧集蒙合兮，半散照爛，粲以成章。〔一一〕

〔一〕晉灼曰：「雍，祐也。休，美也。言見祐護以休美之祥也。」師古曰：「雍，聚也。明號，謂總三皇五帝之號而稱皇帝也。雍讀曰擁。」

〔二〕應劭曰：「卹，憂也。胤，續也。錫，與也。羨，饒也。拓，廣也。時成帝憂無繼嗣，故修祠泰畤、后土，言神明饒與福祥，廣迹而開統也。」師古曰：「羨音弋戰反。拓音託。」

〔三〕師古曰：「歷選吉日而合善時也。」

〔四〕師古曰：「如星之陳，象天之行也。」

〔五〕張晏曰：「禮記云『招搖在上，急繕其怒』。太陰，歲後三辰也。」服虔曰：「鉤陳，紫宮外營陳星。」

〔六〕張晏曰：「堪輿，天地總名也。」孟康曰：「堪輿，神名，造圖宅書者。木石之怪曰夔，夔神如龍，有角，人面。魖，耗鬼也。獝狂亦惡鬼也。今皆梢而去之。」師古曰：「堪輿，張說是也。屬，委也，以壁壘委之。梢，擊也。抶，笞也。梢音山交反。魖音虛。屬音之欲反。抶音丑乙反。獝音揆聿反。」

〔七〕師古曰：「自招搖至獝狂，凡八神也。殷轔，盛貌也。軍裝，為軍戎之飾裝也。轔音來忍反。」

〔八〕張晏曰：「玉戚，以玉為戚柲也。」晉灼曰：「飛者蒙茸而亂，走者陸梁而跳也。」師古曰：「茸音人蒙反。柲，柄也，音祕。」

〔九〕晉灼曰：「方攘，半散也。」師古曰：「總總撙撙，聚貌也。膠葛猶言膠加也。訊亦奮訊也。撙音子本反。訊音信。攘音人羊反。」

〔一〇〕師古曰：「柴虒參差，不齊貌也。頡旿，上下也。柴音初蟻反。虒音豸。參音初林反。頡音胡結反。旿音胡剛反。」

〔一一〕師古曰：「翕赫曶霍，開合之貌也。霧，地氣發也。蒙，天氣下也。如霧之集，如蒙之合也。半散照爛，言其分布而光明也。曶讀與忽同。」

於是乘輿乃登夫鳳皇兮翳華芝，〔一〕駟蒼螭兮六素虯，〔二〕蠖略蕤綏，灕虖幓纚。〔三〕帥爾陰閉，霅然陽開，〔四〕騰清霄而軼浮景兮，夫何旟旐郅偈之旖柅也！〔五〕流星旄以電燭兮，咸翠蓋而鸞旗。〔六〕敦萬騎於中營兮，方玉車之千乘。〔七〕聲駍隱以陸離兮，輕先疾雷而馺遺風。〔八〕陵高衍之嵱嵷兮，超紆譎之清澄。〔九〕登椽欒而狃天門兮，馳閶闔而入凌兢。〔一〇〕

〔一〕師古曰：「鳳皇者，車以鳳皇為飾也。翳，蔽也。以華芝為蔽也。」

〔二〕師古曰：「四、六，駕數也，言或四或六也。螭似龍，一名地螻。虯即龍之無角者。」

〔三〕師古曰：「蠖略蕤綏，蚪蟜貌也。灕虖幓纚，車飾貌也。蠖音於鑊反。灕音離。幓音森，其字從巾。纚音所宜反。」

〔四〕晉灼曰：「帥，聚也。霅，散也。」師古曰：「霅音所甲反，又音先合反。」

〔五〕師古曰：「騰，升也。霄，日旁氣也。軼，過也。畫鳥隼曰旟，龜蛇曰旐。郅偈，竿杠之狀也。旖柅，旒縿之形也。郅音吉，又音質。偈音居桀反。旖音猗。柅音女支反。」

〔六〕師古曰：「如星之流，如電之照也。咸，皆也。」

〔七〕師古曰：「敦讀曰屯。屯，聚也。方，並也。」

〔八〕師古曰：「颯然，疾意也。駍音普萌反。颯音先合反。」

〔九〕孟康曰：「衍，無厓岸也。紆譎，曲折也。」李奇曰：「嵱音踊。嵷音竦。」如淳曰：「嵱嵷，上下衆多貌。」師古曰：「衍即所謂墳衍者也。」

〔一〇〕服虔曰：「椽欒，甘泉南山也。」李奇曰：「犴音貫。」蘇林曰：「犴，至也。」師古曰：「入凌兢者，（亦）〔言〕寒涼戰栗之處也。兢音鉅陵反。」

是時未轃夫甘泉也，乃望通天之繹繹。〔一〕下陰潛以慘廩兮，上洪紛而相錯；〔二〕直嶢嶢以造天兮，厥高慶而不可虖疆度。〔三〕平原唐其壇曼兮，列新雉於林薄；〔四〕攢并閭與茇苦兮，紛被麗其亡鄂。〔五〕崇丘陵之駊騀兮，深溝嶔巖而爲谷；〔六〕迣迣離宮般以相燭兮，封巒石關施靡虖延屬。〔七〕

〔一〕師古曰：「轃與臻同，轃，至也。通天，臺名也。言雖未至甘泉，則遙望見通天臺也。繹繹，相連貌。」

〔二〕師古曰：「憯凜，亦寒涼之意也。洪，大也。紛，亂雜也。錯，互也。凜讀如本字，又音來感反。」

〔三〕師古曰：「嶢嶢，高貌。造，至也。慶，發語辭也。疆，境也。度，量也。言此臺至天，其高不可究竟而量度也。嶢音堯。造音千到反。慶讀曰羌。度音大各反。」

〔四〕鄧展曰：「唐，道也。」服虔曰：「新雉，香草也。雉、夷聲相近。」師古曰：「言平原之道壇曼然廣大，又列樹辛夷於林薄之間也。草叢生曰薄。新雉即辛夷耳，爲樹甚大，非香草也。其木枝葉皆芳，一名新矧。壇音徒且反。曼音莫且反。」

〔五〕如淳曰：「幷閭，其葉隨時政，政平則平，政不平則傾也。」師古曰：「如氏所說自是平慮耳。此幷閭謂椶樹也。茇苦，草名也。鄂，垠也。茇音步末反。苦音括。被，皮義反。麗讀如本字。被麗又音披離。」

〔六〕蘇林曰：「駊騀音叵我。」師古曰：「駊騀，高大狀也。嶔巖，深險貌也。嶔音口銜反。」

〔七〕應劭曰：「言秦離宮三百，武帝復往往修治之。」師古曰：「迋，古往字。往往，言所往之處則有之。般，連貌也。燭，照也。封巒、石闕皆宮名也。施靡，相及貌。屬，連也。般音盤。施音弋爾反。屬音之欲反。」

於是大夏雲譎波詭，摧嗺而成觀，〔一〕仰撟首以高視兮，目冥眴而亡見。〔二〕正瀏濫以弘惝兮，指東西之漫漫，〔三〕徒回回以徨徨兮，魂固眇眇而昏亂。〔四〕據軨軒而周流兮，忽軮軋而亡垠。〔五〕翠玉樹之青蔥兮，壁馬犀之瞵㻞。〔六〕金人仡仡其承鍾虡兮，嵌巖巖其龍鱗，〔七〕揚光曜之燎燭兮，乘景炎之炘炘，〔八〕配帝居之縣圃兮，象泰壹之威神。〔九〕洪臺掘其獨出兮，撠北極之嶟嶟，〔一〇〕列宿乃施於上榮兮，日月纔經於柍桭，〔一一〕

雷鬱律而巖突兮，電儵忽於牆藩。〔二〕鬼魅不能自還兮，半長途而下顛。〔三〕歷倒景而絕飛梁兮，浮蔑蠓而撇天。〔四〕

〔一〕孟康曰：「言夏屋變巧，乃為雲氣水波相譎詭也。摧嗺，材木之崇積貌也。」晉灼曰：「摧音經水反。」師古曰：「嗺音子水反。觀謂形也，音工喚反。經音丑成反。」

〔二〕師古曰：「撟，舉也。冥眴，視不諦也。撟與矯同，其字從手。冥音莫見反。眴音州縣之縣。」

〔三〕服虔曰：「惝音敞。」師古曰：「瀏濫猶汎濫。弘惝，高大也。漫漫，長也。瀏音劉。」

〔四〕師古曰：「言駭其深博。」

〔五〕師古曰：「軨軒謂前軒之軨也。軨者，軒間小木也，字與櫺同。周流，周視也。軮軋，遠相映也。軨音零。軮音烏朗反。軋音於黠反。」

〔六〕應劭曰：「璘音鄰。」晉灼曰：「瑞音豳。」師古曰：「玉樹者，武帝所作，集衆寶為之，用供神也，非謂自然生之。而左思不曉其意，以為非本土所出，蓋失之矣。馬犀者，馬腦及犀角也。以此二種飾殿之壁。璘瑞，文貌。」

〔七〕師古曰：「仡仡，勇健狀。嵌，開張貌，言其鱗甲開張，若真龍之形也。仡音魚乙反，又音其乞反。嵌音火敢反。」

〔八〕師古曰：「炘炘，光盛貌也。炎音弋贍反。炘音欣。」

〔九〕服虔曰：「曾城、縣圃、閬風，昆侖之山三重也，天帝神在其上。」

〔10〕應劭曰：「掘，特貌也。𢱢，至也。」晉灼曰：「崷崷，𢱢𢱢也。」師古曰：「言高臺特出乃至北極，其狀竦峭，崷崷然也。掘音其勿反。𢱢音竹指反。崷音千旬反，又音遵。」

〔二〕服虔曰：「柍，中央也。桭，屋梠也。」師古曰：「施，延也。榮，屋翼也。凡此者言屋宇高大之甚。施音弋豉反。柍音央。裖音辰。一曰施，直謂安施（音）之耳，讀如本字。」

〔二〕師古曰：「鬱律，雷聲也。倏忽，電光也。藩，藩籬也。倏音式六反。藩音甫元反。」

〔三〕師古曰：「言屋之高深，雖鬼魅亦不能至其極而反，故於長途之半而顛墜也。還讀曰旋，或作逮。逮，及也。」

〔四〕晉灼曰：「飛梁，浮道之橋也。蔑蠓，（疾）〔蚊〕也。」師古曰：「撇猶拂也。蠓音莫孔反。撇音匹列反，又音普結反。」

左欃槍右玄冥兮，前熛闕後應門；〔一〕陰西海與幽都兮，涌醴汩以生川。〔二〕蛟龍連蜷於東厓兮，白虎敦圉虖昆侖。〔三〕覽樛流於高光兮，溶方皇於西清。〔四〕前殿崔巍兮，和氏瓏玲，〔五〕炕浮柱之飛榱兮，神莫莫而扶傾，〔六〕閌閬閬其寥廓兮，似紫宮之崢嶸。〔七〕駢交錯而曼衍兮，峻嵔隗虖其相嬰。〔八〕乘雲閣而上下兮，紛蒙籠以掍成。〔九〕曳紅采之流離兮，颺翠氣之冤延。〔一〇〕襲琁室與傾宮兮，若登高妙遠，肅虖臨淵。〔一一〕

〔一〕晉灼曰：「大人賦『攙欃槍以為旌』。又曰『左玄冥而右黔雷』。雄擬相如故云爾。熛闕，赤色之闕，南方之帝曰赤熛怒，應門正在熛闕之內也。」師古曰：「熛音匹遙反。」

〔二〕如淳曰：「言闕之高乃陰西海也。」師古曰：「蔭映西海也，以及幽都。幽都，北方絕遠之地也。涌醴，醴泉涌出汩汩然也。汩音于筆反。」

〔三〕師古曰：「連蜷，卷曲貌。敦圉，盛怒也。言甘泉宮中皆有此象也。蜷音拳，敦音屯。」

〔四〕服虔曰：「高光，宮名也。」師古曰：「樛流，屈折也。溶然，閑暇貌也。方皇，彷徨也。西清，西廂清閑之處也。溶音容。」

〔五〕孟康曰：「以和氏璧爲梁壁帶也，其聲玲瓏也。」晉灼曰：「以黃金爲壁帶，含藍田璧。瓏玲，明見貌也。」師古曰：「崔巍，高貌。瓏玲，晉說是也。崔音才回反。巍音五回反。瓏音聾。玲音零。」

〔六〕師古曰：「炕與抗同。抗，舉也。橑，屋椽也。言舉立浮柱而駕飛橑，其形危竦，有神於闇莫之中扶持，故不傾也。」

〔七〕師古曰：「閌，高門貌。閬閬，空虛也。寥廓，宏遠也。紫宮，天帝之宮也。峥嶸，深邃也。閌音抗。閬音浪。寥音僚。峥音仕耕反。嶸音宏。」

〔八〕師古曰：「言宮室臺觀相連不絕也。峻，安施之貌。嵲隗猶崔巍也。衍音（赤）〔亦〕戰反。峻音它賄反。嵲音臯。隗音五賄反。」

〔九〕師古曰：「乘，登也。雲閣，亦言其高入於雲也。蒙籠，深通貌。捆成，言其有若自然也。捆音胡本反。」

〔10〕師古曰：「言宮室曠大，自然有紅翠之氣。」

〔一一〕服虔曰：「襲，繼也。桀作琁室，紂作傾宮，以此微諫也。」應劭曰：「登高遠望，當以亡國爲戒，若臨深淵也。」

回猋肆其碭駭兮，翍桂椒，鬱栘楊。〔一〕香芬茀以穹隆兮，擊薄櫨而將榮。〔二〕薌呹肸以掍根兮，聲駍隱而歷鍾，〔三〕排玉戶而颺金鋪兮，發蘭惠與穹窮。〔四〕惟弸環其拂汨兮，稍暗暗而靚深。〔五〕陰陽清濁穆羽相和兮，若夔、牙之調琴。〔六〕般、倕棄其剞劂兮，王爾投其鉤繩。〔七〕雖方征僑與偓佺兮，猶仿佛其若夢。〔八〕

〔一〕師古曰：「回猋，回風也。肆，放也。碭，過也。駭，動也。翍，古披字。鬱，聚也。栘，唐棣也。楊，楊樹也。言回風放起，過動衆樹，則桂椒披散而栘楊鬱聚也。碭音徒浪反。栘音移。」

〔二〕師古曰：「言桂椒香氣乃擊薄櫨及屋翼也。薄，柎也。櫨音盧。」

〔三〕師古曰：「又言風之動樹，聲響振起衆根合，駍隱而盛，歷入殿上之鍾也。根猶株也。嚮讀與響同。呹音丑乙反。肸音許乙反。掍音下本反。駍音普耕反。」

〔四〕李奇曰：「鋪，門首也。」師古曰：「言風之所至，又排門揚鋪，擊動鍰鈕，回旋入宮，發奮衆芳。」

〔五〕蘇林曰：「弸音石墮井弸爾之弸。環音宏。」孟康曰：「弸環，風吹帷帳鼓貌。」師古曰：「拂汩亦風動貌。暗暗，幽隱。靚即靜字耳。弸音普萌反。拂音普密反。汩音于密反。暗音烏感反。」

〔六〕張晏曰：「聲細不過羽，穆然相和也。」師古曰：「夔，舜典樂也。牙，伯牙也。」

〔七〕應劭曰：「剞，曲刀也。劂，曲鑿也。」師古曰：「般，公輸般也。倕，共工也。王爾亦巧人也，見淮南子。言土木之功窮極巧麗，故令般、倕之徒棄其常法也。般讀與班同。倕音垂。剞音居爾反。劂音居衛反。」

〔八〕晉灼曰：「方，常也。征，行也。言宮觀之高峻，雖使仙人常行其上，恐遽不識其形觀，猶仿佛若夢也。」師古曰：「方謂並行也。征僑，姓征名伯僑，仙人也。偓佺亦仙人名。偓音屋。佺音詮。仿佛即髣髴字也。征，郊祀志作正字，其音同。」

於是事變物化，目駭耳回，〔一〕蓋天子穆然珍臺閒館琁題玉英蜵蜎蠖濩之中，〔二〕惟夫所以澄心清魂，儲精垂思，〔三〕感動天地，逆釐三神者。〔四〕乃搜逑索耦皋、伊之徒，冠倫魁能，〔五〕函甘棠之惠，挾東征之意，〔六〕相與齊虖陽靈之宮。〔七〕靡薜荔而爲席兮，折瓊枝以爲芳，〔八〕噏清雲之流瑕兮，飲若木之露英，〔九〕集虖禮神之囿，登乎頌祇之堂。〔一〇〕建光燿之長旓兮，昭華覆之威威，〔一一〕攀琁璣而下視兮，行遊目虖三危，陳衆車(所)〔於〕東阬兮，肆玉釱而下馳，漂龍淵而還九垠兮，窺地底而上回。〔一二〕風傱傱而扶轄兮，鸞鳳紛其御蕤，〔一三〕梁弱水之濎濴兮，躡不周之逶蛇，〔一四〕想西王母欣然而上壽兮，屏玉女而卻虙妃。〔一五〕玉女無所眺其清盧兮，虙妃曾不得施其蛾眉。〔一六〕方攬道德之精剛兮，(眸)〔侔〕神明與之爲資。〔一七〕

〔一〕師古曰：「言警視聽也。」

〔二〕應劭曰：「題，頭也。榱椽之頭，皆以玉飾，言其英華相燭也。」張晏曰：「蝙蜎蠖濩，刻鏤之形。」師古曰：「穆然，天子之容也。蝙蜎蠖濩，言屋中之深廣也。閒讀曰閑。蝙音一堯反。蜎音下堯反。蠖音烏郭反。濩音胡郭反。」

〔三〕師古曰：「言絜精以待，冀神降福。」

〔四〕師古曰：「釐讀曰禧。禧，福也。」

〔五〕應劭曰：「冠其羣倫魁桀也。」師古曰：「言選擇賢臣，可匹耦於古賢皋陶、伊尹之類，冠等倫而魁桀。」

〔六〕師古曰：「甘棠之惠，邵公奭也。東征之意，周公旦也。」

〔七〕師古曰：「齊，同也，同集於此也。祭天之處，故曰陽靈之宮也。」

〔八〕師古曰：「臍，纖密也，謂纖織之也。一曰臍謂偃而臍之藉地也。」

〔九〕師古曰：「言其齋戒自新，居處飲食皆芳絜也。瑕謂日旁赤氣也。露英，言其英華之露。」

〔一〇〕師古曰：「頌，歌也，登以祭也。地神曰祇。」

〔一〕服虔曰：「昭，明也。華覆，華蓋也。」師古曰：「威威猶威蕤也。旓，旗之旒也，一曰燕尾。旓音所交反。」

〔二〕張晏曰：「三危，山名也。」晉灼曰：「鈦，車轄也。九垠，九垓也。」師古曰：「假設言周流曠遠，升降天地，爲神通一也。肆，放也。阬，大阜也，讀與岡同。鈦音大，又音弟。還讀曰旋。」

〔三〕師古曰：「從從，前進之意也。御猶乘也。蕤，車之垂飾纓蕤也。從音竦。今書御字或作銜者，俗妄改也。」

〔四〕服虔曰：「昆侖之東有弱水，度之若濞濼耳。」師古曰：「濞濼，小水之貌。不周，山名。逶蛇亦言不艱難也。濞音吐定反。濼音熒。又音胡鎣反。蛇音移。」

〔五〕師古曰：「西王母在西方，周穆王所見者也。玉女、虙妃，皆神女也。虙讀曰伏。」

〔六〕服虔曰：「矑，目童子也。」

〔七〕晉灼曰：「等天地之忖量也。」師古曰：「擥，總也，音覽，其字從手。」

於是欽柴宗祈，燎熏皇天，〔一〕招繇泰壹。舉洪頤，樹靈旗。〔二〕樵蒸焜上，配藜四施，〔三〕東燭倉海，西燿流沙，北熿幽都，南煬丹厓。〔四〕玄瓚觩醪，秬鬯泔淡，〔五〕肸蠁豐融，懿懿芬芬。〔六〕炎感黃龍兮，熛訛碩麟，〔七〕選巫咸兮叫帝閽，開天庭兮延羣神。〔八〕儐暗藹兮降清壇，瑞穰穰兮委如山。〔九〕

〔一〕師古曰：「欽，敬也。柴，積柴也。宗，尊也。祈，求福也。」

〔二〕張晏曰：「招搖、泰壹，皆神名也。」服虔曰：「洪頤，旗名也。」李奇曰：「欲伐南越，告祈太一，畫旗樹太一壇上，名靈旗，以指所伐之國也。見郊祀志。」

〔三〕張晏曰：「配藜，披離也。」師古曰：「樵，木薪也。蒸，麻幹也。焜，同也。言以樵及蒸燎火，炎上於天，又披離四出。」

〔四〕服虔曰：「丹厓，丹水之厓也。」師古曰：「熿，古晃字。煬，熱也。言柴燎之光遠及四表也。煬音弋向反。」

〔五〕服虔曰：「以玄玉飾之，故曰玄瓚。」張晏曰：「瓚受五升，口徑八寸，以圭爲柄，用灌鬯。觩髎，其貌也。」應劭曰：「泔淡，滿也。」師古曰：「觩音糾。髎音力幽反。泔音胡感反。淡音大敢反。」

〔六〕師古曰：「言秬鬯之芬烈也。」

〔七〕師古曰：「言光炎熛盛，感神物也。訛，化也。碩，大也。熛音必遙反。」

〔八〕服虔曰：「令巫祝叫呼天門也。」師古曰：「巫咸，古神巫之名。」

〔九〕張晏曰：「儐，贊也。」師古曰：「晻藹，神之形影也。穰穰，多也。委，積也。晻音烏感反。」

於是事畢功弘，回車而歸，度三巒兮偈棠梨。〔一〕天閫決兮地垠開，八荒協兮萬國諧。〔二〕登長平兮雷鼓磕，天聲起兮勇士厲，〔三〕雲飛揚兮雨滂沛，于胥德兮麗萬世。〔四〕

〔一〕師古曰：「三巒即封巒，觀名也。棠梨，宮名。偈讀曰憩。」

〔二〕師古曰：「天閫，天門之閫也。決亦開也。言德澤普洽無極限也。」

〔三〕師古曰：「長平，涇水上坂名也。磕，擊鼓聲也。天聲，聲至天也。聲字或作嚴，言擊嚴鼓也。厲，奮也。」

〔四〕師古曰：「于，曰也。胥，皆也。麗，美也。沛音普大反。」

亂曰：〔一〕崇崇圜丘，隆隱天兮，〔二〕登降峛崺，單埢垣兮。〔三〕增宮嵾差，駢嵯峨兮，〔四〕岭巆嶙峋，洞亡厓兮。〔五〕上天之縡，杳旭卉兮，〔六〕聖皇穆穆，信厥對兮。〔七〕徠祇郊禋，神所依兮，〔八〕徘徊招摇，靈遲迟兮。〔九〕煇光眩燿，隆厥福兮，〔一〇〕子子孫孫，長亡極兮。

〔一〕師古曰：「亂者，理也，總理一賦之終也。」

〔二〕師古曰：「言其高。」

〔三〕師古曰：「峛崺，上下之道也。單，周也。埢垣，圜貌也。峛音力爾反。崺音弋爾反。單音蟬。埢音拳。」

〔四〕師古曰：「增，重也。嵾差，不齊也。駢，並也。嵾音初林反。駢音步千反。嵯音材何反。峨音娥。」

〔五〕師古曰：「岭巆，深邃貌。嶙峋，節級貌。岭音零。巆音營。嶙音鄰。峋音荀。」

〔六〕師古曰：「縡，事也。杳，高遠也。旭卉，疾速也。縡讀與載同。」

〔七〕李奇曰：「對，配也。能與天地相配也。詩云『帝作邦作對』。」師古曰：「穆穆，美也。信，實也。」

〔八〕師古曰：「言以祇敬而來郊祭禋享，則神祇依附。」

〔九〕師古曰：「言神久留安處，不即去也。招音上遙反。遲音栖。迟音（又）〔丈〕夷反。」

〔一〇〕師古曰：「眩音州縣之縣。」

甘泉本因秦離宮，既奢泰，〔一〕而武帝復增通天、高光、迎風。宮外近則洪厓、旁皇、儲胥、弩阹，遠則石關、封巒、枝鵲、露寒、棠梨、師得，遊觀屈奇瑰瑋，〔二〕非木摩而不彫，牆塗而不畫，周宣所考，般庚所遷，夏卑宮室，唐虞棌椽三等之制也。〔三〕且為其已久矣，非成帝所造，欲諫則非時，欲默則不能已，故遂推而隆之，乃上比於帝室紫宮，〔四〕若曰此非人力之所〔能〕〔爲〕，黨鬼神可也。〔五〕又是時趙昭儀方大幸，每上甘泉，常法從，〔六〕在屬車間豹尾中。〔七〕故雄聊盛言車騎之衆，參麗之駕，非所以感動天地，逆釐三神。〔八〕又言「屏玉女，卻虙妃」，以微戒齊肅之事。賦成奏之，天子異焉。

〔一〕師古曰：「本秦之林光宮也。」

〔二〕師古曰：「棠梨宮在甘泉苑垣外，師得宮在櫟陽界，其餘皆甘泉苑垣內之宮觀也。陸音祛。」

〔三〕師古曰：「小雅斯干之詩序曰：『宣王考室也。』考謂成也。般庚，殷王名也。遷謂遷都亳也。唐虞謂堯舜也。採，柞木也。三等，土堦三等，言不過也。棌音采，又音菜，其字從木。」

〔四〕師古曰：「帝謂天也。」

〔五〕師古曰：「黨音它莽反。」

〔六〕師古曰：「法從者，以言法當從耳，非失禮也。一曰從法駕也。」

〔七〕服虔曰：「大駕屬車八十一乘，作三行，尚書御史乘之。最後一乘縣豹尾，豹尾以前皆爲省中。」

〔八〕師古曰：「參，三神也。麗，偶也。」

其三月，將祭后土，上乃帥羣臣橫大河，湊汾陰。〔一〕既祭，行遊介山，回安邑，〔二〕顧龍門，覽鹽池，〔三〕登歷觀，〔四〕陟西岳以望八荒，迹殷周之虛，眇然以思唐虞之風。〔五〕雄以爲臨川羡魚不如歸而結罔，〔六〕還，上河東賦以勸，其辭曰：

〔一〕師古曰：「横，横度之也。湊，趣也。」

〔二〕師古曰：「介山在汾陰東北。回謂遶過。」

〔三〕師古曰：「龍門山在今蒲州龍門縣北。鹽池在今虞州安邑縣南。」

〔四〕師古曰：「歷山上有觀也。」晉灼曰：「在河東蒲阪縣。」

〔五〕師古曰：「陟，升也。西岳華山之上高峻，故言以望八荒。殷都河內，周在岐豐，堯都平陽，舜都蒲阪，皆可(相)〔想〕見，故云迹殷周之墟，思唐虞之風也。虛讀曰墟。」

〔六〕師古曰：「言成帝追觀先代遺迹，思欲齊其德號，故雄勸令自興至治，以儗帝皇之風。」

伊年暮春，將瘞后土，〔一〕禮靈祇，謁汾陰于東郊，〔二〕因茲以勒崇垂鴻，發祥隤祉，欽若神明者，盛哉鑠乎，越不可載已！〔三〕於是命羣臣，齊法服，整靈輿，乃撫翠鳳之駕，六先景之乘，〔四〕掉犇星之流旃，彏天狼之威弧。〔五〕張燿日之玄旄，揚左纛，被雲梢。〔六〕奮電鞭，驂雷輜，〔七〕鳴洪鍾，建五旗。〔八〕(義)〔羲〕和司日，顏倫奉輿，〔九〕風發飆拂，神騰鬼趡；〔一〇〕千乘霆亂，萬騎屈橋，〔一一〕嘻嘻旭旭，天地稠嶅。〔一二〕簸丘跳巒，涌渭躍涇。〔一三〕秦神下讋，跖魂負沴；〔一四〕河靈矍踢，爪華蹈衰。〔一五〕遂臻陰宮，穆穆肅肅，蹲蹲如也。〔一六〕

〔一〕師古曰：「伊，是也，謂是祠甘泉之年也。祭地曰瘞薶，故曰瘞后土。瘞音乙例反。」

〔二〕師古曰：「京師之東故曰東郊也。」

〔三〕師古曰：「勒崇垂鴻，勒崇名而垂鴻業也。隮，降也。祉，福也。欽，敬也。若，順也。鑠，美也。越，曰也。已，辭也。言發祥降福，敬順神明，其事盛美，不可盡載。」

〔四〕師古曰：「翠鳳之駕，天子所乘車，爲鳳形而飾以翠羽也。先景，爲馬行速疾，常在景前也。」

〔五〕晉灼曰：「有狼、弧之星也。」師古曰：「彏，急張也，音钁。」

〔六〕張晏曰：「雲梢，梢雲也。」師古曰：「梢與旓同。旓者，旌旗之流，以雲爲旓也。被音皮義反。」

〔七〕師古曰：「輜，衣車也。淮南子云『電以爲鞭策，雷以爲車輪』，故雄用此言也。」

〔八〕師古曰：「洪，大也。尚書大傳云『天子左右五鍾，天子將出則撞黃鍾之鍾，左五鍾皆應，入則撞蕤賓之鍾，右五鍾皆應。』漢舊儀云皇帝車駕建五旗。蓋謂五色之旗也，以木牛承其下，取其負重致遠。」

〔九〕師古曰：「倫，古善御者也。羲和，日御名。」

〔一〇〕師古曰：「飈，回風也。趡，走也。飈音必遙反。趡音子笑反，又音才笑反。」

〔一一〕師古曰：「霆㲿，言如雷霆之盛而㲿動也。屈橋，(言)壯捷貌。屈音其勿反。橋音其召反。」

〔一二〕服虔曰：「稠嶅，動搖貌。」師古曰：「嘻嘻旭旭，自得之貌。嘻音許其反。稠音徒弔反。嶅音五到反。」

〔一三〕師古曰：「山小而銳曰巒。言車騎之威，匌隱之盛，至於涌躍涇、渭，跳簸丘山者也。」

〔一四〕蘇林曰：「秦文公時庭中有怪化爲牛，走到南山梓樹中，伐梓樹，後化入豐水，文公惡之，故作其象以厭焉。今之茸頭是也，故曰秦神。」服虔曰：「沴，河岸之坻也。」晉灼曰：「沴，渚也。」師古曰：「跖，蹈也。言此神怖懾，下入水中自蹈其魂而負沴渚，蓋戚懼之甚也。跖音之亦反。坻音直尸反。」

〔一五〕蘇林曰：「河靈，巨靈也。華，華山也。襃，襃山也。掌據之，足蹈之也。踢音試郎反。」服虔曰：「踢音石奐反。」

師古曰：「蠼踢，驚動之貌。蠼音鐩。踢音惕，二音並通。爪，古掌字。凡言此者，以車騎之衆，羽旄之盛，故豪神、河靈莫不恐懼而自放也。」

〔一六〕師古曰：「陰宮，汾陰之宮也。穆穆，靜也。肅肅，敬也。蹲蹲，行有節也。蹲音千旬反。」

靈祇既鄉，五位時敍，〔一〕絪縕玄黃，將紹厥後。〔二〕於是靈輿安步，周流容與，〔三〕以覽虖介山。嗟文公而愍推兮，勤大禹於龍門，〔四〕灑沈（菑）〔菑〕於豁瀆兮，播九河於東瀕。〔五〕登歷觀而遙望兮，聊浮游以經營。樂往昔之遺風兮，喜虞氏之所耕。〔六〕瞰帝唐之嵩高兮，脈隆周之大寧。〔七〕汩低回而不能去兮，行睨陔下與彭城。〔八〕濊南巢之坎坷兮，易豳岐之夷平。〔九〕乘翠龍而超河兮，陟西岳之嶢崝。〔一〇〕雲霏霏而來迎兮，澤滲灕而下降，〔一一〕鬱蕭條其幽藹兮，滃汎沛以豐隆。〔一二〕叱風伯於南北兮，呵雨師於西東，〔一三〕參天地而獨立兮，廓盪盪其亡雙。〔一四〕

〔一〕師古曰：「鄉讀曰嚮。」服虔曰：「五位，五方之神。」

〔二〕師古曰：「絪縕，天地合氣也。玄黃，天地色也。易下繫辭曰：『天地絪縕，萬物化淳。』坤文言曰：『玄黃者，天地之雜色也。天玄而地黃。』將，大也。言天地之氣大興發於祭祀之後。絪音因。縕音於云反。」

〔三〕師古曰：「靈輿，天子之輿也。容暇而安豫也。與讀曰豫。」

〔四〕師古曰：「龍門山，禹鑿之以通河水，故勤勞之。」

〔五〕師古曰：「灑，分也。（菑）〔菑〕，古災字也。沈災，洪水也。豁，開也。瀆謂江、河、淮、濟也。播，布也。九河名在地理志。東瀕，東海之瀕也。禹分治洪水之災，通之四瀆，布散九河於東海之瀕也。灑音所宜反。瀕音頻，又音賓。」

〔六〕師古曰：「舜耕歷山，故云然。」

〔七〕師古曰：「瞰、眽，皆視也。帝唐，堯也。嵩亦高也。嵩高者，謂孔子云『巍巍乎唯天爲大，唯堯則之』也。一曰：堯會遊於陽城，故於嵩高山睨其遺蹟也。大寧者，詩大雅云『濟濟多士，文王以寧』。瞰音苦濫反。眽即覓字。」

〔八〕應劭曰：「睨，不正視也。彭城，項羽所都也。」晉灼曰：「陔下，項羽敗處也。」師古曰：「汨，往意也。低回猶言徘徊也。行，且也，意且欲往覩也。汨音于筆反。睨音五系反。」

〔九〕李奇曰：「南巢，桀敗處也。易，樂也。」師古曰：「濊與穢同。坎坷，不平貌。坎音口紺反。坷音口賀反。易音弋豉反。」

〔一〇〕師古曰：「翠龍，穆天子所乘馬也。西岳即華山也。嶢崝謂嶕嶢而崝嶸也。嶢音堯。崝音士耕反。」

〔一一〕師古曰：「䨾，古霏字。䨾䨾，雲起貌。澤，雨露也。滲灕，流貌也。降，下也。滲音淋。灕音離。降音胡江反。」

〔一二〕師古曰：「皆雲雨之貌。滃音烏孔反。汎音敷劍反。沛音普蓋反。」

〔一三〕師古曰：「言皆從命也。」

〔一四〕師古曰：「天地曰二儀，王者大位，與之合德，故曰參天地。參之言三也。盪盪，大貌。」

遵逝虖歸來，〔一〕以函夏之大漢兮，彼曾何足與比功？〔二〕建乾坤之貞兆兮，將悉總之以羣龍。〔三〕麗鉤芒與驂蓐收兮，服玄冥及祝融。〔四〕敦衆神使式道兮，奮六經以攄頌。〔五〕隃於穆之緝熙兮，過清廟之雝雝；〔六〕軼五帝之遐迹兮，躡三皇之高蹤。〔七〕既發軔於平盈兮，誰謂路遠而不能從？〔八〕

〔一〕師古曰：「遵路而旋京師也。」

〔二〕服虔曰：「函夏，函諸夏也。」師古曰：「函，包容也。彼謂堯、舜、殷、周也。函讀與含同。」

〔三〕張晏曰：「乾六爻悉稱龍也。」

〔四〕師古曰：「鉤芒，東方神。蓐收，西方神。玄冥，北方神。祝融，南方神。麗，並駕也。驂，三馬也。言皆役服也。」

〔五〕師古曰：「敦，勉也。式，表也。六經謂易、詩、書、春秋、禮、樂也。攄，散也。頌謂詩頌，所以美盛德之形容也，言發其志而爲歌頌也。攄音丑於反。頌讀曰容。」

〔六〕師古曰：「周頌清廟之詩云『於穆清廟，肅雍顯相』，昊天有成命之詩曰『於緝熙』，言漢德之盛，皆過之也。隃讀與踰同。於讀曰烏。」

〔七〕師古曰：「軼亦過也，音逸。」

〔八〕服虔曰：「軔，止車之木，將行，故發去。平盈之地無高下也。」師古曰：「軔音刃。」

其十二月羽獵，〔一〕雄從。以爲昔在二帝三王，〔二〕宮館臺榭沼池苑囿林麓藪澤財足以奉郊廟，御賓客，充庖廚而已，〔三〕不奪百姓膏腴穀土桑柘之地。女有餘布，男有餘粟，國家殷富，上下交足，故甘露零其庭，醴泉流其唐，〔四〕鳳皇巢其樹，黃龍游其沼，麒麟臻其囿，神爵棲其林。昔者禹任益虞而上下和，屮木茂；〔五〕成湯好田而天下用足；文王囿百里，民以爲尙小；齊宣王囿四十里，民以爲大；裕民之與奪民也。〔六〕武帝廣開上林，南至宜春、鼎胡、御宿、昆吾，〔七〕旁南山而西，至長楊、五柞，〔八〕北繞黃山，瀕渭而東，〔九〕周袤數百里。〔一〇〕穿昆明池象滇河，〔一一〕營建章、鳳闕、神明、馺娑，〔一二〕漸臺、泰液〔一三〕象海水周流方丈、瀛洲、蓬萊。〔一四〕游觀侈靡，窮妙極麗。雖頗割其三垂以贍齊民，〔一五〕然至羽獵田車戎馬器械儲偫禁禦所營，〔一六〕尙泰奢麗誇詡，〔一七〕非堯、舜、成湯、文王三驅之意也。〔一八〕又恐後世復修前好，不折中以泉臺，〔一九〕故聊因校獵賦以風，〔二〇〕其辭曰：

〔一〕服虔曰：「士負羽。」

〔二〕應劭曰：「二帝，堯、舜。三王，夏、殷、周。」

〔三〕師古曰：「財讀與纔同。御，侍也。充，當也。」

〔四〕應劭曰：「爾雅『廟中路謂之唐』。」

〔五〕師古曰：「益，臣名也，任以爲虞。虞，主山澤之官也。上，山也。下，平地也。屮，古草字。」

〔六〕師古曰：「裕，饒也。」

〔七〕晉灼曰：「鼎胡，宮也，黃圖以爲在藍田。昆吾，地名也，有亭。」師古曰：「宜春近下杜，御宿在樊川西也。」

〔八〕師古曰：「旁音步浪反。」

〔九〕師古曰：「循渭水涯而東也。瀕音頻，又音賓。」

〔一〇〕師古曰：「袤，長也，音茂。」

〔一〕師古曰：「滇音丁賢反。」

〔二〕師古曰：「殿名也。（師古曰）馺音先合反。娑音先河反。」

〔三〕師古曰：「漸臺在泰液池中。漸，浸也，言爲池水所浸也。」

〔四〕服虔曰：「海中三山名。法效象之。」

〔五〕師古曰：「贍，給也。齊人，解在食貨志。」

〔六〕師古曰：「營謂（圜）〔圍〕守也。」

〔七〕師古曰：「詡，大也，音許羽反。」

〔八〕師古曰：「三驅，古射獵之等也。一爲乾豆，二爲賓客，三爲充君之庖也。」

〔九〕服虔曰：「魯莊公築泉臺，非禮也，至文公毀之，公羊譏云：『先祖爲之而毀之，勿居而已。』今揚雄以宮觀之盛，非成帝所造，勿修而已，當以泉臺折中也。」

〔一〇〕師古曰：「校獵謂圍守禽獸而大獵也。風讀曰諷。」

或稱戲農，豈或帝王之彌文哉？〔一〕論者云否，各亦並時而得宜，奚必同條而共貫？〔二〕則泰山之封，烏得七十而有二儀？〔三〕是以創業垂統者俱不見其爽，遐邇五三孰知其是非？〔四〕遂作頌曰：麗哉神聖，處於玄宮，富既與地虖侔訾，貴正與天虖比崇。〔五〕齊桓曾不足使扶轂，楚嚴未足以爲驂乘；陿三王之阸薜，嶠高舉而大興；〔六〕歷五帝之寥廓，涉三皇之登閎；〔七〕建道德以爲師，友仁義與爲朋。

〔一〕師古曰：「設或人云，言儉質者皆舉伏戲、神農爲之首，是則豈謂後代帝王彌加文飾乎？故論者答之於下也。論者，雄自謂也。彌猶稍稍也。諸家之釋，皆不當意，徒爲煩雜，故無所取。」

〔二〕師古曰：「所尚不必同也。」

〔三〕孟康曰：「言封禪各異也。」師古曰：「若不如是，於何得七十二儀也？」

〔四〕師古曰：「爽，差也。創業垂統，皆無差忒。五帝三王，誰是誰非，言文質政教各不同也。」

〔五〕師古曰：「頌漢德也。玄宮，言清淨也。訾與貲同。」

〔六〕師古曰：「辟亦僻字也。嶠，舉步貌也，音去昭反。」

〔七〕師古曰：「寥廓，空曠也。登閎，高遠也。寥音聊。」

於是玄冬季月，天地隆烈，〔一〕萬物權輿於內，徂落於外，〔二〕帝將惟田于靈之囿，〔三〕開北垠，受不周之制，〔四〕以終始顓頊、玄冥之統。〔五〕乃詔虞人典澤，東延昆鄰，西馳闛闔。〔六〕儲積共偫，戍卒夾道，〔七〕斬叢棘，夷野草，〔八〕禦自汧、渭，經營酆、鎬，〔九〕章皇周流，出入日月，天與地沓。〔一〇〕爾乃虎路三嵏以爲司馬，圍經百里而爲殿門。〔一一〕外則正南極海，邪界虞淵，〔一二〕鴻濛沆茫，碣以崇山。〔一三〕營合圍會，然后先置虖白楊之南，昆明靈沼之東。〔一四〕賁育之倫，蒙盾負羽，杖鏌邪而羅者以萬計，〔一五〕其餘荷垂天之畢，張竟壄之罘，靡日月之朱竿，曳彗星之飛旗。〔一六〕青雲爲紛，紅蜺爲繯，屬之虖昆侖之虛，〔一七〕渙若天星之羅，浩如濤水之波，〔一八〕淫淫與與，前後要遮。〔一九〕欃槍爲闛，明月爲候，〔一〇〕熒惑司命，天弧發射，〔一一〕鮮扁陸離，駢衍佖路。〔一二〕徽車輕武，鴻絅緁獵，〔一三〕殷殷軫軫，被陵緣阪，窮冥極遠者，相與迾虖高原之上；〔一四〕羽騎營營，昈分殊事，〔一五〕繽紛往來，轠轤不絕，若光若滅者，布虖青林之下。〔一六〕

〔一〕師古曰：「北方色黑，故曰玄冬。隆烈者，陰氣盛。」

〔二〕師古曰：「權輿，始也。徂落，死也。言草木萌牙始生於內，而枝葉凋毀死傷於外也。」

〔三〕師古曰：「靈囿，有靈德之苑囿也。詩大雅靈臺之篇曰『王在靈囿』。」

〔四〕孟康曰：「西北爲不周風，謂冬時也。」師古曰：「垠，厓也，音銀。」

〔五〕應劭曰：「顓頊、玄冥，皆北方之神，主殺戮也。」

〔六〕張晏曰：「東至昆明之邊也。」師古曰：「昆明池邊也。闛闔，門名也。闛讀與閶同也，又音吐郎反。」

〔七〕師古曰：「共讀曰供。偫音丈紀反。」

〔八〕師古曰：「夷，平也。」

〔九〕應劭曰：「禦，禁也。」師古曰：「將獵其中，故止禁不得人行及獸出也。汧、渭以東，酆、鎬以西，皆爲獵圍也。」

〔一〇〕師古曰：「章皇周流，言匝徧也，謂苑囿之大，遙望日月皆從中出入，而天地之際杳然縣遠也。說者反以杳爲沓，解云重沓，非唯乖理，蓋以失韻。」

〔一一〕晉灼曰：「路音落。」服虔曰：「以竹虎落此山也。」應劭曰：「外門爲司馬門，殿門在內也。」師古曰：「落，纍也，以繩周繞之也。三嵕，三峯聚之山也。嵕音子公反。」

〔一二〕應劭曰：「虞淵，日所入。」

〔一三〕師古曰：「鴻濛沆茫，廣大貌。碣，山特立貌。鴻音胡孔反。濛音莫孔反。沆音胡浪反。茫音莽。碣音竭。」

〔一四〕張晏曰：「先置供具於前。」服虔曰：「白楊，觀名。」

〔一五〕師古曰：「賁，孟賁也。育，夏育也。皆古之勇士也。鏌邪，大戟也。羅，列遮禽獸。鏌音莫。邪音弋奢反。」

〔一六〕如淳曰：「垂天，言長大如天之垂也。」師古曰：「畢，田罔也。罘，幡車罔也。」

〔一七〕師古曰：「紛，眊也。繯，系也。屬，綴也。昆侖，西極之山也。繯音下犬反。屬音之欲反。虛讀曰墟。」

〔一八〕師古曰：「天星之羅，言布列也。濤水之波，言廣大。」

〔一九〕師古曰：「淫淫與與，往來貌。」

〔二〇〕孟康曰：「闉，鬭戰自障蔽，如城門外女垣也。」

〔二一〕張晏曰：「熒惑，法使，司不祥。天弧，虛、危上二星也。」

〔二二〕師古曰：「鮮扁，輕疾貌。駢衍，言其並廣大也。佖，次比也，一曰滿也。扁音篇。駢音步千反。佖音頻一反，又音步結反。」

〔二三〕師古曰：「徽車，有徽(熾)〔幟〕之車也。鴻絧，直馳貌。緁獵，相差次也。鴻音胡孔反。絧音徒孔反。緁音捷。」

〔二四〕師古曰：「殷軫，盛也。冥，幽深也。殷讀曰隱。」

〔二五〕蘇林曰：「昈，明也。」師古曰：「營營，周旋貌也。言其服飾分明，各殊異也。昈音戶。」

〔二六〕孟康曰：「轠轤，連屬貌。」如淳曰：「轠音雷。轤音盧。」師古曰：「繽紛，眾疾也。轠轤，環轉也。繽音匹人反。」

於是天子乃以陽鼂始出虖玄宮，〔一〕撞鴻鍾，建九(流)〔旒〕，六白虎，載靈輿，蚩尤並轂，蒙公先驅。〔二〕立歷天之旂，曳捎星之旃，〔三〕辟歷列缺，吐火施鞭。〔四〕萃傱允溶，淋離廓落，戲八鎮而開關；〔五〕飛廉、雲師，吸嚊潚率，鱗羅布列，攢以龍翰。〔六〕秋秋蹌蹌，入西園，切神光；〔七〕望平樂，徑竹林，〔八〕蹂蕙圃，踐蘭唐。〔九〕舉烽烈火，轡者施技，〔一〇〕方馳千駟，校騎萬師。〔一一〕虓虎之陳，從橫膠輵，猋泣雷厲，驞駍駖磕，〔一二〕洶洶旭旭，天動地岋。〔一三〕羨漫半散，蕭條數千萬里外。〔一四〕

〔一〕師古曰：「陽朝，日出之後也。北方之宮，故曰玄宮。」

〔二〕服虔曰：「蒙公，蒙恬也。」孟康曰：「神名也。」師古曰：「服說是也。並音步浪反。」

〔三〕師古曰：「歷，經也。捎猶拂也。歷天捎雲，言其高也。捎音所交反。」

〔四〕應劭曰：「辟歷，雷也。列缺，天隙電照也。」師古曰：「言獵火之燿，及馳騎奮鞭，如電吐光，及象其疾。」

〔五〕應劭曰：「四方四隅為八鎮。」如淳曰：「不言九者，一鎮在中，天子居之故也。」師古曰：「戲讀曰麾，謂指麾八鎮使之開關也。傱音先勇反，又音叢。溶音容。」

〔六〕師古曰：「吸嚊，開張也。潚率，聚斂也。言布列則如魚鱗之羅，攢聚則如龍之豪翰。嚊音許冀反。潚音肅。翰合韻音韓。」

〔七〕師古曰：「秋秋蹌蹌，騰驤之貌。切神光者，言車之衆（飭）〔飾〕相切靡而光起，有若神也。蹌音千羊反。」

〔八〕張晏曰：「平樂，館名也。」晉灼曰：「在上林中。」

〔九〕師古曰：「蕙圃，蕙草之圃也。蘭唐，陂唐之上多生蘭也。」

〔10〕師古曰：「轡者，御人執轡也。」

〔11〕師古曰：「方馳，並驅也。校騎，騎而爲部校者也。」

〔12〕服虔曰：「虓音哮。」鄧展曰：「泣音粒。」師古曰：「哮虎之陳，謂勇士奮怒，狀如猛獸而爲行陳也。泣，猋風疾貌也。驞駍駖磕，皆聲響衆盛也。哮音火交反。轕音葛。驞音匹人反。駍音普萌反。駖音力莖反。磕音口盍反。」

〔13〕蘇林曰：「岋音岋岋動搖之岋。」師古曰：「洶音匈。岋音五合反。」

〔14〕師古曰：「羨音弋戰反。」

若夫壯士忼慨，殊鄉別趣，〔一〕東西南北，騁耆奔欲。〔二〕拕蒼豨，跋犀犛，蹶浮麋。〔三〕斮巨狿，搏玄蝯，〔四〕騰空虛，歫連卷。〔五〕踔夭蟜，娭澗門，〔六〕莫莫紛紛，山谷爲之風猋，林叢爲之生塵。〔七〕及至獲夷之徒，蹶松柏，掌疾棃；〔八〕獵蒙蘢，轔輕飛；〔九〕履般首，帶修蛇；〔10〕鉤赤豹，摼象犀；〔11〕跇巒阬，超唐陂。〔12〕車騎雲會，登降闇藹，〔13〕泰華爲旒，熊耳爲綴。〔14〕木仆山還，漫若天外，〔15〕儲與虖大溥，聊浪虖宇內。〔16〕

〔一〕師古曰：「鄉讀曰嚮。」

〔二〕師古曰：「言隨其所欲而各馳騁取之也。耆讀曰嗜。欲，合韻音弋樹反。」

〔三〕張晏曰：「跋，蹋也。」鄭氏曰：「蹶音馬蹄蹶之蹶。」師古曰：「拕，曳也。跋，反戾也。蹶，蹴也。浮麋，水上浮者也。拕音佗。跋音步末反。」

〔四〕師古曰：「斮，斬也。狿，獸名也。解在司馬相如傳。斮音側略反。」

〔五〕張晏曰：「連卷之木也。」師古曰：「岠即距字也。卷音拳。」
〔六〕師古曰：「踔，走也。夭蟜亦木枝曲也。娭，戲也。踔音丑孝反，又音徒釣反。蟜音矯。娭音許其反。」
〔七〕師古曰：「莫莫，塵埃貌。紛紛，亂起貌。」
〔八〕服虔曰：「獲夷，能獲夷狄者也。」師古曰：「掌，以掌擊也。」
〔九〕師古曰：「蒙蘢，草木所蒙蔽處也。轔，轢也。輕飛猶言輕禽也。轔音吝。」
〔一〇〕如淳曰：「般音班。班首，虎之類也。」師古曰：「履謂踐履之也。修，長也。」
〔一一〕師古曰：「掔，古牽字。」
〔一二〕師古曰：「跇，渡也。巒阬，並解於上。唐陂，陂之有隄唐者也。阬音剛。跇音弋制反。」
〔一三〕師古曰：「闇音烏感反。」
〔一四〕師古曰：「旒，旌旗之旒也。綴，所以縣旌也。」
〔一五〕如淳曰：「還音旋。言山為之回旋也。」
〔一六〕服虔曰：「儲與，相羊也。溥，水厓也。」師古曰：「聊浪，言游放也。與音餘。溥音普，浪音琅。」

於是天清日晏，〔一〕逢蒙列眥，羿氏控弦。〔二〕皇車幽輵，光純天地，〔三〕望舒彌轡，〔四〕翼乎徐至於上蘭。〔五〕移圍徙陳，浸淫蹵部，〔六〕曲隊堅重，各按行伍。〔七〕壁壘天旋，神抶電擊，〔八〕逢之則碎，近之則破，鳥不及飛，獸不得過，軍驚師駭，刮野埽地。〔九〕及至罕車飛揚，武騎聿皇；〔一〇〕蹈飛豹，絹嘄陽；〔一一〕追天寶，出一方；〔一二〕應駍聲，擊流光。壄盡山窮，囊括其雌雄，〔二三〕沈沈容容，遙噱虖紘中。〔二四〕三軍芒然，窮冘閼與，〔二五〕亶觀夫票禽之紲隃，犀兕之抵觸，熊羆之挐攫，虎豹之淩遽，〔二六〕徒角搶題注，蹴竦讋怖，魂亡魄失，觸輻關脰。〔二七〕妄發期中，進退履獲，〔二八〕創淫輪夷，丘累陵聚。〔二九〕

〔一〕師古曰：「晏，無雲也。」

〔二〕師古曰：「逢蒙及羿，皆古善射者。列，整也。控，引也。」

〔三〕李奇曰：「純，緣也。」師古曰：「幽輵，車聲也。輵音一轄反。純音之允反。」

〔四〕師古曰：「望舒，月御也。彌，斂也。言天子之車斂轡徐行，故假望舒為言耳。彌音莫爾反。」

〔五〕晉灼曰：「上蘭觀在上林中。」

〔六〕師古曰：「部，軍之部校也，言稍聚逼而重。蹵音千欲反。」

〔七〕師古曰：「隊亦部也。按，依也。隊音徒內反。行音胡郎反。」

〔八〕師古曰：「言所抶擊如鬼神雷電也。抶音丑乙反。」

〔九〕師古曰：「言殺獲皆盡，無遺餘也。掃音先早反。」

〔一〇〕師古曰：「罕車，畢罕之車也。聿皇，疾貌。」

〔一一〕師古曰：「嘄陽，費費也，人面黑身，有毛，反踵，見人則笑，脣蔽其目。絹音工犬反。嘄音工聊反。費音扶味反。」

〔一二〕應劭曰：「天寶，陳寶也。」晉灼曰：「天寶雞頭人身。」

〔一三〕如淳曰：「陳寶神來下時，駍然有聲，又有光精也。」應劭曰：「下時窮極山川天地之間，然後得其雌雄也。」師古曰：「雄在陳倉，雌在南陽也。故云野盡山窮也。駍音普萌反。」

〔四〕師古曰：「口內之上下名爲噱，言禽獸奔走倦極，皆遙張噱吐舌於紭罔之中也。」師古曰：「噱音其略反。紭，古紘字。」

〔五〕孟康曰：「冘，行也。閼，止也。言三軍之盛，窮閼禽獸，使不得逸漏也。」晉灼曰：「閼與，容貌也。」師古曰：「閼與，容暇之貌也。芒音莫郎反。冘音淫。閼音於庶反。與音豫。」

〔六〕師古曰：「亶讀曰但。票禽，輕疾之禽也。紲與跇同。紲，度也。隃與踰同。拏，牽引也。攫，搏持之也。浚，戰栗也。遽，惶也。票音頻妙反。紲音弋制反。觸，合韻音昌樹反。拏音女居反。攫音钁。遽音詎。」

〔七〕師古曰：「徒亦但也。搶，猶刺也。題，額也。脰，頸也。言衆獸迫急，以角搶地，以額注地，或自觸車輻，關頸而死也。搶音千羊反。蹴音子育反。脰音豆。」

〔八〕師古曰：「言矢雖安發而必有中，進則履之，退則獲之。」

〔九〕師古曰：「淫，過也。夷，平也。言創過大，血流平於車輪也。丘累陵聚，言其積多。」

於是禽殫中衰，〔一〕相與集於靖冥之館，〔二〕以臨珍池。灌以岐梁，溢以江河，〔三〕東瞰目盡，西暢亡厓，〔四〕隨珠和氏，焯爍其陂。〔五〕玉石嶜崟，眩燿青熒，〔六〕漢女水潛，怪物暗冥，不可殫形。〔七〕玄鸞孔雀，翡翠垂榮，〔八〕王雎關關，鴻鴈嚶嚶，〔九〕羣娭虖其中，噍噍昆鳴；〔一〇〕鳧鷖振鷺，上下砰磕，聲若雷霆。〔一一〕乃使文身之技，水格鱗蟲，〔一二〕淩堅冰，犯嚴淵，探巖排碕，薄索蛟螭，〔一三〕蹈獱獺，據黿鼉，〔一四〕抾靈蠵。〔一五〕入洞穴，出蒼梧，〔一六〕乘鉅鱗，騎京魚。〔一七〕浮彭蠡，目有虞。〔一八〕方椎夜光之流離，剖明月之珠胎，〔一九〕

鞭洛水之虙妃，餉屈原與彭胥。〔10〕

〔一〕師古曰：「殫，盡也。中，射中也，音竹仲反。」

〔二〕晉灼曰：「靖冥，深閑之館。」

〔三〕晉灼曰：「梁，梁山也。」服虔曰：「珍池，山下之流也。」

〔四〕師古曰：「瞰，視也。目盡，極望〔也〕，亡厓（也）言廣遠也」

〔五〕師古曰：「焯，古灼字也。焯爍，光貌。爍音式藥反。」

〔六〕師古曰：「玉石，石之似玉者也。嶜崟，高銳貌。青熒，言其色青而有光熒也。嶜音仕金反。崟音牛林反。」

〔七〕應劭曰：「漢女，鄭交甫所逢二女，弄大珠，大如荆雞子。」師古曰：「不可殫形，不能盡其形貌之狀。」

〔八〕師古曰：「言其毛羽有光華。」

〔九〕師古曰：「王睢，睢鳩也。關關，和聲也。嚶嚶，相命〔聲〕也。嚶音於行反。」

〔10〕師古曰：「娭，戲也。昆，同也。娭音許其反。噍音子由反。」

〔11〕師古曰：「鳧，水鳥，即今之野鴨也。鷖，鳧屬也。鷺，白鳥也。振者，言振羽翼而飛也。詩大雅曰『鳧鷖在涇』，周頌曰『振鷺于飛』，三者皆水鳥也。言其羣飛上下，翅翼之聲若雷霆也。鷖音烏奚反。砰音普萌反。」

〔12〕服虔曰：「文身，越人也，能入水取物。」

〔13〕師古曰：「嚴，言不可犯也。巖，水岸嶔巖之處也。碕，曲岸也。薄，迫也。索，搜求也。碕音鉅依反。嶔音口銜反。」

〔14〕蘇林曰：「獱音賓。」師古曰：「獺，形如狗，在水中食魚。獱，小獺也。獺音它曷反。」

〔五〕鄭氏曰：「抾音怯。」應劭曰：「蠵，大龜也。雄曰毒冒，雌曰觜蠵。」師古曰：「抾，挹(抾)〔取〕也，又音祛。蠵音弋隨反，又音攜。」

〔六〕晉灼曰：「洞穴，禹穴也。」師古曰：「洞，通也。」

〔七〕師古曰：「京，大也，或讀爲鯨。鯨，大魚也。」

〔八〕應劭曰：「彭蠡，大澤，在豫章。」師古曰：「目猶視也，望也。有虞謂舜陟方在江南，言遙望也。」

〔九〕師古曰：「珠在蛤中若懷妊然，故謂之胎也。椎音直隹反，其字從木。」

〔一〇〕師古曰：「彭，彭咸，胥，伍子胥，皆水死者。虙讀曰伏。」

於茲虖鴻生鉅儒，俄軒冕，雜衣裳，〔一〕修唐典，匡雅頌，揖讓於前。〔二〕昭光振燿，蠁曶如神，〔三〕仁聲惠於北狄，武義動於南鄰。〔四〕是以旃裘之王，胡貉之長，移珍來享，抗手稱臣。〔五〕前入圍口，後陳盧山。〔六〕羣公常伯楊朱、墨翟之徒〔七〕喟然稱曰：〔八〕「崇哉乎德，雖有唐、虞、大夏、成周之隆，何以侈茲！太古之覲東嶽，禪梁基，舍此世也，其誰與哉？」

〔一〕師古曰：「俄俄，陳舉之貌。雜者，言衣與裳皆雜色也。」

〔二〕師古曰：「匡，正也。」

〔三〕師古曰：「蠁與嚮同。曶與忽同。」

〔四〕師古曰：「南方有金鄰之國，極遠也，故云南鄰。一曰，鄰邑也。」

〔五〕如淳曰：「以物與人曰移。」師古曰：「貉，東北夷也。享，獻也。抗，舉手也，言其肅恭合掌而拜也。貉音莫百反。」

〔六〕孟康曰：「單于南庭山也。」

〔七〕師古曰：「常伯，侍中也。解在谷永傳。楊朱、墨翟，取古賢以爲喻也。」

〔八〕師古曰：「喟，歎息也，音丘位反。」

上猶謙讓而未俞也，〔一〕方將上獵三靈之流，下決醴泉之滋，〔二〕發黃龍之穴，窺鳳皇之巢，臨麒麟之囿，幸神雀之林；奢雲夢，侈孟諸，〔三〕非章華，是靈臺，〔四〕罕徂離宮而輟觀游，〔五〕土事不飾，木功不彫，承民乎農桑，〔六〕勸之以弗迨，儕男女使莫違；〔七〕恐貧窮者不徧被洋溢之饒，開禁苑，散公儲，創道德之囿，弘仁惠之虞，〔八〕馳弋乎神明之囿，覽觀乎羣臣之有亡；放雉菟，收罝罘，麋鹿芻蕘與百姓共之，〔九〕蓋所以臻茲也。於是醇洪鬯之德，豐茂世之規，〔一〇〕加勞三皇，勗勤五帝，不亦至乎！乃祗莊雍穆之徒，〔一一〕立君臣之節，崇賢聖之業，未皇苑囿之麗，游獵之靡也，〔一二〕因回軫還衡，〔一三〕背阿房，反未央。

〔一〕張晏曰：「俞，然也。」師古曰：「俞音踰。」

〔二〕如淳曰：「三靈，日月星垂象之應也。」師古曰：「流者，言其和液下流。」

〔三〕師古曰：「雲夢，楚藪澤名也。春秋昭公三年『楚靈王與鄭伯田于江南之夢』。孟諸，宋藪澤名。文公十年『楚穆王欲伐宋，昭公導之以田孟諸』。言今皆以二者爲奢侈而改也。」

〔四〕師古曰：「言以楚靈王章華之臺爲非，而周文王靈臺之制爲是也。」

〔五〕師古曰：「罕，希也。徂，往也。輟，止也。」

〔六〕師古曰：「承，舉也。」

〔七〕師古曰：「儕，耦也。違謂失婚姻時也。儕音仕皆反。」

〔八〕師古曰：「虞與娛同。」

〔九〕師古曰：「芻所以（飯）〔飤〕牛馬。蕘，草薪。」

〔一〇〕師古曰：「洪，大也。鬯與暢同。暢，通也。」

〔一一〕師古曰：「祗莊，敬也。雍穆，和也。」

〔一二〕師古曰：「皇，暇也。」

〔一三〕師古曰：「軫，輿後橫木也。衡，轅前橫木也。」

校勘記

三五一三頁四行　以支庶初食采於晉之（楊）〔揚〕。　景祐、殿本都作「揚」，下文及注原作「楊」者並照改。

三五一四頁二行　偪，古逼（也）〔字〕。　殿本作「字」。王先謙說殿本是。

三五一八頁七行　（固）不如襞而幽之離房。　景祐、殿本都無「固」字。

三五二一頁一三行　（焉）駕八龍之委蛇？　景祐、殿本都無「焉」字。

三五二二頁一四行　夫聖哲之（不）遭兮，　景祐、殿本都無「不」字。

三五二三頁三行　(亦)〔音〕之亦反。　景祐、殿、局本都作「音」，此誤。

三五二五頁一〇行　(亦)〔言〕寒涼戰栗之處也。　景祐、殿本都作「言」，此誤。

三五二八頁一行　一曰施，直謂安施(音)之耳，　景祐本無「音」字，此衍。

三五二八頁四行　蔑蠓，(疾)〔蚊〕也。　殿、局本都作「蚊」。

三五二九頁六行　衍音(赤)〔亦〕戰反。　景祐、殿、局本都作「亦」，此誤。

三五三〇頁一五行　冠倫魁能，〔五〕　注〔五〕原在「能」字上，明顏師古以「冠倫魁」斷句。劉攽、劉敞、齊召南、王先謙都說「能」字當屬上讀，文選同。

三五三一頁二行　陳衆車(所)〔於〕東阬兮，　景祐、殿本都作「於」。　王先謙說作「於」是。

三五三一頁五行　(眸)〔侔〕神明與之爲資。　景祐、殿本都作「侔」。

三五三三頁一〇行　招繇泰壹，　王先謙說招搖雖亦神名，施於此處則不類。　按禮樂志「體招搖若永望」。顏注「申動貌」。　下文「徘徊招搖」同。

三五三四頁一三行　追音(又)〔丈〕夷反。　景祐本作「丈」。　王先謙說作「丈」是。

三五三五頁二行　若曰此非人力之所(能)〔爲〕，　景祐、殿本都作「爲」。

三五三六頁五行　皆可(相)〔想〕見，　殿本作「想」。　王先謙說作「想」是。

三五三六頁一一行　(義)〔羲〕和司日，　景祐、汲古、殿、局本都作「羲」，此誤。

三五三七頁一一行　屈橋，(言)壯捷貌。　景祐、殿本都無「言」字，此衍。

三五三八頁五行　灑沈(葘)〔菑〕於豁瀆兮，　錢大昭說「葘」當作「菑」。按殿本作「菑」。

三五四二頁二行　(師古曰)馺音先合反。　景祐、殿本都無「師古曰」三字，此衍。

三五四三頁六行　營謂(圜)〔圍〕守也。　景祐、殿本都作「圍」，此誤。

三五四五頁一三行　徽車，有徽(熾)〔幟〕之車也。　景祐、殿本都作「幟」，此誤。

三五四五頁一七行　撞鴻鍾，建九(流)〔旒〕。　景祐、殿本都作「旒」。

三五四六頁一四行　言車之衆(飭)〔飾〕　殿本作「飾」。王先謙說殿本是。

三五五一頁五行　目盡，極望〔也〕。　亡匡(也)，言廣遠也。　殿本「也」字在「極望」下。王先謙說殿本是。

三五五一頁一〇行　相命〔聲〕也。　景祐、殿本都有「聲」字。

三五五二頁一行　抾，挹(抆)〔取〕也。　景祐、殿、局本都作「取」。

三五五四頁六行　芻所以(飯)〔飤〕牛馬。　景祐、殿本都作「飤」。

漢書卷八十七下

揚雄傳第五十七下

明年，上將大誇胡人以多禽獸，秋，命右扶風發民入南山，西自褒斜，東至弘農，南敺漢中，〔一〕張羅罔罝罘，捕熊羆豪豬虎豹狖玃狐菟麋鹿，〔二〕載以檻車，輸長楊射熊館。〔三〕以罔爲周阹，〔四〕（從）〔縱〕禽獸其中，令胡人手搏之，自取其獲，上親臨觀焉。是時，農民不得收斂。雄從至射熊館，還，上長楊賦，聊因筆墨之成文章，故藉翰林以爲主人，子墨爲客卿以風。〔五〕其辭曰：

〔一〕師古曰：「褒斜，南山二谷名也。漢中，今梁州也。斜音弋奢反。」

〔二〕師古曰：「狖似獼猴，仰鼻而長尾。玃亦獼猴類也，長臂善攫。玃身長，金色。狖音弋授反。玃音钁。」

〔三〕師古曰：「長楊，宮名也，在盩厔縣，其中有射熊館。」

〔四〕李奇曰：「阹，遮禽獸圍陳也。」師古曰：「阹音袪。」

〔五〕師古曰：「藉，借也。風讀曰諷。」

子墨客卿問於翰林主人曰：「蓋聞聖主之養民也，仁霑而恩洽，動不爲身。〔一〕今年獵長楊，先命右扶風，左太華而右褒斜，〔二〕椓（截）〔嶻〕嶭而爲弋，紆南山以爲罝，〔三〕羅千乘於林莽，列萬騎於山隅，〔四〕帥軍踤阹，錫戎獲胡。〔五〕搤熊羆，拕豪豬，〔六〕木雍槍纍，以爲儲胥，〔七〕此天下之窮覽極觀也。雖然，亦頗擾于農民。三旬有餘，其廑至矣，〔八〕而功不圖，〔九〕恐不識者，外之則以爲娛樂之遊，內之則不以爲乾豆之事，〔一〇〕豈爲民乎哉！且人君以玄默爲神，澹泊爲德，〔一一〕今樂遠出以露威靈，〔一二〕數搖動以罷車甲，〔一三〕本非人主之急務也，蒙竊或焉。」〔一四〕

〔一〕師古曰：「言憂百姓也。」

〔二〕師古曰：「太華即西嶽華山。」

〔三〕師古曰：「嶻嶭即所謂嵳峩山也，在京師之北。凡言此者，示獵圍之寬廣也。嶻嶭音截嶭，又音材葛反，又音五葛反。」

〔四〕師古曰：「草平曰莽。」

〔五〕師古曰：「踤，足蹵之也。錫戎獲胡，言以禽獸賦戎狄，令胡人獲取之。踤音才恤反。」

〔六〕師古曰：「搤，捉持之也。豪豬亦名帚豲也，自爲牝牡者也。搤音戹。拕音佗。豲音（完）〔桓〕。」

〔七〕蘇林曰：「木擁栅其外，又以竹槍纍爲外儲也。」服虔曰：「儲胥猶言有餘也。」師古曰：「儲，峙也。胥，須也。以木擁槍及纍繩連結以爲儲胥，言有儲畜以待所須也。槍音千羊反。纍音力佳反。」

〔八〕師古曰：「廑，古勤字。」

〔九〕張晏曰：「不可圖畫以示後人。」師古曰：「此說非也。圖，謀也，言百姓甚勤勞矣，而不見謀贍恤之事。」

〔一〇〕師古曰：「乾豆，三驅之一也。乾豆者，言爲脯羞以充實豆，薦宗廟。」

〔一一〕師古曰：「澹泊，安靜也。澹音徒濫反。泊音步各反，又音魄。」

〔一二〕師古曰：「露謂顯暴不深固。」

〔一三〕師古曰：「罷讀曰疲。」

〔一四〕師古曰：「蒙，自謂蒙蔽也。」

翰林主人曰：「吁，謂之茲邪！〔一〕若客，所謂知其一未睹其二，見其外不識其內者也。僕嘗倦談，不能一二其詳，〔二〕請略舉凡，而客自覽其切焉。」〔三〕

〔一〕師古曰：「吁，疑怪之辭也。謂茲邪，猶云何爲如此也。吁音于。」

〔二〕師古曰：「詳，悉也。」

〔三〕師古曰：「凡，大指也。切，要也。」

客曰：「唯，唯。」

主人曰：「昔有彊秦，封豕其士，窫窳其民，鑿齒之徒相與摩牙而爭之，〔一〕豪俊麋沸雲擾，羣黎爲之不康。〔二〕於是上帝眷顧高祖，高祖奉命，順斗極，運天關，橫鉅海，票昆侖，〔三〕提劍而叱之，所麾城（擗）〔擲〕邑，下將降旗，〔四〕一日之戰，不可殫記。〔五〕當此之勤，頭蓬不暇疏，飢不及餐，〔六〕鞮鍪生蟣蝨，介胄被霑汗，〔七〕以爲萬姓請命虖皇天。乃展民之所詘，振民之所乏，〔八〕規億載，恢帝業，七年之間而天下密如也。〔九〕

〔一〕應劭曰：「淮南子云，堯之時猰貐、封豨、鑿齒皆爲民害。猰貐類貙，虎爪食人。」服虔曰：「鑿齒（齒）長五寸，似鑿，亦食人。」李奇曰：「以喻秦貪婪，殘食其民也。」師古曰：「封，大也。猰音於黠反。貐音愈。」

〔二〕師古曰：「黎，衆；康，安也。」

〔三〕師古曰：「票猶言搖動也，音匹昭反。」

〔四〕李奇曰：「（擶）〔摲〕音車轞之轞。」師古曰：「（擶）〔摲〕，舉手擬之也。」

〔五〕師古曰：「殫，盡也。不可殫記，言其多也。」

〔六〕師古曰：「蓬謂髮亂如蓬也。」

〔七〕師古曰：「鞮鍪即兜鍪也。鞮音丁奚反。鍪音牟。蟣音居豈反。」

〔八〕師古曰：「詘，申也。振，起也。」

〔九〕師古曰：「密，靜也。」

「遹至聖文，隨風乘流，方垂意於至寧，躬服節儉，綈衣不敝，革鞜不穿，〔一〕大夏不居，木器無文。〔二〕於是後宮賤瑇瑁而疏珠璣，卻翡翠之飾，除彫瑑之巧，〔三〕惡麗靡而不近，斥芬芳而不御，〔四〕抑止絲竹晏衍之樂，憎聞鄭衛幼眇之聲，〔五〕是以玉衡正而太階平也。〔六〕

〔一〕師古曰：「言不穿敝而已，無取紛華也。鞜，革履，音踏。」
〔二〕師古曰：「大夏，夏屋也。」
〔三〕師古曰：「瑑，刻鏤也。瑑音篆。」
〔四〕師古曰：「斥，卻也。」
〔五〕師古曰：「衍音弋戰反。幼音一笑反。眇音妙。」
〔六〕師古曰：「玉衡，天儀也。太階，解在東方朔傳。」

「其後熏鬻作虐，東夷橫畔，〔一〕羌戎睚眦，閩越相亂，〔二〕遐萌爲之不安，中國蒙被其難。〔三〕於是聖武勃怒，爰整其旅，乃命票、衞，〔四〕汾沄沸渭，雲合電發，〔五〕猋騰波流，機駭蠭軼，〔六〕疾如奔星，擊如震霆，〔七〕砰轒輼，破穹廬，〔八〕腦沙幕，髓余吾。〔九〕遂獵乎王廷。〔一〇〕敺橐它，燒熐蠡，〔一一〕分梨單于，磔裂屬國，〔一二〕夷阬谷，拔鹵莽，刊山石，〔一三〕蹂尸輿廝，係累老弱，〔一四〕兗鋋瘢耆、金鏃淫夷者數十萬人，〔一五〕皆稽顙樹頷，扶服蛾伏，〔一六〕二十餘年矣，尚不敢惕息。〔一七〕夫天兵四臨，幽都先加，〔一八〕回戈邪指，南越相夷，〔一九〕靡節西征，羌僰東馳。是以遐方疏俗殊鄰絕黨之域，〔二〇〕自上仁所不化，茂德所不綏，莫不蹻足抗手，請獻厥珍，〔二一〕使海內澹然，〔二二〕永亡邊城之災，金革之患。

〔一〕師古曰：「鬻音弋六反。橫音胡孟反。」
〔二〕師古曰：「睚眦，瞋目貌。睚音五懈反。眦音仕懈反。睚字或作矔，矔者怒其目眥也，音工喚反。」

〔三〕師古曰：「遐，遠也。」

〔四〕師古曰：「票，票騎霍去病。衞，衞青也。」

〔五〕師古曰：「汾沄沸渭，奮擊貌。汾音紛。沄音雲。」

〔六〕師古曰：「猋，疾風也。騰，舉也。鏠與鋒同。軼，過也。如機之駭，如鏠之過，言其疾也。軼與逸同。」

〔七〕師古曰：「霆，雷之急者，音廷。」

〔八〕應劭曰：「轒轀，匈奴車也。」師古曰：「穹廬，氈帳也。轒音扶云反。轀音於云反。」

〔九〕師古曰：「腦塗沙幕地，䯝入余吾水，言其大破死亡。䯝，古髓字。」

〔一〇〕孟康曰：「匈奴王廷也。」

〔一一〕張晏曰：「熐蠡，乾酪也，以為酪母。燒之，壞其養生之具也。」師古曰：「熐音覓。蠡音黎，又音來戈反。」

〔一二〕師古曰：「梨與剺同，謂剝析也。剺音力私反。」

〔一三〕師古曰：「鹵莽，淺草之地也。阬音口衡反。莽音莫戶反。」

〔一四〕師古曰：「言已死則蹂踐其屍，破傷者則輿之而行也。廝，破折也，音斯。纍音力追反。」

〔一五〕如淳曰：「兗，括也。」孟康曰：「瘢耆，馬脊創瘢處也。」蘇林曰：「以耆字為著字。著音佇之著，鏃著其頭也。」師古曰：「鋋，鐵矜小矛也。淫夷，過傷也。據如、孟氏之說，則箭括及鋋所中，皆有創瘢於耆，而被金鏃過傷者復衆也。如蘇氏以耆字為著字，依其所釋，則括及鋋所傷皆有瘢，又著金鏃於頭上而過傷者亦多矣。用字既別，分句不同。據今書本多作耆字，宜從孟說。鋋音蟬，又音延。著音竹略反。矜音巨巾反。」

〔一六〕如淳曰：「叩頭時項下向，則頷樹上向也。」師古曰：「樹，豎也。頷音胡感反。服音蒲北反。蛾與蟻同。蛾伏者，言其伏如蟲蟻也。」

〔七〕師古曰：「愓息，懼而小息也。息，出入氣也。」

〔八〕師古曰：「幽都，北方，謂匈奴。」

〔九〕師古曰：「夷，傷也，一曰平殄也。」

〔一〇〕師古曰：「疏亦遠也。鄰，邑也。」

〔一一〕師古曰：「蹻，舉也，音矯。」

〔一二〕師古曰：「澹，安也，音徒濫反。」

「今朝廷純仁，遵道顯義，幷包書林，聖風雲靡；〔一〕英華沈浮，洋溢八區，普天所覆，莫不沾濡；士有不談王道者則樵夫笑之。〔二〕故意者以爲事罔隆而不殺，物靡盛而不虧，〔三〕故平不肆險，安不忘危。〔四〕乃時以有年出兵，整輿竦戎，〔五〕振師五莋，習馬長楊，〔六〕簡力狡獸，校武票禽。〔七〕乃萃然登南山，瞰烏弋，〔八〕西厭月𡸁，東震日域。〔九〕又恐後世迷於一時之事，常以此取國家之大務，淫荒田獵，陵夷而不禦也，〔一〇〕是以車不安軔，日未靡旃，從者彷彿，骫屬而還；〔一一〕亦所以奉太宗之烈，遵文武之度，復三王之田，反五帝之虞；〔一二〕使農不輟耰，工不下機，〔一三〕婚姻以時，男女莫違；〔一四〕出愷弟，行簡易，矜劬勞，休力役；〔一五〕見百年，存孤弱，帥與之同苦樂。然後陳鐘鼓之樂，鳴鞀磬之和，建碣磍之虡，〔一六〕拮隔鳴球，掉八列之舞；〔一七〕酌允鑠，肴樂胥，〔一八〕聽廟中之雍雍，受神人之福祜；〔九〕歌投頌，吹合雅。其勤若此，故眞神之所勞也。〔一〇〕方將俟元符，〔一一〕以禪梁甫之基，增泰山之高，延光于將來，比榮乎往號，豈徒欲淫覽浮觀，馳騁稉稻之地，周流梨栗之林，蹂踐芻蕘，誇詡衆庶，盛狖玃之收，多麋鹿之獲哉！且盲不見咫尺，而離婁燭千里之隅；〔一二〕客徒愛胡人之獲我禽獸，曾不知我亦已獲其王侯。」

〔一〕師古曰：「靡，合韻音武義反。」

〔二〕師古曰：「樵夫，采樵之人。」

〔三〕師古曰：「罔、靡，皆無也。殺，衰也。音所例反。」

〔四〕服虔曰：「肆，棄也。」師古曰：「肆，放也，不放心於險而嘗思念也。」

〔五〕師古曰：「有年，有豐年也。因豐年而時出兵也。竦，勸也。」

〔六〕師古曰：「振亦整也。莋與柞同。」

〔七〕師古曰：「校，計量也。票禽，輕疾之禽也。票音頻妙反，又音匹妙反。」

〔八〕晉灼曰：「萃，集也。」服虔曰：「三十六國，烏弋最在其西。」師古曰：「瞰，遠視也。音口濫反。」

〔九〕服虔曰：「崛音窟，穴。月崛，月所生也。」師古曰：「日域，日初出之處也。厭音一涉反。」

〔一〇〕師古曰：「禦，止也。」

〔一一〕張晏曰：「從者見仿佛，委釋迴旋。」師古曰：「車不安軔，未及止也。日未靡旃，不移景也。仿佛讀曰髣髴。骫，古委字也。屬音之欲反。還讀曰旋也。」

〔二〕師古曰：「虞與娛同，合韻音牛具反。」

〔三〕師古曰：「耰，摩田之器也。音憂。」

〔四〕師古曰：「已解於上也。」

〔五〕師古曰：「易，合韻音弋赤反。」

〔六〕孟康曰：「碣磍，刻猛獸爲之，故其形碣磍而盛怒也。」師古曰：「鞀，古鼗字。鞀，小鼓也。碣音一轄反。磍音轄。」

〔七〕師古曰：「拮隔，擊考也。鳴球，玉磬也。掉，搖也，搖身而舞也。一曰：拮隔，彈鼓也。鳴球，以玉飾琴瑟也。拮音居黠反。球音求，又音糾。掉音徒釣反。」

〔八〕張晏曰：「允，信也。鑠，美也。言酌信義以當酒，帥禮樂以爲肴也。」師古曰：「小雅車攻之詩曰『允矣君子，展也大成』，周頌酌之詩曰『於鑠王師』，小雅桑扈之詩曰『君子樂胥』，故引之爲言也。胥音先呂反。」

〔九〕師古曰：「大雅思齊之詩曰『雍雍在宮，肅肅在廟』，小雅桑扈之詩曰『受天之祜』。祜，福也，音戶。」

〔一〇〕師古曰：「大雅旱麓之詩曰『愷弟君子，神所勞矣』。勞謂勞來之，猶言勸勉也，故雄引之云。勞音郎到反。」

〔一一〕師古曰：「元，善也。符，瑞也。」

〔一二〕師古曰：「離婁，古明目者。一號離朱。燭，照也。」

言未卒，墨客降席再拜稽首曰：「大哉體乎！允非小子之所能及也。〔一〕乃今日發矇，廓然已昭矣！」

〔一〕師古曰：「允，信也。」

哀帝時丁、傅、董賢用事，諸附離之者或起家至二千石。〔一〕時雄方草太玄，有以自守，泊如也。〔二〕或謿雄以玄尚白，〔三〕而雄解之，號曰解謿。其辭曰：

〔一〕師古曰：「離，著也，音麗。」

〔二〕師古曰：「泊，安靜也，音步各反。」

〔三〕師古曰：「玄，黑色也。言雄作之不成，其色猶白，故無祿位也。」

客謿揚子曰：「吾聞上世之士，人綱人紀，〔一〕不生則已，生則上尊人君，下榮父母，析人之圭，儋人之爵，〔二〕懷人之符，分人之祿，紆青拕紫，朱丹其轂。〔三〕今子幸得遭明盛之世，處不諱之朝，與羣賢同行，〔四〕歷金門上玉堂有日矣，〔五〕曾不能畫一奇，出一策，上說人主，下談公卿。目如燿星，舌如電光，壹從壹衡，論者莫當，〔六〕顧而作太玄五千文，〔七〕支葉扶疏，獨說十餘萬言，〔八〕深者入黃泉，高者出蒼天，大者含元氣，纖者入無倫，〔九〕然而位不過侍郎，擢纔給事黃門。〔一〇〕意者玄得毋尚白乎？何爲官之拓落也？」〔一一〕

〔一〕師古曰：「爲衆人之綱紀也。」

〔二〕師古曰：「析亦分也。儋，荷負也。」

〔三〕師古曰：「青紫謂綬之色也。紆，縈也。拕，曳也。拕音吐賀反，又音徒可反。」

〔四〕師古曰：「同行謂同行列。」

〔五〕應劭曰：「金門，金馬門也。」晉灼曰：「黃圖有大玉堂、小玉堂殿也。」

〔六〕師古曰：「從音子容反。」

〔七〕師古曰：「顧，反也。」

〔八〕師古曰：「扶疏，分布也。」

〔九〕師古曰：「纖微之甚，無等倫。」

〔一〇〕師古曰：「纔，淺也，言僅得之也。纔音才。」

〔一一〕師古曰：「拓落，不耦也。拓音託。」

揚子笑而應之曰：「客徒欲朱丹吾轂，不知一跌將赤吾之族也！〔一〕往者周罔解結，羣鹿爭逸，〔二〕離爲十二，合爲六七，〔三〕四分五剖，並爲戰國。〔四〕士無常君，國亡定臣，得士者富，失士者貧，矯翼厲翮，恣意所存，〔五〕故士或自盛以橐，或鑿坏以遁。〔六〕是故騶衍以頡亢而取世資，〔七〕孟軻雖連蹇，猶爲萬乘師。〔八〕

〔一〕師古曰：「跌，足失厝也。見誅殺者必流血，故云赤族。跌音徒結反。」

〔二〕師古曰：「謂戰國時諸侯也。」

〔三〕師古曰：「十二，謂魯、衞、齊、楚、宋、鄭、燕、秦、韓、趙、魏、中山也。六七者，齊、趙、韓、魏、燕、楚六國及秦爲七也。」

〔四〕晉灼曰：「道其分離之意，四分則交五而裂如田字。」

〔五〕師古曰：「言來去如鳥之飛，各任所息也。」

〔六〕應劭曰：「自盛以橐，謂范雎也。鑿坏，謂顏闔也。魯君聞顏闔賢，欲以爲相，使者往聘，因鑿後垣而亡。坏，壁也。」蘇林曰：「坏音陪。」師古曰：「又音普回反。」

〔七〕應劭曰：「衍，齊人也。著書所言皆天事，故齊人曰『談天衍』。遊諸侯，所言則以爲迂闊遠於事情，然終不屈。嘗仕於齊，位至卿。」師古曰：「頡亢，上下不定也。頡音下結反。亢音胡浪反。」

〔八〕張晏曰：「連蹇，難也，言值世之屯難也。」師古曰：「連音輦。」

「今大漢左東海，右渠搜，前番禺，後陶塗。〔一〕東南一尉，〔二〕西北一候。〔三〕徽以糾墨，製以質鈇，〔四〕散以禮樂，風以詩書，〔五〕曠以歲月，結以倚廬。〔六〕天下之士，雷動雲合，魚鱗雜襲，咸營于八區，〔七〕家家自以爲稷契，人人自以爲咎繇，戴縰垂纓而談者皆擬於阿衡，〔八〕五尺童子羞比晏嬰與夷吾；〔九〕當塗者入青雲，失路者委溝渠，旦握權則爲卿相，夕失勢則爲匹夫；譬若江湖之雀，勃解之鳥，乘雁集不爲之多，雙鳧飛不爲之少。〔一〇〕昔三仁去而殷虛，〔一一〕二老歸而周熾，〔一二〕子胥死而吳亡，種、蠡存而粵伯，〔一三〕五羖入而秦喜，樂毅出而燕懼，〔一四〕范雎以折摺而危穰侯，〔一五〕蔡澤雖噤吟而笑唐舉。〔一六〕故當其有事也，非蕭、曹、子房、平、勃、樊、霍則不能安；當其亡事也，章句之徒相與坐而守之，亦亡所患。〔一七〕故世亂，則聖哲馳騖而不足；世治，則庸夫高枕而有餘。

〔一〕如淳曰：「小國也。」師古曰：「騊駼馬出北海上。今此云後陶塗，則是北方國名也。本國出馬，因以爲名。今書本陶字有作椒者，流俗所改。」

〔二〕孟康曰：「會稽東部都尉也。」

〔三〕孟康曰：「敦煌玉門關候也。」

〔四〕師古曰：「言有罪者則係於徽墨，尤惡者則斬以鈇質也。徽、糾、墨，皆繩也。質，鍖也。鈇，莝刃也，音膚。鍖音竹林反。」

〔五〕師古曰：「風，化也。」

〔六〕孟康曰：「在倚廬行服三年也。」應劭曰：「漢律以不爲親行三年服不得選舉。」師古曰：「倚廬，倚牆至地而爲之，無楣柱。倚音於綺反。」

〔七〕師古曰：「八區，八方也。」

〔八〕師古曰：「縰，韜髮者也，音山爾反。」

〔九〕師古曰：「夷吾，管仲也。羞比之也，以其不爲王者之佐。」

〔一〇〕應劭曰：「乘鴈，四鴈也。」師古曰：「雀字或作厓。鳥字或作島。島，海中山也，其義兩通。乘音食證反。」

〔一一〕師古曰：「論語稱『微子去之，箕子爲之奴，比干諫而死』。孔子曰：『殷有三仁焉。』虛，空也。一曰虛讀曰墟，言其亡國爲丘墟。」

〔一二〕應劭曰：「二老，伯夷、太公也。」

〔一三〕師古曰：「伯讀曰霸。」

〔一四〕師古曰：「五羖謂百里奚也。買以羖羊之皮五，故稱五羖也。」

〔一五〕晉灼曰：「摺，古拉字也。」

〔一六〕師古曰：「噤吟，頷頤之貌。澤從唐舉相，謂之曰：『聖人不相，殆先生乎！』澤曰：『吾自知富貴。』噤音鉅錦反。吟音魚錦反。舉，合韻音居御反。」

〔一七〕師古曰：「章句小儒也。患，合韻音胡關反。」

「夫上世之士，或解縛而相，〔一〕或釋褐而傅；〔二〕或倚夷門而笑，〔三〕或橫江潭而漁；〔四〕或七十說而不遇，〔五〕或立談間而封侯；〔六〕或枉千乘於陋巷，〔七〕或擁帚彗而先驅。〔八〕是以士頗得信其舌而奮其筆，〔九〕窒隙蹈瑕而無所詘也。〔一〇〕當今縣令不請士，郡守不迎師，羣卿不揖客，將相不俛眉；〔一一〕言奇者見疑，行殊者得辟，〔一二〕是以欲談者宛舌而固聲，欲行者擬足而投迹。〔一三〕鄉使上世之士處虖今，〔一四〕策非甲科，行非孝廉，舉非方正，獨可抗疏，時道是非，〔一五〕高得待詔，下觸聞罷，〔一六〕又安得青紫？

〔一〕孟康曰：「管仲也。」

〔二〕孟康曰：「甯戚也。」

〔三〕應劭曰：「侯嬴也。為夷門卒，秦伐趙，趙求救，無忌將十餘人往辭嬴，嬴無所戒。更還，嬴笑之，以謀告無忌也。」

〔四〕（師古）〔服虔〕曰：「漁父也。」師古曰：「江潭而漁，潭音尋。漁，合韻音牛助反。」

〔五〕應劭曰：「孔丘也。」

〔六〕服虔曰：「薛公也。」

〔七〕應劭曰：「齊有小臣稷，桓公一日三至而不得見，從者曰：『可以止矣！』桓公曰：『士之傲爵祿者，固輕其主，主傲霸王者亦輕其士，縱彼傲爵祿者，吾庸敢傲霸王乎！』遂見之。」

〔八〕應劭曰：「鄒衍之燕，昭王郊迎，擁彗爲之先驅也。」師古曰：「彗亦以掃者也，音似歲反。」

〔九〕師古曰：「信讀曰申。」

〔一〇〕李奇曰：「君臣上下，有釁罅瑕隙乖離之漸，則可抵而取也。」師古曰：「窒，窒塞也。罅音呼駕反。」

〔一一〕師古曰：「自高抗也。俛，低也。」

〔一二〕師古曰：「辟，罪法。」

〔一三〕師古曰：「宛，屈也。固，閉也。擬，疑也。」

〔一四〕師古曰：「鄉讀曰嚮。」

〔一五〕師古曰：「抗，舉也，謂上之也。疏者，疏條其事而言之。疏音所據反。」

〔一六〕師古曰：「報聞而罷之。」

「且吾聞之，炎炎者滅，隆隆者絕；觀雷觀火，爲盈爲實，天收其聲，地藏其熱。〔一〕高明之家，鬼瞰其室。〔二〕攫挐者亡，默默者存；〔三〕位極者宗危，自守者身全。是故知玄知默，守道之極；爰清爰靜，游神之廷；〔四〕惟寂惟寞，守德之宅。世異事變，人道不殊，彼我易時，未知何如。〔五〕今子乃以鴟梟而笑鳳皇，執蝘蜓而謿龜龍，〔六〕不亦病乎！子徒笑我玄之尚白，吾亦笑子之病甚，不遭臾跗、扁鵲，〔七〕悲夫！」

〔一〕師古曰：「炎炎，火光也。隆隆，雷聲也。人之觀火聽雷，謂其盈實，終以天收雷聲，地藏火熱，則爲虛無。言極盛者亦滅亡也。」

〔二〕李奇曰：「鬼神害盈而福謙也。」師古曰：「瞰，視也。音口濫反。」

〔三〕師古曰：「攫挐，妄有搏執牽引也。挐音女居反。」

〔四〕師古曰：「靜，合韻音才性反。」

〔五〕李奇曰：「或能勝之。」

〔六〕師古曰：「蝘蜓，蜥蜴也。蝘音烏典反。蜓音殄。」

〔七〕師古曰：「二人皆古之良醫也。跗音甫無反。」

客曰：「然則靡玄無所成名乎？〔一〕范、蔡以下何必玄哉？」

〔一〕師古曰：「靡亦無。」

揚子曰：「范雎，魏之亡命也，折脅拉髂，免於徽索，〔一〕翕肩蹈背，扶服入橐，〔二〕激卬萬乘之主，〔三〕界涇陽抵穰侯而代之，〔四〕當也。〔五〕蔡澤，山東之匹夫也，顉頤折頞，涕涶流沫，〔六〕西揖彊秦之相，搤其咽，炕其氣，附其背而奪其位，〔七〕時也。〔八〕天下已定，金革已平，都於雒陽，婁敬委輅脫輓，掉三寸之舌，〔九〕建不拔之策，舉中國徙之長安，〔一〇〕適也。〔一一〕五帝垂典，三王傳禮，百世不易，叔孫通起於枹鼓之閒，〔一二〕解甲投戈，遂作君臣之儀，得也。〔一三〕甫刑靡敝，秦法酷烈，〔一四〕聖漢權制，而蕭何造律，宜也。〔一五〕故有造蕭何律於唐虞之世，則誖矣；〔一六〕有作叔孫通儀於夏殷之時，則惑矣；有建婁敬之策於成周之世，則繆矣；有談范、蔡之說於金、張、許、史之間，則狂矣。〔夫〕蕭規曹隨，〔七〕留侯畫策，陳平出奇，功若泰山，嚮若阺隤，〔八〕唯其人之贍知哉，亦會其時之可爲也。〔九〕故爲可爲於可爲之時，則從；爲不可爲於不可爲之時，則凶。夫藺先生收功於章臺，〔一〇〕四皓采榮於南山，〔一一〕公孫創業於金馬，〔一二〕票騎發迹於祁連，〔一三〕司馬長卿竊訾於卓氏，東方朔割（名）〔炙〕於細君。〔一四〕僕誠不能與此數公者並，故默然獨守吾太玄。」

〔一〕師古曰：「髂，骨也。徽，繩也。髂音格。」

〔二〕師古曰：「翕，斂也。服音蒲北反。」

〔三〕如淳曰：「卬，怒也。言秦安得王，獨太后穰侯耳。」師古曰：「卬讀曰仰。」

〔四〕蘇林曰：「抵音紙。界，間其兄弟使疏。」應劭曰：「涇陽，秦昭王弟，貴用事也。」

〔五〕師古曰：「言當其際。」

〔六〕師古曰：「頷，曲頤也，音欽。」

〔七〕張晏曰：「蔡澤說范雎以功成身退，禍福之機。適值雎有間於王，因薦以自代。」師古曰：「搤謂急持之。咽，头也。炕，絕也。咽音一千反。炕音抗。」

〔八〕師古曰：「遇其時。」

〔九〕師古曰：「轄音胡格反。輓音晚。掉音徒釣反。解在劉敬傳。」

〔一〇〕師古曰：「不拔，謂其堅固不拔也。中國謂京師。」

〔一一〕師古曰：「中其適。」

〔一二〕師古曰：「枹音孚。」

〔一三〕師古曰：「得其所。」

〔一四〕師古曰：「靡，散也，音縻。」

〔一五〕師古曰：「合其宜。」

〔一六〕師古曰：「誖，乖也，音布內反。」

〔一七〕師古曰：「隨，從也。言蕭何始作規模，曹參因而從之。」

〔一八〕師古曰：「阺音氐。巴蜀人名山旁堆欲墮落曰阺。應劭以為天水隴氐，失之矣。氐音丁禮反。」

〔一九〕師古曰：「非唯其人贍知，乃會時之可為也。」

〔二〇〕孟康曰：「秦昭王、趙成王飲於此臺，藺相如前折昭王也。」晉灼曰：「相如獻璧於此臺。」師古曰：「晉說是也，謂齎璧入秦，秦不與趙地，相如詭取其璧，使人間以歸趙也。史記始皇本紀云章臺在渭南，而秦、趙會飲乃在澠池，非章臺也，孟說失之。」

〔二一〕師古曰：「榮者，謂聲名也。一曰，榮謂草木之英，采取以充食。」

〔二二〕孟康曰：「公孫弘對策金馬門。」

〔二三〕師古曰：「霍去病也。祁音止夷反。」

〔二四〕師古曰：「割，損也。言以肉歸遺細君，是損割其名。」

雄以爲賦者，將以風也，〔一〕必推類而言，極麗靡之辭，閎侈鉅衍，競於使人不能加也，〔二〕既乃歸之於正，然覽者已過矣。〔三〕往時武帝好神仙，相如上大人賦，欲以風，〔四〕帝反縹縹有陵雲之志。〔五〕繇是言之，賦勸而不止，明矣。〔六〕又頗似俳優淳于髡、優孟之徒，〔七〕非法度所存，賢人君子詩賦之正也，於是輟不復爲。〔八〕而大潭思渾天，〔九〕參摹而四分之，〔一〇〕極於八十一。旁則三摹九据，〔一一〕極之七百二十九贊，亦自然之道也。故觀易者，見其卦而名之；觀玄者，數其畫而定之。玄首四重者，非卦也，數也。其用自天元推一晝一夜陰陽數度律曆之紀，九九大運，與天終始。故玄三方、九州、二十七部、八十一家、二百四十三表、七百二十九贊，分爲三卷，曰一二三，與泰初歷相應，亦有顓頊之曆焉。揲之以三策，〔一二〕關之以休咎，絣之以象類，〔一三〕播之以人事，〔一四〕文之以五行，擬之以道德仁義禮知。無主無名，要合五經，苟非其事，文不虛生。爲其泰曼漶而不可知，〔一五〕故有首、衝、錯、測、摛、瑩、數、文、掜、圖、告十一篇，〔一六〕皆以解剝玄體，離散其文，章句尚不存焉。〔一七〕玄文多，故不著；觀之者難知，學之者難成。客有難玄大深，衆人之不好也，雄解之，號曰解難。其辭曰：

〔一〕師古曰：「風讀曰諷，下以諷刺上也。」

〔二〕師古曰：「言專爲廣大之言。」

〔三〕師古曰：「言其末篇反從之正道，故觀覽之者但得浮華，而無益於諷諫也。」

〔四〕師古曰：「風讀曰諷。」

〔五〕師古曰：「縹音匹昭反。」

〔六〕師古曰：「繇讀與由同。」

〔七〕師古曰：「髡、孟皆滑稽。」

〔八〕師古曰：「輟，止也。」

〔九〕師古曰：「潭，深也。渾天，天象也。渾音胡昆反。」

〔一〇〕蘇林曰：「三（拆）〔析〕而四分天之宿度甲乙也。」

〔一一〕晉灼曰：「据，今據字也。據猶位也，處也。」

〔一二〕蘇林曰：「三三而分之。」師古曰：「揲音食列反。」

〔一三〕晉灼曰：「絣，雜也。」師古曰：「絣，併也，音幷。」

〔一四〕師古曰：「播，布也。」

〔一五〕張晏曰：「曼音滿。漶音緩。」師古曰：「曼漶，不分別貌，猶言濛鴻也。曼音莫幹反。漶音奐。」

〔一六〕晉灼曰：「攡音離。」服虔曰：「掜音睨。」師古曰：「攡音摛。」

〔一七〕師古曰：「玄中之文雖有章句，其旨深妙，尚不能盡存，故解剝而離散也。」

客難揚子曰：「凡著書者，爲衆人之所好也，美味期乎合口，工聲調於比耳。〔一〕今吾子乃抗辭幽說，閎意眇指，〔二〕獨馳騁於有亡之際，而陶冶大鑪，旁薄羣生，〔三〕歷覽

者茲年矣，而殊不寤。〔四〕亶費精神於此，而煩學者於彼，〔五〕譬畫者畫於無形，弦者放於無聲，殆不可乎？」〔六〕

〔一〕師古曰：「比，和也，音頻二反。」

〔二〕師古曰：「眇讀曰妙。」

〔三〕師古曰：「旁薄猶言蕩薄也。」

〔四〕師古曰：「茲，益也。茲年，言其久也。不寤，不曉其意。」

〔五〕師古曰：「亶讀曰但。」

〔六〕師古曰：「放，依也。殆，近也。放音甫往反。」

揚子曰：「俞。〔一〕若夫閎言崇議，幽微之塗，蓋難與覽者同也。昔人有觀象於天，視度於地，察法於人者，天麗且彌，地普而深，〔二〕昔人之辭，乃玉乃金。〔三〕彼豈好爲艱難哉？勢不得已也。〔四〕獨不見夫翠虯絳螭之將登虖天，〔五〕必聳身於倉梧之淵；不階浮雲，翼疾風，虛舉而上升，則不能撠膠葛，騰九閎。〔六〕日月之經不千里，則不能燭六合，燿八紘；〔七〕泰山之高不嶕嶢，則不能浡滃雲而散歊烝。〔八〕是以宓犧氏之作易也，〔九〕緜絡天地，經以八卦，文王附六爻，〔一〇〕孔子錯其象而彖其辭，然後發天地之臧，定萬物之基。典謨之篇，雅頌之聲，不溫純深潤，則不足以揚鴻烈而章緝熙。〔一一〕蓋胥靡爲宰，〔一二〕寂寞爲尸；〔一三〕大味必淡，大音必希；〔一四〕大語叫叫，大道低回。〔一五〕是以聲之眇者不可同於衆人之耳，〔一六〕形之美者不可棍於世俗之目，〔一七〕辭之衍者不可齊於庸人之聽。〔一八〕今夫弦者，高張急徽，追趨逐耆，則坐者不期而附矣；〔一九〕試爲之施咸池，揄六莖，發（蘥）〔籥〕韶，詠九成，則莫有和也。〔二〇〕是故鍾期死，伯牙絕弦破琴而不肯與衆鼓；〔二一〕獿人亡，則匠石輟斤而不敢妄斲。〔二二〕師曠之調鍾，竢知音者之在後也；〔二三〕孔子作春秋，幾君子之前睹也。〔二四〕老聃有遺言，貴知我者希，〔二五〕此非其操與！」〔二六〕

〔一〕師古曰：「俞，然也。音踰。」

〔二〕師古曰：「麗，著也，日月星辰之所著也。彌，廣也。普，遍也。」

〔三〕師古曰：「貞實美麗如金玉也。」

〔四〕師古曰：「已，止也。」

〔五〕師古曰：「糾、蟉，解並在前。」

〔六〕師古曰：「撠，挶也。膠葛，上清之氣也。騰，升也。九閎，九天之門。撠音戟。挶音居足反。」

〔七〕師古曰：「燭，照也。六合，謂天地四方。八紘，八方之綱維也。紘音宏。」

〔八〕師古曰：「嶕嶢，高貌也。浡滃，盛也。滃，雲氣貌。歊烝，氣上出也。嶕嶢音樵堯。浡音勃。滃音一孔反。歊音許昭反。」

〔九〕師古曰：「宓音伏。」

〔一〇〕師古曰：「因而重之。」

〔一一〕師古曰：「造化鴻大也。烈，業也。緝熙，光明也。」

〔一二〕李奇曰：「造化之神，宰割萬物也。」張晏曰：「胥，相也。靡，無也。言相師以無爲作宰者也。」

〔一三〕李奇曰：「道化以寂寞爲主。」

〔一四〕師古曰：「淡謂無至味也，音徒濫反。」

〔一五〕師古曰：「叫叫，遠聲也。低回，紆衍也。」

〔一六〕〔師古曰〕：「眇讀曰妙」。

〔一七〕師古曰：「棍亦同也，音胡本反。」

〔一八〕師古曰：「衍，旁廣也。」

〔一九〕師古曰：「徽，琴徽也，所以表發撫抑之處。追趨逐耆，隨所趨嚮愛嗜而追逐之也。趨讀曰趣。耆讀曰嗜。」

〔二〇〕師古曰：「揄，引也。和，應也。揄音踰。和音胡臥反。」

〔二一〕師古曰：「解在司馬遷傳。」

〔二二〕服虔曰：「獿，古之善塗墍者也。施廣領大袖以仰塗，而領袖不汙。有小飛泥誤著其鼻，因令匠石揮斤而斲，知匠石之善斲，故敢使之也。」師古曰：「墍即今之仰泥也。獿，抆拭也，故謂塗者爲獿人。獿音乃高反，又音乃回反。今書本獿字有作郢者，流俗改之。墍音許旣反。」

〔二三〕應劭曰：「晉平公鑄鍾，工者以爲調矣，師曠曰：『臣竊聽之，知其不調也。』至於師涓，而果知鍾之不調。是師曠欲善調之鍾，爲後世之有知音。」

〔四〕師古曰：「幾讀曰冀。」

〔五〕師古曰：「老子德經云：『知我者希，則我貴矣。』」

〔六〕師古曰：「與讀曰歟。」

雄見諸子各以其知舛馳，〔一〕大氐詆訾聖人，即爲怪迂，析辯詭辭，以撓世事，〔二〕雖小辯，終破大道而或衆，使溺於所聞而不自知其非也。及太史公記六國，歷楚漢，(記)〔訖〕麟止，不與聖人同，是非頗謬於經。〔三〕故人時有問雄者，常用法應之，譔以爲十三卷，〔四〕象論語，號曰法言。法言文多不著，獨著其目：〔五〕

〔一〕師古曰：「舛，相背。」

〔二〕師古曰：「大氐，大歸也。詆訾，毀也。迂，遠也。析，分也。詭，異也。言諸子之書，大歸皆非毀周孔之敎，爲巧辯異辭以撓亂時政也。訾音紫。迂音于。撓音火高反，其字從手也。」

〔三〕師古曰：「頗音普我反。」

〔四〕師古曰：「譔與撰同。」

〔五〕師古曰：「雄(以)〔有〕序，著篇之意。」

天降生民，倥侗顓蒙，〔一〕恣于情性，聰明不開，訓諸理。〔二〕譔學行第一。

〔一〕鄭氏曰：「童蒙無所知也。」師古曰：「倥音空。侗音同。顓與專同。」

〔二〕師古曰：「訓，告也。」

降周迄孔，成于王道，〔一〕終後誕章乖離，諸子圖微。〔二〕譔吾子第二。

〔一〕師古曰：「周，周公旦也。迄，至也。孔，孔子也。言自周公以降至於孔子，設教垂法，皆帝王之道。」

〔二〕師古曰：「言其後澆末，虛誕益章，乖於七十弟子所謀微妙之言。」

事有本眞，陳施於億，〔一〕動不克咸，〔二〕本諸身。譔修身第三。

〔一〕李奇曰：「布陳於億萬事也。」

〔二〕李奇曰：「不能皆善也。」

芒芒天道，在昔聖考，〔一〕過則失中，不及則不至，不可姦罔。〔二〕譔問道第四。

〔一〕李奇曰：「聖人能成天道。」

〔二〕蘇林曰：「罔，誣也。言不可作姦誣於聖道。」

神心曶恍，經緯萬方，〔一〕事繫諸道德仁誼禮。譔問神第五。

〔一〕師古曰：「曶讀與忽同。」

明哲煌煌，旁燭亡疆，〔一〕遜于不虞，以保天命。〔二〕譔問明第六。

〔一〕師古曰：「煌煌，盛貌也。燭，照也。無疆猶無極也。」

〔二〕李奇曰：「常行遜順，備不虞。」

假言周于天地，贊于神明，〔一〕幽弘橫廣，絕于邇言。〔二〕譔寡見第七。

〔一〕師古曰：「假，至也。」

〔三〕李奇曰：「理過近世人之言也。」

聖人恖明淵懿，繼天測靈，冠于羣倫，經諸范。〔一〕譔五百〔二〕第八。

〔一〕師古曰：「經，常也。范，法也。」

〔二〕鄧展曰：「五百歲聖人一出。」

立政鼓衆，動化天下，莫上於中和，〔一〕中和之發，在於哲民情。〔二〕譔先知第九。

〔一〕鄧展曰：「鼓亦動也。」

〔二〕師古曰：「哲，知也。」

仲尼以來，國君將相卿士名臣參差不齊，〔一〕壹槩諸聖。〔二〕譔重黎第十。

〔一〕師古曰：「言志業不同也。參音初林反。」

〔二〕師古曰：「〔一〕以聖人大道槩平。槩音工代反。」

仲尼之後，訖于漢道，德行顏、閔，股肱蕭、曹，爰及名將尊卑之條，稱述品藻。〔一〕譔淵騫第十一。

〔一〕師古曰：「品藻者，定其差品及文質。」

君子純終領聞，〔一〕蠢迪檢押，〔二〕旁開聖則。譔君子第十二。

〔一〕李奇曰：「領理所聞也。」師古曰：「純，善也。領，令也。聞，名也。言君子之道能善於終而不失令名。」

〔二〕師古曰：「蠢，動也。迪，道也，由也。檢押猶隱括也。言動由檢押也。押音狎。」

孝莫大於寧親，寧親莫大於寧神，寧神莫大於四表之驩心。〔一〕譔孝至第十三。

〔一〕師古曰：「寧，安也。言大孝之在於尊嚴祖考，安其神靈。所以得然者，以得四方之外驩心。」

贊曰：雄之自序云爾。〔一〕初，雄年四十餘，自蜀來至游京師，大司馬車騎將軍王音奇其文雅，召以爲門下史，薦雄待詔，歲餘，奏羽獵賦，除爲郎，給事黄門，與王莽、劉歆並。哀帝之初，又與董賢同官。當成、哀、平間，莽、賢皆爲三公，權傾人主，所薦莫不拔擢，而雄三世不徙官。及莽篡位，談説之士用符命稱功德獲封爵者甚衆，雄復不侯，以耆老久次轉爲大夫，恬於勢利乃如是。〔二〕實好古而樂道，其意欲求文章成名於後世，以爲經莫大於易，故作太玄；傳莫大於論語，作法言；史篇莫善於倉頡，作訓纂；箴莫善於虞箴，作州箴；〔三〕賦莫深於離騷，反而廣之；辭莫麗於相如，作四賦：皆斟酌其本，相與放依而馳騁云。〔四〕用心於内，不求於外，於時人皆曶之；〔五〕唯劉歆及范逡敬焉，〔六〕而桓譚以爲絶倫。〔七〕

〔一〕師古曰：「自法言目之前，皆是雄本自序之文也。」

〔二〕師古曰：「恬，安也。」

〔三〕晉灼曰：「九州之箴也。」

〔四〕師古曰：「放音甫往反。」

〔五〕師古曰：「曶與忽同，謂輕也。」

〔六〕師古曰：「逡音千旬反。」

〔七〕師古曰：「無比類。」

王莽時，劉歆、甄豐皆爲上公，莽既以符命自立，即位之後欲絕其原以神前事，而豐子尋、歆子棻復獻之。〔一〕莽誅豐父子，投棻四裔，辭所連及，便收不請。〔二〕時雄校書天祿閣上，治獄使者來，欲收雄，雄恐不能自免，乃從閣上自投下，幾死。〔三〕莽聞之曰：「雄素不與事，何故在此？」〔四〕間請問其故，〔五〕乃劉棻嘗從雄學作奇字，〔六〕雄不知情。〔七〕有詔勿問。然京師爲之語曰：「惟寂寞，自投閣；爰清靜，作符命。」〔八〕

〔一〕師古曰：「棻亦枌字也。音扶云反。」

〔二〕師古曰：「不須奏請。」

〔三〕師古曰：「幾音鉅依反。」

〔四〕師古曰：「與讀曰豫。」

〔五〕師古曰：「使人密問之。」

〔六〕師古曰：「古文之異者。」

〔七〕師古曰：「不知獻符命之事也。」

〔八〕師古曰：「以雄解謿之言譏之也。今流俗本云：『惟寂惟寞，自投於閣；爰清爰靜，作符命。』妄增之。」

雄以病免，復召爲大夫。家素貧，耆酒，〔一〕人希至其門。時有好事者載酒肴從游學，而鉅鹿侯芭常從雄居，〔二〕受其太玄、法言焉。劉歆亦嘗觀之，謂雄曰：「空自苦！今學者有祿利，然尚不能明易，又如玄何？〔三〕吾恐後人用覆醬瓿也。」〔四〕雄笑而不應。年七十一，天鳳五年卒，侯芭爲起墳，喪之三年。

〔一〕師古曰：「耆讀曰嗜。」

〔二〕服虔曰：「芭音葩。」

〔三〕師古曰：「言無奈之何。」

〔四〕師古曰：「瓿音部。小罌也。」

時大司空王邑、納言嚴尤聞雄死，謂桓譚曰：「子嘗稱揚雄書，豈能傳於後世乎？」譚曰：「必傳。顧君與譚不及見也。〔一〕凡人賤近而貴遠，親見揚子雲祿位容貌不能動人，故輕其書。昔老聃著虛無之言兩篇，〔二〕薄仁義，非禮學，然後世好之者尚以爲過於五經，自漢文景之君及司馬遷皆有是言。今揚子之書文義至深，而論不詭於聖人，〔三〕若使遭遇時君，更閱賢知，爲所稱善，〔四〕則必度越諸子矣。」〔五〕諸儒或譏以爲雄非聖人而作經，猶春秋吳楚之君僭號稱王，蓋誅絕之罪也。〔六〕自雄之沒至今四十餘年，其法言大行，而玄終不顯，然篇籍具存。

〔一〕師古曰：「顧，念也。」

〔二〕師古曰：「謂道德經也。」

〔三〕師古曰：「詭，違也。聖人謂周公、孔子。」

〔四〕師古曰：「更音工衡反。」

〔五〕師古曰：「度，過也。」

〔六〕師古曰：「紹謂無胤嗣也。」

校勘記

三五五七頁五行　（從）〔縱〕禽獸其中，　景祐、汲古、殿、局本都作「縱」，文選同。

三五五八頁二行　椓（截）〔巀〕嶭而爲弋，　殿本作「巀」，文選同。按注作「巀」，各本並同。

三五五八頁一四行　貆音（完）〔桓〕。　景祐、殿本都作「桓」。

三五五九頁一六行　所麠城（擀）〔撕〕邑，　景祐本作「撕」，注同，文選正文及注並同。

三五六〇頁三行　鑿齒〔齒〕長五寸，　殿、局本都重「齒」字，文選李注同。

三五七〇頁一三行　（師古）〔服虔〕曰：　殿本作「服虔」。

三五七三頁一行　〔夫〕蕭規曹隨，　景祐、殿本都有「夫」字，文選同。

三五七三頁五行　割（名）〔炙〕於細君。　文選作「炙」。顧炎武說「名」字是「炙」字之誤，文選可證。

三五七六頁八行　三〔拆〕〔析〕而四分天之宿度甲乙也。景祐、殿、局本都作「析」。

三五七八頁四行　發〔蕭〕〔簫〕韶，殿本作「簫」。王先謙說殿本是。

三五七九頁七行　〔師古曰〕。王先謙說各本都脱此三字。

三五八〇頁五行　〔記〕〔訖〕麟止，錢大昭說「記」當作「訖」。按景祐、殿、局本都作「訖」。

三五八〇頁一三行　雄〔以〕〔有〕序，景祐、殿本都作「有」。

三五八二頁一〇行　〔一〕以聖人大道槩平。景祐本有「一」字。

漢書卷八十八

儒林傳第五十八

古之儒者，博學虖六藝之文。〔一〕六（學）〔藝〕者，王教之典籍，先聖所以明天道，正人倫，致至治之成法也。周道既衰，壞於幽厲，禮樂征伐自諸侯出，陵夷二百餘年而孔子興，〔二〕以聖德遭季世，知言之不用而道不行，乃歎曰：「鳳鳥不至，河不出圖，吾已矣夫！」〔三〕「文王既沒，文不在茲乎？」〔四〕於是應聘諸侯，以答禮行誼。〔五〕西入周，南至楚，畏匡戹陳，〔六〕奸七十餘君。〔七〕適齊聞韶，三月不知肉味；〔八〕自衞反魯，然後樂正，雅頌各得其所。〔九〕究觀古今之篇籍，乃稱曰：「大哉，堯之爲君也！唯天爲大，唯堯則之。〔一〇〕巍巍乎其有成功也，煥乎其有文章（也）！」〔一一〕又（云）〔曰〕：「周監於二（世）〔代〕，郁郁乎文哉！吾從周。」〔一二〕於是敍書則斷堯典，〔一三〕稱樂則法韶舞，〔一四〕論詩則首周南。〔一五〕綴周之禮，因魯春秋，舉十二公行事，繩之以文武之道，成一王法，〔一六〕至獲麟而止。蓋晚而好易，讀之韋編三絕，而爲之傳。〔一七〕皆因近聖之事，㠯（音以）立先王之教，故曰：「述而不作，信而好古。」「下學而上達，

知我者其天乎！」〔一八〕

〔一〕師古曰：「六藝謂易、禮、樂、詩、書、春秋。」

〔二〕師古曰：「陵夷，言漸積替。」

〔三〕師古曰：「論語載孔子之言也。鳳鳥、河圖，皆王者之瑞。自傷有德而無位，故云已矣。」

〔四〕師古曰：「言文王久已沒矣，文章之事豈不在此乎？蓋自謂也。亦見論語。」

〔五〕師古曰：「答禮，謂有問禮者則爲應答而申明之。」

〔六〕師古曰：「匡，邑名，即陳留匡城縣。孔子貌類陽貨，陽貨嘗有怨於匡，匡人見孔子，以爲陽貨也，故圍而欲害之，後得免耳。戹陳，謂在陳絕糧也。」

〔七〕師古曰：「奸音干。」

〔八〕師古曰：「美舜樂之善也。」

〔九〕師古曰：「自衞反魯，謂哀十一年也。是時道衰樂廢，孔子還修正之，故雅頌各得其所。」

〔一〇〕師古曰：「言堯所行皆法天。」

〔一一〕師古曰：「巍巍者，高貌。煥，明也。」

〔一二〕師古曰：「言周追視夏殷二代之制而損益之，故禮文大備也。郁郁，文章盛貌。自此以上，孔子之言，皆見論語。」

〔一三〕師古曰：「謂尙書起自堯典也。」

〔一四〕師古曰：「論語云顏回問爲邦，子曰：『行夏之時，乘殷之輅，服周之冕，樂則韶舞，放鄭聲。』韶，舜樂也，孔子歎其盡善盡美，故欲用之。」

〔一五〕師古曰：「以關雎爲始也。」

〔一六〕師古曰：「繩謂治正之。」

〔一七〕師古曰：「編，所以聯次簡也。言愛玩之甚，故編簡之韋爲之三絕也。傳謂彖、象、繫辭、文言、說卦之屬。」

〔一八〕師古曰：「皆論語載孔子之言也。作者之謂聖，述者之謂明。故孔子自謙，言我但述者耳。下學上達，謂下學人事，上達天命也。行不違天，故唯天知我也。」

仲尼既沒，七十子之徒散遊諸侯，〔一〕大者爲卿相師傅，小者友教士大夫，或隱而不見。故子張居陳，〔二〕澹臺子羽居楚，〔三〕子夏居西河，〔四〕子貢終於齊。〔五〕如田子方、段干木、吳起、禽滑氂之屬，皆受業於子夏之倫，爲王者師。〔六〕是時，獨魏文侯好學。天下並爭於戰國，儒術既黜焉，然齊魯之間學者猶弗廢，至於威、宣之際，孟子、孫卿之列咸遵夫子之業而潤色之，以學顯於當世。〔七〕

〔一〕師古曰：「七十子，謂弟子者七十七人也。稱七十者，但言其成數也。」

〔二〕師古曰：「子張姓顓孫，名師。」

〔三〕師古曰：「子羽姓澹臺，名滅明。澹音徒甘反。」

〔四〕師古曰：「子夏姓卜，名商。」

〔五〕師古曰：「子貢姓端木，名賜。」

〔六〕師古曰：「子方以下皆魏人也。滑音于拔反。氂音離。」

〔七〕鄧展曰：「威、宣、齊二王。」

及至秦始皇兼天下，燔詩書，殺術士，〔一〕六學從此缺矣。陳涉之王也，魯諸儒持孔氏禮器(而)〔往〕歸之，於是孔甲爲涉博士，卒與俱死。〔二〕陳涉起匹夫，敺適戍以立號，〔三〕不滿歲而滅亡，其事至微淺，然而搢紳先生負禮器往委質爲臣者何也？以秦禁其業，積怨而發憤於陳王也。

〔一〕師古曰：「燔，焚也。今新豐縣溫湯之處號愍儒鄉，溫湯西南三里有馬谷，谷之西岸有阬，古老相傳以爲秦阬儒處也。衞宏詔定古文尚書序云：『秦既焚書，患苦天下不從所改更法，而諸生到者拜爲郎，前後七百人，乃密令冬種瓜於驪山阬谷中溫處。瓜實成，詔博士諸生說之，人人不同，乃命就視之。爲伏機，諸生賢儒皆至焉，方相難不決，因發機，從上塡之以土，皆壓，終乃無聲。』此則閔儒之地，其不謬矣。燔音扶元反。」

〔二〕師古曰：「孔光傳云：『鮒爲陳涉博士，死陳下。』今此云孔甲，將名鮒而字甲也。」

〔三〕師古曰：「敺與驅同。適讀曰讁。」

及高皇帝誅項籍，引兵圍魯，魯中諸儒尚講誦習禮，弦歌之音不絕，豈非聖人遺化好學之國哉？於是諸儒始得修其經學，講習大射鄉飲之禮。叔孫通作漢禮儀，因爲奉常，諸弟子共定者，咸爲選首，然後喟然興於學。〔一〕然尚有干戈，平定四海，〔二〕亦未皇庠序之事也。〔三〕孝惠、高后時，公卿皆武力功臣。孝文時頗登用，〔四〕然孝文本好刑名之言。及至孝景，不任儒，竇太后又好黃老術，故諸博士具官待問，未有進者。〔五〕

〔一〕師古曰：「喟然，歎息貌，音丘位反。」

〔二〕師古曰：「言陳豨、盧綰、韓信、黥布之徒相次反叛征伐也。」

〔三〕師古曰：「皇，暇也。」

〔四〕師古曰：「言少用文學之士。」

〔五〕師古曰：「具官，謂備員而已。」

漢興，言易自淄川田生；言書自濟南伏生；言詩，於魯則申培公，於齊則轅固生，〔一〕燕則韓太傅；〔二〕言禮，則魯高堂生；言春秋，於齊則胡毋生，於趙則董仲舒。及竇太后崩，武安君田蚡爲丞相，黜黃老、刑名百家之言，延文學儒者以百數，而公孫弘以治春秋爲丞相封侯，天下學士靡然鄉風矣。〔三〕

〔一〕師古曰：「培、固者，其人名；公、生者，其號也。它皆類此。培音陪。」

〔二〕師古曰：「名嬰也。」

〔三〕師古曰：「鄉讀曰嚮。」

弘爲學官，悼道之鬱滯，乃請曰：「丞相、御史言：〔一〕制曰『蓋聞導民以禮，風之以樂。〔二〕婚姻者，居室之大倫也。〔三〕今禮廢樂崩，朕甚愍焉，故詳延天下方聞之士，咸登諸朝。〔四〕其令禮官勸學，講議洽聞，舉遺興禮，以爲天下先。〔五〕太常議，予博士弟子，崇鄉里之化，以厲賢材焉。』〔六〕謹與太常臧、博士平等議，〔七〕曰：聞三代之道，鄉里有敎，夏曰校，殷曰庠，周曰序。〔八〕其勸善也，顯之朝廷；其懲惡也，加之刑罰。故教化之行也，建首善自京師始，繇內及外。〔九〕今陛下昭至德，開大明，配天地，本人倫，勸學興禮，崇化厲賢，以風四方，太平之原也。〔10〕古者政教未洽，不備其禮，請因舊官而興焉。爲博士官置弟子五十人，復其身。〔11〕太常擇民年十八以上儀狀端正者，補博士弟子。郡國縣官有好文學，敬長上，肅政教，順鄉里，出入不悖，〔12〕所聞，令相長丞上屬所二千石。〔13〕二千石謹察可者，常與計偕，〔14〕詣太常，得受業如弟子。一歲皆輒課，能通一藝以上，補文學掌故缺；其高第可以爲郎中，太常籍奏。〔15〕即有秀才異等，輒以名聞。其不事學若下材，及不能通一藝，輒罷之，而請諸能稱者。〔16〕臣謹案詔書律令下者，〔17〕明天人分際，通古今之誼，〔18〕文章爾雅，訓辭深厚，〔19〕恩施甚美。小吏淺聞，弗能究宣，亡以明布諭下。以治禮掌故以文學禮義爲官，遷留滯。〔20〕請選擇其秩比二百石以上及吏百石通一藝以上補左右內史、大行卒史，〔21〕比百石以下補郡太守卒史，皆各二人，〔22〕邊郡一人。先用誦多者，不足，擇掌故以補中二千石屬，〔23〕文學掌故補郡屬，備員。〔24〕請著功令。〔25〕它如律令。」〔26〕

〔一〕師古曰：「自此以下皆弘奏請之辭。」

〔二〕師古曰：「風，化也。」

〔三〕師古曰：「倫，理也。」

〔四〕師古曰：「詳，悉也。方，道也。有道及博聞之士也。」

〔五〕師古曰：「舉遺，謂經典遺逸者求而舉之。」

〔六〕師古曰：「厲，勸勉之也，一曰砥厲也。自此以上，弘所引詔文。」

〔七〕師古曰：「臧，孔臧也。」

〔八〕師古曰：「致，效也。言可效道藝也。」

〔九〕師古曰：「繇音由。由，從也。」

〔一〇〕師古曰：「風，化也。」

〔一一〕師古曰：「復音方目反。」

〔一二〕師古曰：「悖，乖也，音布內反。」

〔一三〕師古曰：「聞謂聞其部屬有此人也。令，縣令；相，侯相；長，縣長；丞，縣丞也。二千石謂郡守及諸王相也。」

〔一四〕師古曰：「隨上計吏俱至京師。」

〔一五〕師古曰：「爲名籍而奏。」

〔一六〕師古曰：「謂列其能通藝業而稱其任者，奏請補用之也。」

〔一七〕師古曰：「下謂班行也。」

〔一八〕師古曰：「分音扶問反。」

〔一九〕師古曰：「爾雅，近正也，言詔辭雅正而深厚也。」

〔二〇〕師古曰：「言治禮掌故之官本以有文學習禮義而爲之，又所以遷擢留滯之人。」

〔三〕師古曰：「左右內史後爲左馮翊、右扶風，而大行後爲大鴻臚也。」

〔三〕師古曰：「內地之郡，郡各補太守卒史二人也。」

〔三〕蘇林曰：「屬亦曹史，今縣令文書解言屬某甲也。」

〔四〕師古曰：「云備員者，示以升擢之，非籍其實用也。」

〔五〕師古曰：「新立此條，請以著於功令。功令，篇名，若今選舉令。」

〔六〕師古曰：「此外並如舊律令。」

制曰：「可。」自此以來，公卿大夫士吏彬彬多文學之士矣。〔一〕

〔一〕師古曰：「彬彬，文章貌，音斌。」

昭帝時舉賢良文學，增博士弟子員滿百人，宣帝末增倍之。元帝好儒，能通一經者皆復。〔一〕數年，以用度不足，更爲設員千人，郡國置五經百石卒史。成帝末，或言孔子布衣養徒三千人，今天子太學弟子少，於是增弟子員三千人。歲餘，復如故。平帝時王莽秉政，增元士之子得受業如弟子，勿以爲員，〔二〕歲課甲科四十人爲郎中，乙科二十人爲太子舍人，丙科四十人補文學掌故云。

〔一〕師古曰：「蠲其徭賦也。復音方目反。」

〔二〕師古曰：「常員之外，更開此路。」

自魯商瞿子木受易孔子，〔一〕以授魯橋庇子庸。〔二〕子庸授江東馯臂子弓。〔三〕子弓授燕周醜子家。子家授東武孫虞子乘。子乘授齊田何子裝。及秦禁學，易爲筮卜之書，獨不禁，故傳受者不絕也。漢興，田何以齊田徙杜陵，號杜田生，〔四〕授東武王同子中、雒陽周王孫、丁寬、齊服生，皆著易傳數篇。〔五〕同授淄川楊何，字叔元，元光中徵爲太中大夫。齊即墨成，至城陽相。〔六〕廣川孟但，爲太子門大夫。魯周霸、莒衡胡、〔七〕臨淄主父偃，皆以易至大官。要言易者本之田何。

〔一〕師古曰：「商瞿，姓也。瞿音衢。」

〔二〕師古曰：「姓橋，名庇，字子庸。它皆類此。庇音必寐反。」

〔三〕師古曰：「馯，姓也，音韓。」

〔四〕師古曰：「高祖用婁敬之言徙關東大族，故何以舊齊田氏見徙也。初徙時未爲杜陵，蓋史家本其地追言之也。」

〔五〕師古曰：「田生授王同、周王孫、丁寬、服生四人，而四人皆著易傳也。子中，王同字也。中讀曰仲。」

〔六〕師古曰：「姓即墨，名成。」

〔七〕師古曰：「莒人姓衡，名胡也。」

丁寬字子襄，梁人〔一王〕〔也〕。初〕梁項生從田何受易，時寬爲項生從者，讀易精敏，材過項生，遂事何。學成，何謝寬。〔一〕寬東歸，何謂門人曰：「易以東矣。」〔二〕寬至雒陽，復從周王孫受古義，號周氏傳。景帝時，寬爲梁孝王將軍距吳楚，號丁將軍，作易說三萬言，訓

故舉大誼而已，〔三〕今小章句是也。寬授同郡碭田王孫。〔四〕王孫授施讎、孟喜、梁丘賀。繇是易有施、孟、梁丘之學。〔五〕

〔一〕師古曰：「告令罷去。」

〔二〕師古曰：「言丁寬（行）〔得〕其法術以去。」

〔三〕師古曰：「故謂經之旨趣也。它皆類此。」

〔四〕師古曰：「碭者，梁郡之縣也，音唐，又音宕。」

〔五〕師古曰：「繇與由同。後類此。」

施讎字長卿，沛人也。沛與碭相近，讎爲童子，從田王孫受易。後讎徙長陵，田王孫爲博士，復從卒業，〔一〕與孟喜、梁丘賀並爲門人。謙讓，常稱學廢，不教授。及梁丘賀爲少府，事多，乃遣子臨分將門人張禹等從讎問。讎自匿不肯見，賀固請，不得已乃授臨等。於是賀薦讎：「結髮事師數十年，〔二〕賀不能及。」詔拜讎爲博士。甘露中與五經諸儒雜論同異於石渠閣。〔三〕讎授張禹、琅邪魯伯。伯爲會稽太守，禹至丞相。禹授淮陽彭宣、沛戴崇子平。崇爲九卿，宣大司空。禹、宣皆有傳。魯伯授太山毛莫如少路、〔四〕琅邪邴丹曼容，著清名。莫如至常山太守。此其知名者也。繇是施家有張、彭之學。

〔一〕師古曰：「卒，終也。」

〔二〕師古曰：「言從結髮爲童丱，即從師學，著其早也。」

〔三〕師古曰：「三輔故事云石渠閣在未央殿北，以藏祕書也。」

〔四〕師古曰：「姓毛，名莫如，字少路。」

孟喜字長卿，東海蘭陵人也。父號孟卿，〔一〕善爲禮、春秋，授后蒼、疏廣。世所傳后氏禮、疏氏春秋，皆出孟卿。孟卿以禮經多，春秋煩雜，乃使喜從田王孫受易。喜好自稱譽，得易家候陰陽災變書，詐言師田生且死時枕喜厀，獨傳喜，諸儒以此耀之。〔二〕同門梁丘賀疏通證明之，〔三〕曰：「田生絕於施讎手中，時喜歸東海，安得此事？」又蜀人趙賓好小數書，後爲易，飾易文，以爲「箕子明夷，陰陽氣亡箕子；箕子者，萬物方荄茲也。」〔四〕賓持論巧慧，易家不能難，皆曰「非古法也」。〔五〕云受孟喜，喜爲名之。〔六〕後賓死，莫能持其說。喜因不肯仞，〔七〕以此不見信。喜舉孝廉爲郎，曲臺署長，〔八〕病免，爲丞相掾。博士缺，衆人薦喜。上聞喜改師法，遂不用喜。喜授同郡白光少子、沛翟牧子兄，〔九〕皆爲博士。繇是有翟、孟、白之學。

〔一〕師古曰：「時人以卿呼之，若言公矣。」

〔二〕師古曰：「用爲光榮也。」

〔三〕師古曰：「同門，同師學者也。疏通猶言分別也。證明，明其僞也。」

〔四〕師古曰：「易明夷卦彖曰：『內文明而外柔順，以蒙大難。文王以之，利艱貞，晦其明也。內難而能正其志，箕子以之。』而六五爻辭曰：『箕子之明夷，利貞。』此箕子者，謂殷父師說洪範者也，而賓妄爲說耳。荄茲，言其根荄方滋茭也。茭音該，又音皆。」

〔五〕師古曰：「心不服。」

〔六〕師古曰：「名之者，承取其名，云實授也。」

〔七〕師古曰：「仞亦名也。仞音刃。」

〔八〕師古曰：「曲臺，殿名。署者，主供其事也。」

〔九〕師古曰：「兄讀曰況。」

梁丘賀字長翁，琅邪諸人也。以能心計，爲武騎。從太中大夫京房受易。房者，淄川楊何弟子也。〔一〕房出爲齊郡太守，賀更事田王孫。宣帝時，聞京房爲易明，求其門人，得賀。賀時爲都司空令，坐事，論免爲庶人。待詔黃門數入說教侍中，〔二〕以召賀。賀入說，上善之，〔三〕以賀爲郎。會八月飲酎，行祠孝昭廟，〔四〕先敺旄頭劍挺墮墜，首垂泥中，〔五〕刃鄉乘輿車，〔六〕馬驚。於是召賀筮之，有兵謀，不吉。上還，使有司侍祠。是時霍氏外孫代郡太守任宣坐謀反誅，〔七〕宣子章爲公車丞，亡在渭城界中，夜玄服入廟，居郎間，〔八〕執戟立廟門，待上至，欲爲逆。發覺，伏誅。故事，上常夜入廟，其後待明而入，自此始也。賀以筮有應，繇是近幸，爲太中大夫，給事中，至少府。爲人小心周密，上信重之。年老終官。傳子臨，亦入說，爲黃門郎。甘露中，奉使問諸儒於石渠。臨學精孰，專行京房法。琅邪王吉通五經，聞臨說，善之。時宣帝選高材郎十人從臨講，吉乃使其子郎中駿上疏從臨受易。臨代五鹿充宗君孟爲少府，駿御史大夫，自有傳。充宗授平陵士孫張仲方、〔九〕沛鄧彭祖子夏、齊衡咸長賓。張爲博士，至揚州牧，光祿大夫給事中，家世傳業；彭祖，眞定太傅；咸，王莽講學大夫。繇是梁丘有士孫、鄧、衡之學。

〔一〕師古曰：「自別一京房，非焦延壽弟子爲課吏法者。或書字誤耳，不當爲京房。」

〔二〕師古曰：「爲諸侍中說經爲教授。」

〔三〕師古曰：「說於天子之前。」

〔四〕師古曰：「行謂天子出。」

〔五〕師古曰：「挺，引也，劍自然引拔出也。墜，古地字。」

〔六〕師古曰：「鄉讀曰嚮。」

〔七〕師古曰：「霍光傳云任宣霍氏之壻，此云外孫，誤也。」

〔八〕師古曰：「郎皆皂衣，故章玄服以厠也。」

〔九〕師古曰：「姓士孫，名張，字仲方。」

京房受易梁人焦延壽。〔一〕延壽云嘗從孟喜問易。會喜死，房以爲延壽易即孟氏學，翟牧、白生不肯，皆曰非也。至成帝時，劉向校書，考易說，以爲諸易家說皆祖田何、楊叔〔元〕、丁將軍，大誼略同，唯京氏爲異，黨焦延壽獨得隱士之說，〔二〕託之孟氏，不相與同。房以明災異得幸，爲石顯所譖誅，自有傳。房授東海殷嘉、河東姚平、河南乘弘，〔三〕皆爲郎、博士。繇是易有京氏之學。

〔一〕師古曰：「延壽其字，名贛。」

〔二〕師古曰：「黨讀曰儻。」

〔三〕師古曰：「乘，姓也，音食證反。」

費直字長翁，東萊人也。〔一〕治易爲郎，至單父令。〔二〕長於卦筮，亡章句，徒以彖象系辭十篇文言解說上下經。琅邪王璜平中能傳之。〔三〕璜又傳古文尚書。

〔一〕師古曰：「費音扶味反。」

〔二〕師古曰：「單音善。父音甫。」

〔三〕師古曰：「中讀曰仲。」

高相，沛人也。治易與費公同時，其學亦亡章句，專說陰陽災異，自言出於丁將軍。傳至相，相授子康及蘭陵毋將永。康以明易爲郎，永至豫章都尉。及王莽居攝，東郡太守翟誼謀舉兵誅莽，事未發，康候知東郡有兵，私語門人，門人上書言之。後數月，翟誼兵起，莽召問，對受師高康。莽惡之，以爲惑衆，斬康。繇是易有高氏學。高、費皆未嘗立於學官。

伏生，濟南人也，〔一〕故爲秦博士。孝文時，求能治尚書者，天下亡有，聞伏生治之，欲召。時伏生年九十餘，老不能行，於是詔太常，使掌故朝錯往受之。〔二〕秦時禁書，伏生壁藏之，其後大兵起，流亡。漢定，伏生求其書，亡數十篇，獨得二十九篇，即以教於齊、魯之間。齊學者由此頗能言尚書，山東大師亡不涉尚書以教。伏生教濟南張生及歐陽生。張生爲博士，而伏生孫以治尚書徵，弗能明定。是後魯周霸、雒陽賈嘉頗能言尚書云。〔三〕

〔一〕張晏曰：「名勝，伏生碑云也。」

〔二〕師古曰：「衞宏定古文尚書序云『伏生老，不能正言，言不可曉也，使其女傳言教錯。齊人語多與潁川異，錯所不知者凡十二三，略以其意屬讀而已』。」

〔三〕師古曰：「嘉者，賈誼之孫也。」

歐陽生字和伯，千乘人也。事伏生，授倪寬。寬又受業孔安國，至御史大夫，自有傳。寬有俊材，初見武帝，語經學。上曰：「吾始以尚書爲樸學，弗好，及聞寬說，可觀。」乃從寬問一篇。歐陽、大小夏侯氏學皆出於寬。寬授歐陽生子，世世相傳，至曾孫高子陽，爲博士。〔一〕高孫地餘長賓以太子中庶子授太子，後爲博士，論石渠。元帝即位，地餘侍中，貴幸，至少府。戒其子曰：「我死，官屬即送汝財物，慎毋受。汝九卿儒者子孫，以廉絜著，可以自成。」及地餘死，少府官屬共送數百萬，其子不受。天子聞而嘉之，賜錢百萬。地餘少子政爲王莽講學大夫。由是尚書世有歐陽氏學。

〔一〕師古曰：「名高，字子陽。」

林尊字長賓，濟南人也。事歐陽高，爲博士，論石渠。後至少府、太子太傅，授平陵平當、梁陳翁生。當至丞相，自有傳。翁生信都太傅，家世傳業。由是歐陽有平、陳之學。翁生授琅邪殷崇、楚國龔勝。崇爲博士，勝右扶風，自有傳。而平當授九江朱普公文、上黨鮑宣。普爲博士，宣司隸校尉，自有傳。徒衆尤盛，知名者也。

夏侯勝，其先夏侯都尉，從濟南張生受尚書，以傳族子始昌。始昌傳勝，勝又事同郡蕑卿。〔一〕蕑卿者，倪寬門人。勝傳從兄子建，建又事歐陽高。勝至長信少府，建太子太傅，自有傳。由是尚書有大小夏侯之學。

〔一〕師古曰：「蕑音姦。」

周堪字少卿，齊人也。與孔霸俱事大夏侯勝。霸爲博士。堪譯官令，論於石渠，經爲最高，後爲太子少傅，而孔霸以太中大夫授太子。及元帝卽位，堪爲光祿大夫，與蕭望之並領尚書事，爲石顯等所譖，皆免官。望之自殺，上愍之，乃擢堪爲光祿勳，語在劉向傳。堪授牟卿及長安許商長伯。牟卿爲博士。霸以帝師賜爵號褒成君，傳子光，亦事牟卿，至丞相，自有傳。由是大夏侯有孔、許之學。商善爲算，著五行論曆，四至九卿，號其門人沛唐林子高爲德行，平陵吴章偉君爲言語，重泉王吉少音爲政事，齊炔欽幼卿爲文學。〔一〕王莽時，林、吉爲九卿，自表上師冢，大夫博士郎吏爲許氏學者，各從門人，會車數百兩，儒者榮之。欽、章皆爲博士，徒衆尤盛。章爲王莽所誅。

〔一〕師古曰：「依孔子目弟子顔回以下爲四科也。炔音桂。」

張山拊字長賓，平陵人也。〔一〕事小夏侯建，爲博士，論石渠，至少府。授同縣李尋、鄭寬中少君、山陽張無故子儒、信都秦恭延君、陳留假倉子驕。無故善修章句，爲廣陵太傅，守小夏侯説文。恭增師法至百萬言，〔二〕爲城陽内史。倉以謁者論石渠，至膠東相。尋善説災異，爲騎都尉，自有傳。寬中有儁材，以博士授太子，成帝即位，賜爵關内侯，食邑八百戶，遷光祿大夫，領尚書事，甚尊重。會疾卒，谷永上疏曰：「臣聞聖王尊師傅，褒賢儁，顯有功，生則致其爵祿，死則異其禮謚。昔周公薨，成王葬以變禮，而當天心。〔三〕公叔文子卒，衞侯加以美謚，著爲後法。〔四〕近事，大司空朱邑、右扶風翁歸德茂夭年，孝宣皇帝愍册厚賜，贊命之臣靡不激揚。〔五〕關内侯鄭寬中有顔子之美質，包商、偃之文學，〔六〕嚴然總五經之眇論，立師傅之顯位，〔七〕入則鄉唐虞之閎道，王法納乎聖聽，〔八〕出則參冢宰之重職，功列施乎政事，退食自公，私門不開，〔九〕散賜九族，田畝不益，德配周召，忠合羔羊，未得登司徒，有家臣，〔一〇〕卒然早終，尤可悼痛！〔一一〕臣愚以爲宜加其葬禮，賜之令謚，〔一二〕以章尊師褒賢顯功之德。」上弔贈寬中甚厚。由是小夏侯有鄭、張、秦、假、李氏之學。寬中授東郡趙玄，無故授沛唐尊，恭授魯馮賓。賓爲博士，尊王莽太傅，玄哀帝御史大夫，至大官，知名者也。

〔一〕師古曰：「拊音膚。」

〔二〕師古曰：「言小夏侯本所說之文不多，而秦恭又更增益，故至百萬言也。」

〔三〕師古曰：「周公死，成王欲葬之於成周，天乃雷雨以風，禾盡偃，大木斯拔。國大恐。王乃葬周公於畢，示不敢臣也。事見尚書大傳，而與古文尚書不同。」

〔四〕師古曰：「公叔文子，衞大夫公叔發也。文子卒，其子請謚於君。君曰：『昔者衞國凶飢，夫子爲粥與國之餓者，不亦惠乎？衞國有難，夫子以其死衞寡人，不亦貞乎？夫子聽衞國之政，修其班制，以與四鄰交，衞國社稷不辱，不亦文乎？謂夫子貞惠文子。』事見禮記檀弓。」

〔五〕師古曰：「贊，佐也。」

〔六〕師古曰：「論語云『文學子游、子夏』。商，子夏名。偃，子游名。」

〔七〕師古曰：「嚴與儼同。眇讀曰妙。」

〔八〕師古曰：「鄉讀曰嚮。誧，大也。言陳聖王之法，聞於天子。」

〔九〕師古曰：「『退食自公』，召南羔羊詩之辭，言貶退所食之祿，而從至公之道也。」

〔一〇〕師古曰：「司徒，掌禮敎之官，言寬中學行堪爲之也。家臣，若今諸公國官及府佐也。」

〔一一〕師古曰：「卒讀曰猝。」

〔三〕師古曰：「令，善也。」

孔氏有古文尚書，孔安國以今文字讀之，因以起其家逸書，得十餘篇，蓋尚書茲多於是矣。遭巫蠱，未立於學官。安國爲諫大夫，授都尉朝，〔一〕而司馬遷亦從安國問故。遷書載堯典、禹貢、洪範、微子、金縢諸篇，多古文說。都尉朝授膠東庸生。庸生授清河胡常少子，〔二〕以明穀梁春秋爲博士、部刺史，又傳左氏。常授虢徐敖。敖爲右扶風掾，又傳毛詩，授王璜、平陵塗惲子眞。子眞授河南桑欽君長。王莽時，諸學皆立。劉歆爲國師，璜、惲等皆貴顯。世所傳百兩篇者，出東萊張霸，分析合二十九篇以爲數十，又采左氏傳、書敍爲作首尾，凡百二篇。篇或數簡，文意淺陋。成帝時求其古文者，霸以能爲百兩徵，以中書校之，非是。〔三〕霸辭受父，父有弟子尉氏樊並。時太中大夫平當、侍御史周敞勸上存之。〔四〕後樊並謀反，乃黜其書。

〔一〕服虔曰：「朝名，都尉姓。」

〔二〕師古曰：「少子，亦常字也。」

〔三〕師古曰：「以霸私增加分析，故與中書之文不同也。中書，天子所藏之書也。」

〔四〕師古曰：「存者，立其學。」

申公，魯人也。少與楚元王交俱事齊人浮丘伯受詩。漢興，高祖過魯，申公以弟子從師入見于魯南宮。呂太后時，浮丘伯在長安，楚元王遣子郢與申公俱卒學。〔一〕元王薨，郢嗣立爲楚王，令申公傅太子戊。戊不好學，病申公。〔二〕及戊立爲王，胥靡申公。〔三〕申公愧之，歸魯退居家教，終身不出門。復謝賓客，〔四〕獨王命召之乃往。弟子自遠方至受業者千餘人，申公獨以詩經爲訓故以教，亡傳，〔五〕疑者則闕弗傳。蘭陵王臧既從受詩，已通，事景帝爲太子少傅，免去。武帝初卽位，臧乃上書宿衞，累遷，一歲至郎中令。及代趙綰亦嘗受詩申公，爲御史大夫。綰、臧請立明堂以朝諸侯，不能就其事，〔六〕乃言師申公。於是上使使束帛加璧，安車以蒲裹輪，駕駟迎申公，弟子二人乘軺傳從。〔七〕至，見上，上問治亂之事。申公時已八十餘，老，對曰：「爲治者不（至）〔在〕多言，顧力行何如耳。」〔八〕是時上方好文辭，見申公對，默然。然已招致，卽以爲太中大夫，舍魯邸，〔九〕議明堂事。太皇竇太后喜老子言，不說儒術，〔一〇〕得綰、臧之過，以讓上曰：「此欲復爲新垣平也！」〔一一〕上因廢明堂事，下綰、臧吏，皆自殺。申公亦病免歸，數年卒。弟子爲博士十餘人，孔安國至臨淮太守，周霸膠西內史，夏寬城陽內史，碭魯賜東海太守，蘭陵繆生長沙內史，徐偃膠西中尉，鄒人闕門慶忌膠東內史，〔一二〕其治官民皆有廉節稱。其學官弟子行雖不備，而至於大夫、郎、掌故以百數。申公卒以詩、春秋授，而瑕丘江公盡能傳之，徒衆最盛。及魯許生、免中徐公，〔一三〕皆守學教授。韋賢治詩，事(博士)大江公及許生，〔一四〕又治禮，至丞相。傳子玄成，以淮陽中尉論石渠，後亦至丞相。玄成及兄子賞以詩授哀帝，至大司馬車騎將軍，自有傳。由是魯詩有韋氏學。

〔一〕師古曰：「郢即郢客也。」

〔二〕師古曰：「患苦也。」

〔三〕師古曰：「胥靡，相係而作役，解具在楚元王傳也。」

〔四〕師古曰：「身既不出門，非受業弟子，其它賓客來者又謝遣之，不與相見也。」

〔五〕師古曰：「口說其指，不為解說之傳。」

〔六〕師古曰：「就，成也。」

〔七〕師古曰：「傳音張戀反。」

〔八〕師古曰：「顧，念也。力行，(為)〔謂〕勉力為行也。」

〔九〕師古曰：「舍，止息也。」

〔一〇〕師古曰：「喜音許既反。說讀曰悅。」

〔一一〕師古曰：「讓，責也。」

〔一二〕李奇曰：「姓闕門，名慶忌。」

〔一三〕蘇林曰：「兔中，縣名也。」李奇曰：「邑名也。」師古曰：「李說是也。」

〔一四〕晉灼曰：「大江公即瑕丘江公也。以異下博士江公，故稱大。」

王式字翁思，東平新桃人也。事免中徐公及許生。式爲昌邑王師。昭帝崩，昌邑王嗣立，以行淫亂廢，昌邑羣臣皆下獄誅，唯中尉王吉、郎中令龔遂以數諫減死論。式繫獄當死，治事使者責問曰：「師何以亡諫書？」式對曰：「臣以詩三百五篇朝夕授王，至於忠臣孝子之篇，未嘗不爲王反復誦之也；〔一〕至於危亡失道之君，未嘗不流涕爲王深陳之也。臣以三百五篇諫，是以亡諫書。」使者以聞，亦得減死論，歸家不教授。山陽張長安幼君〔二〕先事式，後東平唐長賓、沛褚少孫亦來事式，問經數篇，式謝曰：「聞之於師具是矣，自潤色之。」〔三〕不肯復授。唐生、褚生應博士弟子選，詣博士，摳衣登堂，頌禮甚嚴，〔四〕試誦說，有法，疑者丘蓋不言。〔五〕諸博士驚問何師，對曰事式。皆素聞其賢，共薦式。詔除下爲博士。〔六〕式徵來，衣博士衣而不冠，曰：「刑餘之人，何宜復充禮官？」既至，止舍中，會諸大夫博士，共持酒肉勞式，皆注意高仰之。〔七〕博士江公世爲魯詩宗，〔八〕至江公著孝經說，心嫉式，謂歌吹諸生曰：〔九〕「歌驪駒。」〔一〇〕式曰：「聞之於師：客歌驪駒，主人歌客毋庸歸。〔一一〕今日諸君爲主人，日尚早，未可也。」江翁曰：「經何以言之？」〔一二〕式曰：「在曲禮。」江翁曰：「何狗曲也！」〔一三〕式恥之，陽醉遏墬。〔一四〕式客罷，讓諸生曰：「我本不欲來，〔一五〕諸生彊勸我，竟爲豎子所辱！」遂謝病免歸，終於家。張生、唐生、褚生皆爲博士。張生論石渠，至淮陽中尉。唐生楚太傅。由是魯詩有張、唐、褚氏之學。張生兄子游卿爲諫大夫，以詩授元帝。其門人琅邪王扶爲泗水中尉，陳留許晏爲博士。由是張家有許氏學。初，薛廣德亦事王式，以博士論石渠，授龔舍。廣德至御史大夫，舍泰山太守，皆有傳。

〔一〕師古曰：「復音方目反。」

〔二〕李奇曰：「長安，名。」

〔三〕師古曰：「言所聞師說具盡於此，若嫌簡略，任更潤色。」

〔四〕師古曰：「摳衣，謂以手內舉之，令離地也。摳音口侯反。頌讀曰容。」

〔五〕蘇林曰：「丘蓋不言，不知之意也。」如淳曰：「齊俗以不知爲丘。」師古曰：「二說皆非也。論語載孔子曰：『蓋有不知而作之者，我無是也。』欲遵此意，故效孔子自稱丘耳。蓋者，發語之辭。」

〔六〕師古曰：「下除官之書也。下音胡嫁反。」

〔七〕師古曰：「勞音來到反。」

〔八〕師古曰：「爲魯詩者所宗師也。」

〔九〕如淳曰：「其學官自有此法，酒坐歌吹以相樂也。」

〔一〇〕服虔曰：「逸詩篇名也，見大戴禮。客欲去，歌之。」文穎曰：「其辭云『驪駒在門，僕夫具存；驪駒在路，僕夫整駕』也。」

〔一一〕文穎曰：「庸，用也。主人禮未畢，且無用歸也。」

〔一二〕師古曰：「於經何所有此言？」

〔一三〕師古曰：「意怒，故妄發言。言狗者，輕賤之甚也。今流俗書本云何曲狗，妄改之也。」

〔四〕師古曰：「湯，失據而倒也。墜，古地字。湯音徒浪反。」

〔五〕師古曰：「讓，責也。」

轅固，齊人也。以治詩孝景時爲博士，與黃生爭論於上前。黃生曰：「湯武非受命，乃殺也。」固曰：「不然。夫桀紂荒亂，天下之心皆歸湯武，湯武因天下之心而誅桀紂，桀紂之民弗爲使而歸湯武，湯武不得已而立，非受命（而）〔爲〕何？」〔一〕黃生曰：「『冠雖敝必加於首，履雖新必貫於足。』〔二〕何者？上下之分也。〔三〕今桀紂雖失道，然君上也；湯武雖聖，臣下也。夫主有失行，臣不正言匡過以尊天子，反因過而誅之，代立南面，非殺而何？」固曰：「必若云，〔四〕是高皇帝代秦即天子之位，非邪？」於是上曰：「食肉毋食馬肝，未爲不知味也；言學者毋言湯武受命，不爲愚。」〔五〕遂罷。竇太后好老子書，召問固。固曰：「此家人言耳。」〔六〕太后怒曰：「安得司空城旦書乎！」〔七〕乃使固入圈擊彘。上知太后怒，而固直言無辠，乃假固利兵。〔八〕下，固刺彘正中其心，彘應手而倒。太后默然，亡以復辠。後上以固廉直，拜爲清河太傅，疾免。武帝初即位，復以賢良徵。諸儒多嫉毀曰固老，罷歸之。時固已九十餘矣。公孫弘亦徵，仄目而事固。〔九〕固曰：「公孫子，務正學以言，無曲學以阿世！」諸齊以詩顯貴，皆固之弟子也。昌邑太傅夏侯始昌最明，自有傳。

〔一〕師古曰：「此非受命更何爲？」

〔二〕師古曰：「語見太公六韜也。」

〔三〕師古曰：「分音扶問反。」

〔四〕師古曰：「謂必如黃生之言。」

〔五〕師古曰：「馬肝有毒，食之憙殺人，幸得無食。言湯武爲殺，是背經義，故以爲喻也。」

〔六〕師古曰：「家人言僮隸之屬。」

〔七〕服虔曰：「道家以儒法爲急，比之於律令也。」

〔八〕師古曰：「假，給與也。利兵，兵刃之利者。」

〔九〕師古曰：「言深憚之。」

后蒼字近君，東海郯人也。事夏侯始昌。始昌通五經，蒼亦通詩禮，爲博士，至少府，授翼奉、蕭望之、匡衡。奉爲諫大夫，望之前將軍，衡丞相，皆有傳。衡授琅邪師丹、伏理斿君、潁川滿昌君都。君都爲詹事，理高密太傅，家世傳業。丹大司空，自有傳。由是齊詩有翼、匡、師、伏之學。滿昌授九江張邯、琅邪皮容，皆至大官，徒衆尤盛。

韓嬰，燕人也。孝文時爲博士，景帝時至常山太傅。嬰推詩人之意，而作內外傳數萬言，其語頗與齊、魯間殊，然歸一也。淮南賁生受之。〔一〕燕趙間言詩者由韓生。韓生亦以易授人，推易意而爲之傳。燕趙間好詩，故其易微，唯韓氏自傳之。武帝時，嬰嘗與董仲舒論於上前，其人精悍，處事分明，〔二〕仲舒不能難也。後其孫商爲博士。孝宣時，涿郡韓生其後也，以易徵，待詔殿中，曰：「所受易即先太傅所傳也。嘗受韓詩，不如韓氏易深，太傅故專傳之。」司隸校尉蓋寬饒本受易於孟喜，見涿韓生說易而好之，即更從受焉。

〔一〕師古曰：「賁音肥。」

〔二〕師古曰：「悍，勇銳。」

趙子，河內人也。事燕韓生，授同郡蔡誼。誼至丞相，自有傳。誼授同郡食子公與王吉。吉爲昌邑〔王〕中尉，自有傳。食生爲博士，授泰山栗豐。吉授淄川長孫順。順爲博士，豐部刺史。由是韓詩有王、食、長孫之學。豐授山陽張就，順授東海髮福，皆至大官，徒衆尤盛。

毛公，趙人也。治詩，爲河間獻王博士，授同國貫長卿。長卿授解延年。延年爲阿武令，授徐敖。敖授九江陳俠，爲王莽講學大夫。由是言毛詩者，本之徐敖。

漢興，魯高堂生傳士禮十七篇，而魯徐生善爲頌。〔一〕孝文時，徐生以頌爲禮官大夫，傳子至孫延、襄。〔二〕襄，其資性善爲頌，不能通經；延頗能，未善也。襄亦以頌爲大夫，至廣陵內史。延及徐氏弟子公戶滿意、（桓）〔桓〕生、單次皆爲禮官大夫。〔三〕而瑕丘蕭奮以禮至淮陽太守。諸言禮爲頌者由徐氏。

〔一〕蘇林曰：「漢舊儀有二郎爲此頌貌威儀事。有徐氏，徐氏後有張氏，不知經，但能盤辟爲禮容。天下郡國有容史，皆詣魯學之。」師古曰：「頌讀與容同。下皆類此。」

〔二〕師古曰：「延及襄二人。」

〔三〕師古曰：「姓公戶，名滿意也。與桓生及單次凡三人。單音善。」

孟卿，東海人也。事蕭奮，以授后倉、魯閭丘卿。倉說禮數萬言，號曰后氏曲臺記，〔一〕授沛聞人通漢子方、〔二〕梁戴德延君、戴聖次君、沛慶普孝公。孝公爲東平太傅。德號大戴，爲信都太傅；聖號小戴，以博士論石渠，至九江太守。由是禮有大戴、小戴、慶氏之學。通漢以太子舍人論石渠，至中山中尉。普授魯夏侯敬，又傳族子咸，爲豫章太守。大戴授琅邪徐良斿卿，爲博士、州牧、郡守，家世傳業。小戴授梁人橋仁季卿、楊榮子孫。〔三〕仁爲大鴻臚，家世傳業，榮琅邪太守。由是大戴有徐氏，小戴有橋、楊氏之學。

〔一〕服虔曰：「在曲臺校書著記，因以爲名。」師古曰：「曲臺殿在未央宮。」

〔二〕如淳曰：「聞人，姓也，名通漢，字子方。」

〔三〕師古曰：「子孫，榮之字也。」

胡母生字子都，齊人也。治公羊春秋，爲景帝博士。與董仲舒同業，仲舒著書稱其德。

年老，歸教於齊，齊之言春秋者宗事之，公孫弘亦頗受焉。而董生爲江都相，自有傳。弟子遂之者，蘭陵褚大，東平嬴公，廣川段仲，溫呂步舒。〔一〕大至梁相，步舒丞相長史，唯嬴公守學不失師法，爲昭帝諫大夫，授東海孟卿、魯眭孟。孟爲符節令，坐說災異誅，自有傳。

〔一〕師古曰：「遂謂名位成達者。」

嚴彭祖字公子，東海下邳人也。與顏安樂俱事眭孟。孟弟子百餘人，唯彭祖、安樂爲明，質問疑誼，各持所見。孟曰：「春秋之意，在二子矣！」孟死，彭祖、安樂各顓門教授。〔一〕由是公羊春秋有顏、嚴之學。彭祖爲宣帝博士，至河南、東郡太守。以高第入爲左馮翊，遷太子太傅，廉直不事權貴。或說曰：「天時不勝人事，君以不修小禮曲意，亡貴人左右之助，經誼雖高，不至宰相。願少自勉強！」彭祖曰：「凡通經術，固當修行先王之道，何可委曲從俗，苟求富貴乎！」彭祖竟以太傅官終。授琅邪王中，爲元帝少府，〔二〕家世傳業。中授同郡公孫文、東門雲。雲爲荆州刺史，文東平太傅，徒衆尤盛。雲坐爲江賊拜辱命，下獄誅。〔三〕

〔一〕師古曰：「顓與專同。專門言各自名家。」

〔二〕師古曰：「中讀曰仲。」

〔三〕師古曰：「逢見賊而拜也。」

顏安樂字公孫，魯國薛人，眭孟姊子也。家貧，爲學精力，官至齊郡太守丞，後爲仇家所殺。安樂授淮陽泠豐次君、〔一〕淄川任公。公爲少府，豐淄川太守。由是顏家有泠、任之學。始貢禹事嬴公，成於眭孟，至御史大夫，疏廣事孟卿，至太子太傅，皆自有傳。廣授琅邪筦路，〔二〕路爲御史中丞。禹授潁川堂谿惠，〔三〕惠授泰山冥都，〔四〕都爲丞相史。都與路又事顏安樂，故顏氏復有筦、冥之學。路授孫寶，爲大司農，自有傳。豐授馬宮、琅邪左咸。咸爲郡守九卿，徒衆尤盛。（官）〔宮〕至大司徒，自有傳。

〔一〕師古曰：「泠音零。」

〔二〕師古曰：「筦亦管字也。」

〔三〕師古曰：「姓堂谿也。」

〔四〕師古曰：「冥音莫零反。」

瑕丘江公受穀梁春秋及詩於魯申公，傳子至孫爲博士。武帝時，江公與董仲舒並。仲舒通五經，能持論，善屬文。江公吶於口，〔一〕上使與仲舒議，不如仲舒。而丞相公孫弘本爲公羊學，比輯其議，卒用董生。〔二〕於是上因尊公羊家，詔太子受公羊春秋，由是公羊大興。太子既通，復私問穀梁而善之。其後浸微，〔三〕唯魯榮廣王孫、皓星公二人受焉。廣盡能傳其詩、春秋，高材捷敏，與公羊大師眭孟等論，數困之，〔四〕故好學者頗復受穀梁。沛蔡千秋少君、梁周慶幼君、丁姓子孫〔五〕皆從廣受。千秋又事皓星公，爲學最篤。宣帝卽位，聞衞太子好穀梁春秋，以問丞相韋賢、長信少府夏侯勝及侍中樂陵侯史高，皆魯人也，言穀梁子本魯學，公羊氏乃齊學也，宜興穀梁。時千秋爲郎，召見，與公羊家並說，上善穀梁說，擢千秋爲諫大夫給事中，後有過，左遷平陵令。復求能爲穀梁者，莫及千秋。上愍其學且絕，乃以千秋爲郎中戶將，〔六〕選郎十人從受。汝南尹更始翁君本自事千秋，能說矣，會千秋病死，徵江公孫爲博士。劉向以故諫大夫通達待詔，受穀梁，欲令助之。江博士復死，乃徵周慶、丁姓待詔保宮，〔七〕使卒授十人。自元康中始講，至甘露元年，積十餘歲，皆明習。乃召五經名儒太子太傅蕭望之等大議殿中，平公羊、穀梁同異，各以經處是非。時公羊博士嚴彭祖、侍郎申輓、伊推、宋顯，〔八〕穀梁議郎尹更始、待詔劉向、周慶、丁姓並論。公羊家多不見從，願請內侍郎許廣，使者亦並內穀梁家中郎王亥，各五人，〔九〕議三十餘事。望之等十一人各以經誼對，多從穀梁。由是穀梁之學大盛。慶、姓皆爲博士。〔一〇〕姓至中山太傅，授楚申章昌曼君，〔一一〕爲博士，至長沙太傅，徒衆尤盛。尹更始爲諫大夫、長樂戶將，又受左氏傳，取其變理合者以爲章句，傳子咸及翟方進、琅邪房鳳。咸至大司農，方進丞相，自有傳。

〔一〕師古曰：「屬音之欲反。呐，古訥字。」

〔二〕師古曰：「比，次也。輯，合也。比音頻寐反。輯與集同。」

〔三〕師古曰：「浸，漸也。」

〔四〕師古曰：「孟等窮屈也。」

〔五〕師古曰：「姓丁，名姓，字子孫。」

〔六〕師古曰：「戶將，官名，解在楊惲、蓋寬饒傳。」

〔七〕師古曰：「保宮，少府之屬宮也，本名居室。」

〔八〕師古曰：「輓音晚。」

〔九〕師古曰：「使者，謂當時詔遣監議者也。內（外）〔謂〕引入議所也。公羊家既請內許廣，而使者因並內王亥也。」

〔10〕師古曰：「周慶、丁姓，二人也。」

〔二〕李奇曰：「姓申章，名昌，字曼君。」

房鳳字子元，不其人也。〔一〕以射策乙科爲太史掌故。太常舉方正，爲縣令都尉，失官。大司馬票騎將軍王根奏除補長史，薦鳳明經通達，擢爲光祿大夫，遷五官中郎將。時光祿勳王龔以外屬內卿，〔二〕與奉車都尉劉歆共校書，三人皆侍中。歆白左氏春秋可立，哀帝納之，以問諸儒，皆不對。歆於是數見丞相孔光，爲言左氏以求助，光卒不肯。唯鳳、龔許歆，遂共移書責讓太常博士，語在歆傳。大司空師丹奏歆非毀先帝所立，上於是出龔等補吏，龔爲弘農，歆河內，鳳九江太守，至青州牧。始江博士授胡常，常授梁蕭秉君房，王莽時爲講學大夫。由是穀梁春秋有尹、胡、申章、房氏之學。

〔一〕師古曰：「琅邪之縣也。其音基。」

〔二〕如淳曰：「卬成太后親也。內卿光祿勳治宮中。」

漢興，北平侯張蒼及梁太傅賈誼、京兆尹張敞、太中大夫劉公子皆修春秋左氏傳。誼爲左氏傳訓故，授趙人貫公，爲河間獻王博士，子長卿爲蕩陰令，〔一〕授淸河張禹長子。〔二〕禹與蕭望之同時爲御史，數爲望之言左氏，望之善之，上書數以稱說。後望之爲太子太傅，薦禹於宣帝，徵禹待詔，未及問，會疾死。授尹更始，〔三〕更始傳子咸及翟方進、胡常。常授黎陽賈護季君，哀帝時待詔爲郎，授蒼梧陳欽子佚，以左氏授王莽，至將軍。而劉歆從尹咸及翟方進受。由是言左氏者本之賈護、劉歆。

〔一〕師古曰：「蕩陰，河內之縣也。蕩音湯。」

〔二〕如淳曰：「非成帝師張禹也。」

〔三〕師古曰：「禹先授更始。」

贊曰：自武帝立五經博士，開弟子員，設科射策，勸以官祿，訖於元始，百有餘年，傳業者寖盛，支葉蕃滋，〔一〕一經說至百餘萬言，大師衆至千餘人，蓋祿利之路然也。〔二〕初，書唯有歐陽，禮后，易楊，春秋公羊而已。至孝宣世，復立大小夏侯尚書，大小戴禮，施、孟、梁丘易，穀梁春秋。至元帝世，復立京氏易。平帝時，又立左氏春秋、毛詩、逸禮、古文尚書，所以罔羅遺失，兼而存之，是在其中矣。〔三〕

〔一〕師古曰：「寖，漸也。蕃，多也。滋，益也。」

〔二〕師古曰：「言爲經學者則受爵祿而獲其利，所以益勸。」

〔三〕如淳曰：「雖有虛妄之說，是當在其中，故兼而存之。」

校勘記

三五八九頁三行　六（學）〔藝〕者，景祐本作「藝」。王念孫說作「藝」是。

三五八九頁九行　煥乎其有文章（也）！景祐本無「也」字，與今本論語同。

三五八九頁九行　又（云）〔曰〕：周監於二（世）〔代〕，「云」，景祐、殿本都作「曰」。「世」，景祐本作「代」，與今本論語同。

三五八九頁一三行　「目」（音以）立先王之教，王先謙說「音以」二字後人妄加。按景祐本有，殿本無。

三五九二頁二行　魯諸儒持孔氏禮器（而）〔往〕歸之，景祐、殿、局本都作「往」。

三五九七頁一行　商瞿子木　沈欽韓說，索隱商姓，瞿名，字子木，未有以商瞿爲複姓者。

三五九七頁一四行　梁人（一王）〔也。初〕梁項生從田何受易，景祐、汲古、殿、局本都作「也初」，此誤。

三五九八頁四行　言丁寬(行)〔得〕其法術以去。　景祐、殿本都作「得」。

三六〇一頁一五行　楊叔〔元〕、　王先謙說，上文云楊何字叔元，藝文志班自注同，此脫「元」字。

三六〇八頁九行　爲治者不(至)〔在〕多言，　殿、局本都作「在」，史記同。

三六〇九頁一行　事(博士)大江公及許生，　景祐本無「博士」二字。　王念孫說，據晉注，景祐本是。

三六〇九頁一一行　力行，(爲)〔謂〕勉力爲行也。　景祐、殿本都作「謂」。

三六一二頁五行　非受命(而)〔爲〕何？　景祐、殿本都作「爲」。　朱一新說，按注則「爲」字是。

三六一四頁六行　吉爲昌邑〔王〕中尉，　景祐、殿本都有「王」字。

三六一四頁一三行　(栢)〔桓〕生、　景祐、殿本都作「桓」。

三六一七頁六行　(官)〔宮〕至大司徒，自有傳。　劉攽說「官」當作「宮」。　按劉說是，各本並誤。

三六一九頁八行　內(外)〔謂〕引入議所也。　景祐、殿、局本都作「謂」，此誤。

漢書卷八十九

循吏傳第五十九

師古曰：「循，順也，上順公法，下順人情也。」

漢興之初，反秦之敝，與民休息，凡事簡易，禁罔疏闊，而相國蕭、曹以寬厚清靜爲天下帥，〔一〕民作「畫一」之歌。〔二〕孝惠垂拱，高后女主，不出房闥，而天下晏然，民務稼穡，衣食滋殖。〔三〕至於文、景，遂移風易俗。是時循吏如河南守吳公、蜀守文翁之屬，皆謹身帥先，居以廉平，不至於嚴，而民從化。

〔一〕師古曰：「帥，導也。」

〔二〕師古曰：「謂歌曰：『蕭何爲法，講若畫一；曹參代之，守而勿失。』」

〔三〕師古曰：「滋，益也。殖，生也。」

孝武之世，外攘四夷，內改法度，〔一〕民用彫敝，姦軌不禁。〔二〕時少能以化治稱者，惟江都相董仲舒、內史公孫弘、兒寬，居官可紀。三人皆儒者，通於世務，明習文法，以經術潤飾吏事，天子器之。仲舒數謝病去，弘、寬至三公。

〔一〕師古曰：「攘，卻也。」

〔二〕師古曰：「不可禁。」

孝昭幼沖，霍光秉政，承奢侈師旅之後，海內虛耗，光因循守職，無所改作。至於始元、元鳳之間，匈奴鄉化，百姓益富，〔一〕舉賢良文學，問民所疾苦，於是罷酒榷而議鹽鐵矣。

〔一〕師古曰：「鄉讀曰嚮。」

及至孝宣，繇仄陋而登至尊，〔一〕興于閭閻，〔二〕知民事之艱難。自霍光薨後始躬萬機，厲精爲治，五日一聽事，自丞相已下各奉職而進。及拜刺史守相，輒親見問，觀其所繇，退而考察所行以質其言，〔三〕有名實不相應，必知其所以然。常稱曰：「庶民所以安其田里而亡歎息愁恨之心者，政平訟理也。〔四〕與我共此者，其唯良二千石乎！」〔五〕以爲太守，吏民之本也，數變易則下不安，民知其將久，不可欺罔，乃服從其教化。故二千石有治理效，輒以璽書勉厲，增秩賜金，或爵至關內侯，公卿缺則選諸所表以次用之。〔六〕是故漢世良吏，於是爲盛，稱中興焉。若趙廣漢、韓延壽、尹翁歸、嚴延年、張敞之屬，皆稱其位，然任刑罰，或抵罪誅。〔七〕王成、黃霸、朱邑、龔遂、鄭弘、召信臣等，〔八〕所居民富，所去見思，生有榮號，死見奉祀，此廩廩庶幾德讓君子之遺風矣。〔九〕

〔一〕師古曰：「仄，古側字。仄陋，言非正統，而身經微賤也。繇與由同。次下類此。」

〔二〕師古曰：「閭，里門也。閻，里中門也。言從里巷而卽大位也。」

〔三〕師古曰：「質，正也。」

〔四〕師古曰：「訟理，言所訟見理而無冤滯也。」

〔五〕師古曰：「謂郡守、諸侯相。」

〔六〕師古曰：「所表，謂增秩賜金爵也。」

〔七〕師古曰：「抵，至也，音丁禮反。」

〔八〕師古曰：「召讀曰邵。」

〔九〕師古曰：「虞虞，言有風采也。」

文翁，廬江舒人也。少好學，通春秋，以郡縣吏察舉。景帝末，爲蜀郡守，仁愛好敎化。見蜀地辟陋有蠻夷風，〔一〕文翁欲誘進之，乃選郡縣小吏開敏有材者張叔等十餘人親自飭厲，〔二〕遣詣京師，受業博士，或學律令。減省少府用度，買刀布蜀物，齎計吏以遺博士。〔三〕數歲，蜀生皆成就還歸，文翁以爲右職，〔四〕用次察舉，官有至郡守刺史者。

〔一〕師古曰：「辟讀曰僻。」

〔二〕師古曰：「飭與敕同。」

〔三〕如淳曰：「金馬書刀，今賜計吏是也。作馬形於刀環內，以金鏤之。」晉灼曰：「刀，書刀；布，布刀也。舊時蜀郡工官作金馬書刀者，似佩刀形，金錯其拊。布刀，謂婦人割裂財布刀也。」師古曰：「少府，郡掌財物之府，以供太守者也。刀，凡蜀刀有環者也。布，蜀布細密（環）也。二者蜀人作之皆善，故齎以爲貨，無限於書刀布刀也。如、晉二說皆煩而不當也。」

〔四〕師古曰：「郡中高職也。」

又修起學官於成都市中，〔一〕招下縣子弟以爲學官弟子，〔二〕爲除更繇，〔三〕高者以補郡縣吏，次爲孝弟力田。常選學官僮子，使在便坐受事。〔四〕每出行縣，益從學官諸生明經飭行者與俱，〔五〕使傳教令，出入閨閤。〔六〕縣邑吏民見而榮之，數年，爭欲爲學官弟子，富人至出錢以求之。繇是大化，〔七〕蜀地學於京師者比齊魯焉。至武帝時，乃令天下郡國皆立學校官，自文翁爲之始云。

〔一〕師古曰：「學官，學之官舍也。」

〔二〕師古曰：「下縣，四郊之縣，非郡所治也。」

〔三〕師古曰：「不令從役也。更音工衡反。繇讀曰徭。」

〔四〕師古曰：「便坐，別坐，可以視事，非正廷也。坐音財臥反。」

〔五〕師古曰：「益，多也。飭，整也，讀與敕同。」

〔六〕師古曰：「閨閤，內中小門也。」

〔七〕師古曰：「繇讀曰由。」

文翁終於蜀，吏民爲立祠堂，歲時祭祀不絕。至今巴蜀好文雅，文翁之化也。〔一〕

〔一〕師古曰：「文翁學堂于今猶在益州城內。」

王成，不知何郡人也。爲膠東相，治甚有聲。宣帝最先褒之，地節三年下詔曰：「蓋聞有功不賞，有罪不誅，雖唐虞不能以化天下。今膠東相成，勞來不怠，〔一〕流民自占八萬餘口，〔二〕治有異等之效。〔三〕其賜成爵關內侯，秩中二千石。」未及徵用，會病卒官。後詔使丞相御史問郡國上計長吏守丞以政令得失，或對言前膠東相成僞自增加，以蒙顯賞，是後俗吏多爲虛名云。

〔一〕師古曰：「謂勸勉招懷百姓也。勞音郎到反。來音郎代反。」

〔二〕師古曰：「隱度名數而來附業也。占音之贍反。」

〔三〕師古曰：「異於常等。」

黃霸字次公，淮陽陽夏人也，〔一〕以豪桀役使徙雲陵。〔二〕霸少學律令，喜爲吏，〔三〕武帝末以待詔入錢賞官，補侍郎謁者，〔四〕坐同產有罪劾免。〔五〕後復入穀沈黎郡，補左馮翊二百石卒史。〔六〕馮翊以霸入財為官，不署右職，〔七〕使領郡錢穀計。〔八〕簿書正，以廉稱，〔九〕察補河東均輸長，〔一〇〕復察廉為河南太守丞。霸為人明察內敏，〔一一〕又習文法，然溫良有讓，足知，善御衆。為丞，處議當於法，合人心，太守甚任之，吏民愛敬焉。

〔一〕師古曰：「夏音工雅反。」
〔二〕師古曰：「身為豪桀而役使鄉里人也。」
〔三〕師古曰：「喜謂愛好也，音許吏反。」
〔四〕孟康曰：「賞官，主賞賜之官也。」師古曰：「此說非也，因入錢而見賞以官。」
〔五〕師古曰：「同產謂兄弟也。」
〔六〕如淳曰：「三輔郡得仕用它郡人，而卒史獨二百石，所謂尤異者也。」
〔七〕師古曰：「輕其為人也。右職，高職也。」
〔八〕師古曰：「計謂出入之數也。」
〔九〕師古曰：「言無所侵隱，故簿書皆正，不虛謬也。」
〔一〇〕師古曰：「以廉見察而遷補。」
〔一一〕師古曰：「內敏，言心思捷疾也。」

自武帝末，用法深。昭帝立，幼，大將軍霍光秉政，大臣爭權，上官桀等與燕王謀作亂，光既誅之，遂遵武帝法度，以刑罰痛繩羣下，繇是俗吏上嚴酷以為能，〔一〕而霸獨用寬和為名。

〔一〕師古曰：「繇讀與由同。」

會宣帝卽位，在民閒時知百姓苦吏急也，聞霸持法平，召以爲廷尉正，數決疑獄，庭中稱平。〔一〕守丞相長史，坐公卿大議廷中〔二〕知長信少府夏侯勝非議詔書大不敬，霸阿從不舉劾，皆下廷尉，〔三〕繫獄當死。霸因從勝受尚書獄中，再踰冬，〔四〕積三歲乃出，語在勝傳。勝出，復爲諫大夫，令左馮翊宋畸舉霸賢良。勝又口薦霸於上，上擢霸爲揚州刺史。三歲，宣帝下詔曰：「制詔御史：其以賢良高第揚州刺史霸爲潁川太守，秩比二千石，居官賜車蓋，特高一丈，別駕主簿車，緹油屏泥於軾前，以章有德。」

〔一〕師古曰：「此廷中謂廷尉之中。」

〔二〕師古曰：「大議，總會議也。此廷中謂朝廷之中。」

〔三〕師古曰：「勝及霸俱下廷尉。」

〔四〕師古曰：「踰與踰同。」

時上垂意於治，數下恩澤詔書，吏不奉宣。〔一〕太守霸爲選擇良吏，分部宣布詔令，〔二〕令民咸知上意。使郵亭鄉官皆畜雞豚，〔三〕以贍鰥寡貧窮者。然後爲條教，置父老師帥伍長，班行之於民閒，勸以爲善防姦之意，及務耕桑，節用殖財，種樹畜養，去食穀馬。米鹽靡密，初若煩碎，〔四〕然霸精力能推行之。吏民見者，語次尋繹，〔五〕問它陰伏，以相參考。嘗欲有所司察，擇長年廉吏遣行，屬令周密。〔六〕吏出，不敢舍郵亭，〔七〕食於道旁，烏攫其肉。〔八〕民有欲詣府口言事者適見之，霸與語道此。後日吏還謁霸，霸見迎勞之，曰：「甚苦！食於道旁乃爲烏所盜肉。」吏大驚，以霸具知其起居，所問豪氂不敢有所隱。鰥寡孤獨有死無以葬者，鄉部書言，霸具爲區處，〔九〕某所大木可以爲棺，某亭猪子可以祭，吏往皆如言。其識事聰明如此，〔一〇〕吏民不知所出，〔一一〕咸稱神明。姦人去入它郡，盜賊日少。

〔一〕師古曰：「不令百姓皆知也。」
〔二〕師古曰：「分音扶問反。」
〔三〕師古曰：「郵行書舍，謂傳送文書所止處，亦如今之驛館矣。鄉官者，鄉所治處也。」
〔四〕師古曰：「米鹽，言碎而且細。」
〔五〕師古曰：「繹謂抽引而出也。」
〔六〕師古曰：「屬，戒也。周密，不泄（陋）〔漏〕也。屬音之欲反。」
〔七〕師古曰：「舍，止也。」
〔八〕師古曰：「攫，搏持之也。攫音钁。」
〔九〕師古曰：「區處謂分別而處置也，處音昌汝反。」
〔一〇〕師古曰：「識，記也，音式二反。」

〔二〕師古曰：「不知其用何術也。」

霸力行教化而後誅罰，〔一〕務在成就全安長吏。〔二〕許丞老，病聾，〔三〕督郵白欲逐之，霸曰：「許丞廉吏，雖老，尚能拜起送迎，正頗重聽，何傷？且善助之，毋失賢者意。」或問其故，霸曰：「數易長吏，送故迎新之費及姦吏緣絕簿書盜財物，〔四〕公私費耗甚多，皆當出於民，所易新吏又未必賢，或不如其故，徒相益爲亂。凡治道，去其泰甚者耳。」

〔一〕師古曰：「力猶勤也。言先以德教化於下，若有弗從，然後用刑罰也。」

〔二〕師古曰：「不欲易代及損傷之也。」

〔三〕如淳曰：「許縣丞。」

〔四〕師古曰：「緣，因也。因交代之際而棄匿簿書以盜官物也。」

霸以外寬內明得吏民心，戶口歲增，治爲天下第一。徵守京兆尹，秩二千石。坐發民治馳道不先以聞，又發騎士詣北軍馬不適士，〔一〕劾乏軍興，連貶秩。有詔歸潁川太守官，以八百石居治如其前。前後八年，郡中愈治。是時鳳皇神爵數集郡國，潁川尤多。天子以霸治行終長者，下詔稱揚曰：「潁川太守霸，宣布詔令，百姓鄉化，〔二〕孝子弟弟貞婦順孫日以衆多，田者讓畔，道不拾遺，養視鰥寡，贍助貧窮，獄或八年亡重罪囚，吏民鄉于教化，興於行誼，可謂賢人君子矣。書不云乎？『股肱良哉！』〔三〕其賜爵關內侯，黃金百斤，秩中二千石。」而潁川孝弟、有行義民、三老、力田，皆以差賜爵及帛。後數月，徵霸爲太子太傅，遷御史大夫。

〔一〕孟康曰：「關西人謂補滿爲適。馬少士多，不相補滿也。」

〔二〕師古曰：「鄉讀曰嚮。下亦同。」

〔三〕師古曰：「虞書益稷之辭，已解於上。」

五鳳三年，代丙吉爲丞相，封建成侯，食邑六百戶。霸材長於治民，及爲丞相，總綱紀號令，風采不及丙、魏、于定國，功名損於治郡。時京兆尹張敞舍鶡雀飛集丞相府，〔一〕霸以爲神雀，議欲以聞。敞奏霸曰：「竊見丞相請與中二千石博士雜問郡國上計長吏守丞，爲民興利除害成大化條其對，有耕者讓畔，男女異路，道不拾遺，及舉孝子弟弟貞婦者爲一輩，先上殿，〔二〕舉而不知其人數者次之，不爲條教者在後叩頭謝。丞相雖口不言，而心欲其爲之也。長吏守丞對時，臣敞舍有鶡雀飛止丞相府屋上，丞相以下見者數百人。邊吏多知鶡雀者，問之，皆陽不知。丞相圖議上奏〔三〕曰：『臣問上計長吏守丞以興化條，〔四〕皇天報下神雀。』後知從臣敞舍來，乃止。郡國吏竊笑丞相仁厚有知略，微信奇怪也。昔汲黯爲淮陽守，辭去之官，謂大行李息曰：『御史大夫張湯懷詐阿意，以傾朝廷，公不早白，與俱受戮矣。』息畏湯，終不敢言。後湯誅敗，上聞黯與息語，乃抵息罪而秩黯諸侯相，取其思竭忠也。臣敞非敢毁丞相也，誠恐羣臣莫白，而長吏守丞畏丞相指，歸舍法令，各爲私敎，〔五〕務相增加，澆淳散樸，〔六〕並行僞貌，有名亡實，傾搖解怠，甚者爲妖。〔七〕假令京師先行讓畔異路，道不拾遺，其實亡益廉貪貞淫之行，而以僞先天下，固未可也；卽諸侯先行之，僞聲軼於京師，非細事也。〔八〕漢家承敝通變，造起律令，所以勸善禁姦，條貫詳備，不可復加。宜令貴臣明飭長吏守丞，〔九〕歸告二千石，舉三老孝弟力田孝廉廉吏務得其人，郡事皆以義法令撿式，〔一〇〕毋得擅爲條敎；敢挾詐僞以奸名譽者，必先受戮，〔一一〕以正明好惡。」天子嘉納敞言，召上計吏，使侍中臨飭如敞指意。霸甚慙。

〔一〕蘇林曰：「今虎賁所著鶡也。」師古曰：「蘇說非也。此鶡音芬，字本作鳻，此通用耳。鳻雀大而色青，出羌中，非武賁所著也。武賁鶡色黑，出上黨，以其鬭死不止，故用其尾飾武臣首云。今時俗人所謂鶡雞者也，音曷，非此鳻雀也。」

〔二〕師古曰：「丞相所坐屋也。古者屋之高嚴，通呼爲殿，不必宮中也。」

〔三〕師古曰：「圖，謀也。」

〔四〕師古曰：「凡言條者，一一而疏舉之，若木條然也。」

〔五〕師古曰：「舍，廢也。」

〔六〕師古曰：「不雜爲淳。以水澆之，則味（離）〔漓〕薄。樸，大質也，斲之，散也。」

〔七〕師古曰：「解讀曰懈。」

〔八〕師古曰：「軼，過也，音逸。」

〔九〕師古曰：「飭讀與勑同。次下類此。」

〔一〇〕師古曰：「撿，局也，音居儉反。」

〔一一〕師古曰：「奸，求也，音干。」

又樂陵侯史高以外屬舊恩侍中貴重，霸薦高可太尉。天子使尚書召問霸：「太尉官罷久矣，丞相兼之，所以偃武興文也。如國家不虞，邊境有事，〔一〕左右之臣皆將率也。夫宣明教化，通達幽隱，使獄無冤刑，邑無盜賊，君之職也。將相之官，朕之任焉。〔二〕侍中樂陵侯高帷幄近臣，朕之所自親，〔三〕君何越職而舉之？」尚書令受丞相對，霸免冠謝罪，數日乃決。〔四〕自是後不敢復有所請。然自漢興，言治民吏，以霸為首。

〔一〕師古曰：「如，若也。」

〔二〕師古曰：「言欲拜將相事，自在朕也。」

〔三〕師古曰：「具知其材質。」

〔四〕師古曰：「乃得免罪。」

為丞相五歲，甘露三年薨，謚曰定侯。霸死後，樂陵侯高竟為大司馬。〔一〕霸子思侯賞嗣，為關都尉。薨，子忠侯輔嗣，至衞尉九卿。薨，子忠嗣侯，訖王莽乃絕。子孫為吏二千石者五六人。

〔一〕師古曰：「史著此者，亦言霸奏高爲太尉，適事宜也。」

始霸少爲陽夏游徼，〔一〕與善相人者共載出，〔二〕見一婦人，相者言「此婦人當富貴，不然，相書不可用也。」霸推問之，乃其鄉里巫家女也。霸卽取爲妻，與之終身。爲丞相後徙杜陵。

〔一〕師古曰：「游徼，主徼巡盜賊者也。」

〔二〕師古曰：「同乘車。」

朱邑字仲卿，廬江舒人也。少時爲舒桐鄉嗇夫，廉平不苛，以愛利爲行，〔一〕未嘗笞辱人，存問耆老孤寡，遇之有恩，所部吏民愛敬焉。遷補太守卒史，舉賢良爲大司農丞，遷北海太守，以治行第一入爲大司農。爲人淳厚，篤於故舊，然性公正，不可交以私。天子器之，朝廷敬焉。

〔一〕師古曰：「仁愛於人而安利也。」

是時張敞爲膠東相，與邑書曰：「明主游心太古，廣延茂士，〔一〕此誠忠臣竭思之時也。直敞遠守劇郡，馭於繩墨，〔二〕匈臆約結，固亡奇也。〔三〕雖有，亦安所施？〔四〕足下以清明之德，掌周稷之業，〔五〕猶飢者甘糟糠，穰歲餘粱肉。〔六〕何則？有亡之勢異也。昔陳平雖賢，須魏倩而後進；〔七〕韓信雖奇，賴蕭公而後信。〔八〕故事各達其時之英俊，若必伊尹、呂望而後薦之，則此人不因足下而進矣。」〔九〕邑感敝言，貢薦賢士大夫，多得其助者。身爲列卿，居處儉節，祿賜以共九族鄉黨，〔一〇〕家亡餘財。

〔一〕師古曰：「茂，善也。」

〔二〕師古曰：「直讀曰値。」

〔三〕師古曰：「約，屈也。」

〔四〕師古曰：「言在遠郡，無足展效也。」

〔五〕師古曰：「司農主百穀，故云周稷之業。」

〔六〕師古曰：「穰歲，豐穰之歲。穰音攘。」

〔七〕蘇林曰：「魏無知也。」韋昭曰：「無知字也。」師古曰：「倩，士之美稱，故云魏倩也，而韋氏便以爲無知之字，非也。譬猶謂汲黯爲汲直，黯豈字直乎？且次下句云『賴蕭公而後信』，亦非何之字也。」

〔八〕師古曰：「信謂爲君上所信任也。一說信讀曰伸，得伸其材用也。」

〔九〕師古曰：「言能自達也。」

〔一〇〕師古曰：「共讀曰供。」

神爵元年卒。天子閔惜，下詔稱揚曰：「大司農邑，廉潔守節，退食自公，亡彊外之交，束脩之餽，〔一〕可謂淑人君子。遭離凶災，朕甚閔之。〔二〕其賜邑子黃金百斤，以奉其祭祀。」

〔一〕師古曰：「餽與饋同。」

〔二〕師古曰：「離亦遭。」

初邑病且死，屬其子〔一〕曰：「我故爲桐鄉吏，其民愛我，必葬我桐鄉。後世子孫奉嘗我，不如桐鄉民。」〔二〕及死，其子葬之桐鄉西郭外，民果（然）共爲邑起冢立祠，歲時祠祭，至今不絕。

〔一〕師古曰：「屬音之欲反。」

〔二〕師古曰：「嘗謂烝嘗之祭。」

龔遂字少卿，山陽南平陽人也。以明經爲官，至昌邑郎中令，事王賀。賀動作多不正，遂爲人忠厚，剛毅有大節，內諫爭於王，外責傅相，引經義，陳禍福，至於涕泣，蹇蹇亡已。〔一〕面刺王過，王至掩耳起走，曰「郎中令善媿人」。〔二〕及國中皆畏憚焉。〔三〕王嘗久與騶奴宰人游戲飲食，賞賜亡度，遂入見王，涕泣厀行，左右侍御皆出涕。王曰：「郎中令何爲哭？」遂曰：「臣痛社稷危也！願賜淸閒竭愚。」王辟左右，〔四〕遂曰：「大王知膠西王所以爲無道亡乎？」王曰：「不知也。」曰：「臣聞膠西王有諛臣侯得，王所爲儗於桀紂也，〔五〕得以爲堯舜也。王說其諂諛，嘗與寢處，〔六〕唯得所言，以至於是。〔七〕今大王親近羣小，漸漬邪惡所習，存亡之機，不可不慎也。臣請選郎通經術有行義者與王起居，坐則誦詩書，立則習禮容，宜有益。」王許之。遂乃選郎中張安等十人侍王。居數日，王皆(去遂)〔逐去〕安等。久之，宮中數有妖怪，王以問遂，遂以爲有大憂，宮室將空，語在昌邑王傳。會昭帝崩，亡子，昌邑王賀嗣立，官屬皆徵入。王相安樂遷長樂衞尉，遂見安樂，流涕謂曰：「王立爲天子，日益驕溢，諫之不復聽，今哀痛未盡，〔八〕日與近臣飲食作樂，鬭虎豹，召皮軒，車九流，驅馳東西，所爲誖道。〔九〕古制寬，大臣有隱退，今去不得，陽狂恐知，身死爲世戮，奈何？君，陛下故相，宜極諫爭。」王即位二十七日，卒以淫亂廢。昌邑羣臣坐陷王於惡不道，皆誅，死者二百餘人，唯遂與中尉王陽以數諫爭得減死，髡爲城旦。

〔一〕師古曰：「蹇蹇，不阿順之意也。易蹇卦曰『王臣蹇蹇』。」

〔二〕師古曰：「媿，古愧字。愧，辱也。」

〔三〕師古曰：「王及國人皆憚之。」

〔四〕師古曰：「閒讀曰閑。辟音闢。」

〔五〕師古曰：「儗，比也。」

〔六〕師古曰：「說讀曰悅。」

〔七〕師古曰：「唯用得之邪言，故至亡。」

〔八〕師古曰：「謂新居喪服。」

〔九〕師古曰：「誖，乖也，音布內反。」

宣帝卽位，久之，渤海左右郡歲飢，盜賊並起，〔一〕二千石不能禽制。上選能治者，丞相御史舉遂可用，上以爲渤海太守。時遂年七十餘，召見，形貌短小，宣帝望見，不副所聞，心內輕焉，謂遂曰：「渤海廢亂，朕甚憂之。君欲何以息其盜賊，以稱朕意？」遂對曰：「海瀕遐遠，不霑聖化，〔二〕其民困於飢寒而吏不恤，故使陛下赤子盜弄陛下之兵於潢池中耳。〔三〕今欲使臣勝之邪，將安之也？」〔四〕上聞遂對，甚說，〔五〕答曰：「選用賢良，固欲安之也。」遂曰：「臣聞治亂民猶治亂繩，不可急也；唯緩之，然後可治。臣願丞相御史且無拘臣以文法，得一切便宜從事。」上許焉，加賜黃金，贈遣乘傳。至渤海界，〔六〕郡聞新太守至，發兵以迎，遂皆遣還，移書敕屬縣悉罷逐捕盜賊吏。諸持鉏鉤田器者皆爲良民，吏無得問，〔七〕持兵者乃爲盜賊。遂單車獨行至府，郡中翕然，盜賊亦皆罷。〔八〕渤海又多劫略相隨，聞遂教令，卽時解散，棄其兵弩而持鉤鉏。盜賊於是悉平，民安土樂業。遂乃開倉廩假貧民，〔九〕選用良吏，尉安牧養焉。

〔一〕師古曰：「左右謂側近相次者。」

〔二〕師古曰：「瀕，涯也，音頻，又音賓。」

〔三〕師古曰：「赤子猶言初生幼小之意也。積水曰潢，(曰)〔音〕黃。」

〔四〕師古曰：「勝謂以威力克而殺之也。安謂以德化撫而安之。」

〔五〕師古曰：「說讀曰悅。」

〔六〕師古曰：「傳音張戀反。」

〔七〕師古曰：「鉤，鐮也。」

〔八〕師古曰：「罷讀曰疲。言爲盜賊久，心亦罷厭。」

〔九〕師古曰：「假謂給與。」

遂見齊俗奢侈，好末技，不田作，乃躬率以儉約，勸民務農桑，令口種一樹榆、百本䪥、五十本葱、一畦韭，〔一〕家二母彘、五雞。〔二〕民有帶持刀劍者，使賣劍買牛，賣刀買犢，曰：「何爲帶牛佩犢！」春夏不得不趨田畝，〔三〕秋冬課收斂，益蓄果實菱芡。勞來循行，郡中皆有畜積，〔四〕吏民皆富實。獄訟止息。

〔一〕師古曰：「每一口即如此種也。」

〔二〕師古曰：「每一家則如此養之也。」

〔三〕師古曰：「趨讀曰趣。趣，嚮也。」

〔四〕師古曰：「蔆，芰也。芡，雞頭也。勞來，勸勉也。畜讀（皆）曰蓄。芡音儉。勞音盧到反。來音盧代反。」

數年，上遣使者徵遂，議曹王生願從。功曹以爲王生素耆酒，亡節度，不可使。〔一〕遂不忍逆，從至京師。王生日飲酒，不視太守。〔二〕會遂引入宮，王生醉，從後呼，〔三〕曰：「明府且止，願有所白。」遂還問其故，〔四〕王生曰：「天子即問君何以治渤海，君不可有所陳對，宜曰『皆聖主之德，非小臣之力也』。」遂受其言。既至前，上果問以治狀，遂對如王生言。天子說其有讓，〔五〕笑曰：「君安得長者之言而稱之？」遂因前曰：「臣非知此，乃臣議曹教戒臣也。」上以遂年老不任公卿，拜爲水衡都尉，議曹王生爲水衡丞，以褒顯遂云。水衡典上林禁苑，共張宮館，〔六〕爲宗廟取牲，官職親近，上甚重之，以官壽卒。〔七〕

〔一〕師古曰：「耆讀曰嗜。」

〔二〕師古曰：「日日恆飲酒也。」

〔三〕師古曰：「呼音火故反。」

〔四〕師古曰：「還，回也。」

〔五〕師古曰：「說讀曰悅。」

〔六〕師古曰：「共音居用反。張音知亮反。下亦同。」

〔七〕師古曰：「以壽終而卒於官也。」

召信臣字翁卿，九江壽春人也。〔一〕以明經甲科爲郎，出補穀陽長。舉高第，遷上蔡長。其治視民如子，所居見稱述。超爲零陵太守，病歸。復徵爲諫大夫，遷南陽太守，其治如上蔡。

〔一〕師古曰：「召讀曰(劭)〔邵〕。」

信臣爲人勤力有方略，好爲民興利，務在富之。躬勸耕農，出入阡陌，止舍離鄉亭，〔一〕稀有安居時。行視郡中水泉，〔二〕開通溝瀆，起水門提閼凡數十處，〔三〕以廣溉灌，歲歲增加，多至三萬頃。民得其利，畜積有餘。〔四〕信臣爲民作均水約束，〔五〕刻石立於田畔，以防分爭。禁止嫁娶送終奢靡，務出於儉約。府縣吏家子弟好游敖，不以田作爲事，輒斥罷之，甚者案其不法，以視好惡。〔六〕其化大行，郡中莫不耕稼力田，百姓歸之，戶口增倍，盜賊獄訟衰止。吏民親愛信臣，號之曰召父。荆州刺史奏信臣爲百姓興利，郡以殷富，賜黃金四十斤。遷河南太守，治行常爲第一，復數增秩賜金。

〔一〕師古曰：「言休息之時，皆在野次。」
〔二〕師古曰：「行音下更反。」
〔三〕師古曰：「閼，所以壅水，音一曷反。」
〔四〕師古曰：「畜讀曰蓄。」
〔五〕師古曰：「言用之有次第也。」
〔六〕師古曰：「視讀曰示。」

竟寧中，徵爲少府，列於九卿，奏請上林諸離遠宮館稀幸御者，勿復繕治共張，又奏省樂府黃門倡優諸戲，及宮館兵弩什器減過泰半。太官園種冬生葱韭菜茹，覆以屋廡，〔一〕晝夜羆蘊火，待溫氣乃生，〔二〕信臣以爲此皆不時之物，有傷於人，不宜以奉供養，及它非法食物，悉奏罷，省費歲數千萬。〔三〕信臣年老以官卒。

〔一〕師古曰：「廡，周室也。茹音人庶反。廡音舞。」

〔二〕師古曰：「羆，古然字。蘊火，蓄火也。蘊音於云反。」

〔三〕師古曰：「素所費者，今皆省也。」

元始四年，詔書祀百辟卿士有益於民者，〔一〕蜀郡以文翁，九江以召父應詔書。歲時郡二千石率官屬行禮，奉祠信臣冢，而南陽亦爲立祠。

〔一〕師古曰：「百辟，百官。」

校勘記

三六二六頁三行　布，蜀布細密(環)也。　景祐本無「環」字，此衍。

三六三〇頁一三行　周密，不泄(陋)〔漏〕也。　景祐、殿本都作「漏」。王先謙說作「漏」是。

三六三三頁一五行　以水澆之，則味(離)〔漓〕薄。　殿本作「漓」。王先謙說作「漓」是。

三六三七頁四行　民果(然)共爲邑起冢立祠，　景祐本無「然」字。王念孫說「然」字後人所加。

三六三八頁二行　王皆(去逐)〔逐去〕安等，　景祐、殿本都作「逐去」。朱一新說此誤倒。

三六三九頁一五行　積水曰潢，(曰)〔音〕黃。　景祐、殿本都作「音」，此誤。

三六四〇頁一四行 畜讀(皆)曰蓄。景祐、殿本都無「皆」字。王先謙說此衍。

三六四三頁一行 召讀曰(劭)〔邵〕。景祐、殿本都作「邵」。王先謙說作「邵」是。

漢書卷九十

酷吏傳第六十

孔子曰："導之以政，齊之以刑，民免而無恥；導之以德，齊之以禮，有恥且格。"〔一〕老氏稱："上德不德，是以有德；下德不失德，是以無德。法令滋章，盜賊多有。"〔二〕信哉是言也！法令者，治之具，而非制治清濁之原也。〔三〕昔天下之罔嘗密矣，〔四〕然（不）〔姦〕軌愈起，其極也，上下相遁，至於不振。〔五〕當是之時，吏治若救火揚沸，〔六〕非武健嚴酷，惡能勝其任而婾快乎？〔七〕言道德者，溺於職矣。〔八〕故曰："聽訟吾猶人也，必也使無訟乎！"〔九〕"下士聞道大笑之。"〔一〇〕非虛言也。

〔一〕師古曰："論語載孔子之言也。格，至也。謂御以政刑，則人思苟免，不恥於惡；化以德禮，則下知愧辱，而至於治也。"

〔二〕師古曰："老子德經之言也。上德體合自然，是以爲德；下德務於修建，更以喪之。法令繁則巧詐益起，故多盜賊也。"

〔三〕師古曰：「言爲治之體，亦須法令，而法令非治之本。」
〔四〕師古曰：「謂秦時。」
〔五〕師古曰：「遁，避也。言吏避於君，民避於吏，至乎喪敗，不可振救也。」
〔六〕師古曰：「言迫急也。本敝不除，則其末難正。」
〔七〕師古曰：「惡讀曰烏。烏，於何也。媮，苟且也。」
〔八〕師古曰：「溺謂沉滯而不舉也。」
〔九〕師古曰：「論語載孔子之辭也。言使我聽獄訟，猶凡人耳，然而立政施德，則能使其絕於爭訟。」
〔一〇〕師古曰：「老子道經之言也。大道玄深，非其所及，故致笑也。」

漢興，破觚而爲圜，斲琱而爲樸，〔一〕號爲罔漏吞舟之魚。〔二〕而吏治蒸蒸，不至於姦，〔三〕黎民艾安。〔四〕由是觀之，在彼不在此。〔五〕高后時，酷吏獨有侯封，刻轢宗室，侵辱功臣。〔六〕呂氏已敗，遂夷侯封之家。〔七〕孝景時，鼂錯以刻深頗用術輔其資，〔八〕而七國之亂發怒於錯，錯卒被戮。〔九〕其後有郅都、甯成之倫。〔一〇〕

〔一〕孟康曰：「觚，方也。」師古曰：「去嚴刑而從簡易，抑巧僞而務敦厚也。琱謂刻鏤也，字與彫同。」
〔二〕師古曰：「言其疏也。」
〔三〕師古曰：「蒸蒸，純一之貌也。」
〔四〕師古曰：「黎，庶也。艾讀曰乂。乂，治也。」

〔五〕師古曰：「言不在於嚴酷也。」

〔六〕師古曰：「轢謂陵踐也，音來的反。」

〔七〕師古曰：「誅除也。」

〔八〕師古曰：「資，材也。」

〔九〕師古曰：「卒，終也。」

〔一〇〕師古曰：「郅音之日反。」

郅都，河東大陽人也。以郎事文帝。景帝時爲中郎將，敢直諫，面折大臣於朝。嘗從入上林，賈姬在廁，〔一〕野彘入廁，上目都，〔二〕都不行。上欲自持兵救賈姬，都伏上前曰：「亡一姬復一姬進，天下所少寧姬等邪？陛下縱自輕，奈宗廟太后何？」上還，彘亦不傷賈姬。太后聞之，賜都金百斤，上亦賜金百斤，由此重都。

〔一〕師古曰：「賈姬即賈夫人，生趙敬肅王彭祖、中山靖王勝者。」

〔二〕師古曰：「動目以使也。」

濟南瞯氏宗人三百餘家，豪猾，〔一〕二千石莫能制，於是景帝拜都爲濟南守。至則誅瞯氏首惡，餘皆股栗。〔二〕居歲餘，郡中不拾遺，旁十餘郡守畏都如大府。〔三〕

〔一〕應劭曰：「瞯音馬瞯眼之瞯。」師古曰：「音閑。」

〔三〕師古曰：「言懼之甚，至於股脚戰栗也。」

〔四〕師古曰：「言猶如統屬之也。」

都爲人，勇有氣，公廉，不發私書，問遺無所受，請寄無所聽。常稱曰：「已背親而出，身固當奉職死節官下，終不顧妻子矣。」

都遷爲中尉，丞相條侯至貴居也，〔一〕而都揖丞相。是時民樸，畏罪自重，而都獨先嚴酷，致行法不避貴戚，列侯宗室見都側目而視，號曰「蒼鷹」。〔二〕

〔一〕師古曰：「居，怠傲，讀與倨同。」

〔二〕師古曰：「言其鷙擊之甚。」

臨江王徵詣中尉府對簿，〔一〕臨江王欲得刀筆爲書謝上，〔二〕而都禁吏弗與。魏其侯使人間予臨江王。〔三〕臨江王既得，爲書謝上，因自殺。竇太后聞之，怒，以危法中都，〔四〕都免歸家。景帝乃使使即拜都爲鴈門太守，〔五〕便道之官，〔六〕得以便宜從事。匈奴素聞郅都節，舉邊爲引兵去，竟都死不近鴈門。匈奴至爲偶人象都，〔七〕令騎馳射，莫能中，其見憚如此。匈奴患之。乃中都以漢法。景帝曰：「都忠臣。」欲釋之。〔八〕竇太后曰：「臨江王獨非忠臣乎？」於是斬都也。

〔一〕師古曰：「簿者，獄辭之文書也，音步戶反。」

〔二〕師古曰：「刀，所以削治書也。古者書於簡牘，故必用刀焉。」

〔三〕師古曰：「伺間隙而私與也。」

〔四〕師古曰：「謂搆成其罪也。」中音竹仲反。次下亦同。

〔五〕師古曰：「就家拜。」

〔六〕師古曰：「不令（致）〔至〕闕陳謝也。」

〔七〕師古曰：「以木爲人，象都之形也。偶，對也。」

〔八〕師古曰：「釋，置也，解也。謂放免也。」

甯成，南陽穰人也。以郎謁者事景帝。好氣，爲少吏，必陵其長吏；爲人上，操下急如束溼。〔一〕猾賊任威。稍遷至濟南都尉，而郅都爲守。始前數都尉步入府，因吏謁守如縣令，其畏都如此。及成往，直凌都出其上。都素聞其聲，善遇，與結驩。久之，都死，後長安左右宗室多犯法，〔二〕上召成爲中尉。其治效郅都，其廉弗如，然宗室豪桀人皆惴恐。〔三〕

〔一〕師古曰：「操，執持也。束溼，言其急之甚也。溼物則易束。操音千高反。」

〔二〕師古曰：「長安左右，京邑之中也。」

〔三〕師古曰：「惴，戰栗也。人人皆戰恐也。惴音之瑞反。」

武帝即位，徙爲內史。外戚多毀成之短，抵罪髡鉗。是時九卿死即死，少被刑，而成刑極，自以爲不復收，〔一〕乃解脫，詐刻傳出關歸家。〔二〕稱曰：「仕不至二千石，賈不至千萬，安可比人乎！」〔三〕乃貰貣陂田千餘頃，〔四〕假貧民，役使數千家。〔五〕數年，會赦，致產數千萬，爲任俠，持吏長短，出從數十騎。其使民，威重於郡守。

〔一〕如淳曰：「以被重刑，將不復見收用也。」師古曰：「刑極者，言殘毀之重也。」

〔二〕師古曰：「輒解脫鉗鈦而亡去也。傳，所以出關之符也，音張戀反。」

〔三〕師古曰：「賈謂販賣之。」

〔四〕師古曰：「貰貣，假取之也。貣音吐得反。」

〔五〕師古曰：「假謂雇賃也。」

周陽由，其父趙兼以淮南王舅侯周陽，〔一〕故因氏焉。〔二〕由以宗家任爲郎，事文帝。景帝時，由爲郡守。武帝即位，吏治尙脩謹，然由居二千石中最爲暴酷驕恣。所愛者，撓法活之；所憎者，曲法滅之。〔三〕所居郡，必夷其豪。〔四〕爲守，視都尉如令；爲都尉，陵太守，奪之治。汲黯爲忮，〔五〕司馬安之文惡，〔六〕俱在二千石列，同車未嘗敢均茵馮。〔七〕後由爲河東都尉，與其守勝屠公爭權，相告言，〔八〕勝屠公當抵罪，（議）〔義〕不受刑，自殺，而由棄市。

〔一〕師古曰：「封爲周陽侯。」

〔二〕師古曰：「遂改趙姓而爲周陽也。」

〔三〕師古曰：「撓亦屈曲也，音女教反。」

〔四〕師古曰：「平除之。」

〔五〕師古曰：「忮，意堅也，音章豉反。」

〔六〕孟康曰：「以文法傷害人也。」

〔七〕師古曰：「茵，車中蓐也。馮，車中所馮者也。言此二人皆下讓由，故同車之時自處其偏側，不均敵也。馮讀曰凭。」

〔八〕師古曰：「勝屠，姓也。」

自甯成、周陽由之後，事益多，民巧法，大抵吏治類多成、由等矣。〔一〕

〔一〕師古曰：「大抵，大歸也，音丁禮反。」

趙禹，斄人也。〔一〕以佐史補中都官，〔二〕用廉爲令史，事太尉周亞夫。亞夫爲丞相，禹爲丞相史，府中皆稱其廉平。然亞夫弗任，曰：「極知禹無害，〔三〕然文深，〔四〕不可以居大府。」武帝時，禹以刀筆吏積勞，遷爲御史。上以爲能，至中大夫。與張湯論定律令，作見知，吏傳相監司以法，盡自此始。

〔一〕師古曰：「斄讀曰邰，扶風縣也，音胎。」

〔二〕師古曰：「京師諸官爲吏也。」

〔三〕師古曰：「無害，言無人能勝之者。」

〔四〕應劭曰：「禹持文法深刻。」

禹爲人廉裾，〔一〕爲吏以來，舍無食客。公卿相造請，〔二〕禹終不行報謝，務在絕知友賓客之請，〔三〕孤立行一意而已。見法輒取，亦不覆案求官屬陰罪。〔四〕嘗中廢，已爲廷尉。始條侯以禹賊深，及禹爲少府九卿，酷急。至晚節，事益多。吏務爲嚴峻，而禹治加緩，名爲平。王溫舒等後起，治峻禹。禹以老，徙爲燕相。數歲，誖亂有罪，免歸。〔五〕後十餘年，以壽卒于家。

〔一〕師古曰：「裾亦傲也，讀與倨同。」

〔二〕師古曰：「造音千到反。」

〔三〕師古曰：「以此意告報公卿。」

〔四〕師古曰：「不見知者無所搜求也。」

〔五〕師古曰：「誖，惑也，言其心意昏惑也。誖音布內反。」

義縱，河東人也。少年時嘗與張次公俱攻剽，爲羣盜。〔一〕縱有姊，以醫幸王太后。〔二〕太后問：「有子兄弟爲官者乎？」姊曰：「有弟無行，不可。」太后乃告上，上拜義姁弟縱爲中郎，〔三〕補上黨郡中令。治敢往，少溫籍，〔四〕縣無逋事，〔五〕舉第一。遷爲長陵及長安令，直法行治，不避貴戚。以捕桉太后外孫脩成子中，〔六〕上以爲能，遷爲河內都尉。至則族滅其豪穰氏之屬，河內道不拾遺。而張次公亦爲郎，以勇悍從軍，〔七〕敢深入，有功，封爲岸頭侯。

〔一〕師古曰：「剽，劫也，音頻妙反。」

〔二〕師古曰：「武帝母。」

〔三〕孟康曰：「姁，縱姊名也。」師古曰：「姁音許于反。」

〔四〕服虔曰：「敢行暴害之政。」師古曰：「少溫籍，言無所含容也。溫音於問反。籍音才夜反。」

〔五〕師古曰：「逋，亡也，負也，音必胡反。」

〔六〕師古曰：「脩成君，王太后所生金氏女也。中者，其子名也，讀曰仲。」

〔七〕師古曰：「悍音胡旦反。」

甯成家居，上欲以爲郡守，御史大夫弘曰：〔一〕「臣居山東爲小吏時，甯成爲濟南都尉，其治如狼牧羊。成不可令治民。」上乃拜成爲關都尉。歲餘，關吏稅肄郡國出入關者，〔二〕號曰：「寧見乳虎，無直甯成之怒。」〔三〕其暴如此。義縱自河內遷爲南陽太守，聞甯成家居南陽，及至關，甯成側行送迎，然縱氣盛，弗爲禮。至郡，遂桉甯氏，破碎其家。成坐有罪，及孔、暴之屬皆奔亡，〔四〕南陽吏民重足一迹。而平氏朱彊、杜衍杜周爲縱爪牙之吏，任用，〔五〕遷爲廷尉史。

〔一〕師古曰：「公孫弘。」

〔二〕李奇曰：「肆，閱也。」師古曰：「肆音弋二反。」

〔三〕師古曰：「猛獸産乳，養護其子，則搏噬過常，故以喻也。直讀曰值，一曰直當。」

〔四〕師古曰：「孔氏、暴氏二家素豪猾者。」

〔五〕師古曰：「平氏、杜衍，二縣名也。」

軍數出定襄，定襄吏民亂敗，於是徙縱爲定襄太守。縱至，掩定襄獄中重罪二百餘人，及賓客昆弟私入相視者亦二百餘人。縱壹切捕鞠，曰「爲死罪解脫」。〔一〕是日皆報殺四百餘人。〔二〕郡中不寒而栗，猾民佐吏爲治。〔三〕

〔一〕孟康曰：「壹切皆捕之也。律，諸囚徒私解脫桎梏鉗赭，加罪一等；爲人解脫，與同罪。縱鞠相賂餉者二百人以爲解脫死罪，盡殺之。」師古曰：「鞠，窮也，謂窮治也。」

〔二〕師古曰：「奏請得報而論殺。」

〔三〕師古曰：「百姓有素豪猾爲罪惡者，今畏縱之嚴，反爲吏耳目，助治公務以自效。」

是時趙禹、張湯爲九卿矣，然其治尚寬，輔法而行，縱以鷹擊毛摯爲治。〔一〕後會更五銖錢白金起，〔二〕民爲姦，京師尤甚，乃以縱爲右內史，王溫舒爲中尉。溫舒至惡，所爲弗先言縱，縱必以氣陵之，〔三〕敗壞其功。其治，所誅殺甚多，然取爲小治，姦益不勝，〔四〕直指始出矣。吏之治以斬殺縛束爲務，閻奉以惡用矣。〔五〕縱廉，其治效郅都。上幸鼎湖，病久，已而卒起幸甘泉，〔六〕道不治。上怒曰：「縱以我爲不行此道乎？」銜之。〔七〕至冬，楊可方受告緡，縱以爲此亂民，部吏捕其爲可使者。天子聞，使杜式治，以爲廢格沮事，〔八〕棄縱市。後一歲，張湯亦死。

〔一〕師古曰：「言如鷹隼之擊，奮毛羽執取飛鳥也。」

〔二〕師古曰：「更，改也。」

〔三〕師古曰：「言溫舒雖酷惡，而縱又甚也。」

〔四〕晉灼曰：「取音趣。」

〔五〕師古曰：「閼奉以嚴惡之故而見任用，言時政尙急刻也。」

〔六〕師古曰：「已謂病愈也。言帝久病，既得愈，而忽然即幸甘泉。卒讀曰猝。」

〔七〕師古曰：「銜，含也。苞含在心，以爲過也。」

〔八〕孟康曰：「武帝使楊可主告緡，沒入其財物，縱捕爲可使者。此爲廢格詔書，沮已成之事也。」師古曰：「沮，壞也，音材汝反。格讀曰閣。」

王溫舒，陽陵人也。少時椎埋爲姦。〔一〕已而試縣亭長，〔二〕數廢。數爲吏，以治獄至廷尉史。事張湯，遷爲御史，督盜賊，殺傷甚多。稍遷至廣平都尉，擇郡中豪敢往吏十餘人爲爪牙，〔三〕皆把其陰重罪，〔四〕而縱使督盜賊，〔五〕快其意所欲得。此人雖有百罪，弗法；〔六〕

卽有避回，夷之，亦滅宗。〔七〕以故齊趙之郊盜不敢近廣平，廣平聲爲道不拾遺。上聞，遷爲河內太守。

〔一〕師古曰：「椎殺人而埋之。椎音直追反，其字從木。」

〔二〕師古曰：「試，補也。」

〔三〕師古曰：「豪桀而性果敢，一往無所顧者，以爲吏也。」

〔四〕師古曰：「把音布馬反。」

〔五〕師古曰：「縱，放也。督，察視也。」

〔六〕師古曰：「言所捕盜賊得其人而快溫舒意者，則不問其先所犯罪也。法謂行法也。」

〔七〕師古曰：「避回，謂不盡意捕擊也。回音胡內反。」

素居廣平時，皆知河內豪姦之家。及往，以九月至，令郡具私馬五十疋，爲驛自河內至長安，〔一〕部吏如居廣平時方略，捕郡中豪猾，相連坐千餘家。上書請，大者至族，小者乃死，家盡沒入償臧。〔二〕奏行不過二日，得可，事論報，至流血十餘里。〔三〕河內皆怪其奏，以爲神速。盡十二月，郡中無犬吠之盜。其頗不得，失之旁郡，追求，會春，溫舒頓足歎曰：「嗟乎，令冬月益展一月，卒吾事矣！」〔四〕其好殺行威不愛人如此。

〔一〕師古曰：「以私馬於道上往往置驛也。」

〔二〕師古曰：「以臧致罪者，既沒入之，又令出倍臧，或收入官，或還其主也。」

〔三〕師古曰：「天子可其奏而論決之。殺人既多，故血流十餘里。」

〔四〕師古曰：「立春之後，不復行刑，故云然。展，伸也。」

上聞之，以爲能，遷爲中尉。其治復放河內，〔一〕徒請召猜禍吏與從事，〔二〕河內則楊皆、麻戊，關中楊贛、成信等。〔三〕義縱爲內史，憚之，未敢恣治。〔四〕及縱死，張湯敗後，徙爲廷尉。而尹齊爲中尉坐法抵罪，溫舒復爲中尉。爲人少文，居它惛惛不辯，〔五〕至於中尉則心開。素習關中俗，知豪惡吏，豪惡吏盡復爲用。吏苛察淫惡少年，投缿購告言姦，〔六〕置伯落長以收司姦。〔七〕溫舒多諂，善事有勢者；即無勢，視之如奴。有勢家，雖有姦如山，弗犯；無勢，雖貴戚，必侵辱。〔八〕舞文巧請下戶之猾，以動大豪。〔九〕其治中尉如此。姦猾窮治，大氏盡靡爛獄中，〔一〇〕行論無出者。其爪牙吏虎而冠。〔一一〕於是中尉部中中猾以下皆伏，有勢者爲遊聲譽，稱治。數歲，其吏多以權貴富。〔一二〕

〔一〕師古曰：「放，依也，音甫往反。」

〔二〕應劭曰：「徒，但也。猜，疑也。取吏好猜疑作禍害者，任用之。」

〔三〕師古曰：「此皆猜禍者。」

〔四〕師古曰：「言溫舒憚縱，不得恣其酷暴。」

〔五〕師古曰：「言爲餘官則心意蒙蔽，職事不舉。惛音昏。」

〔六〕師古曰：「缿，所以受投書也，音項。解在趙廣漢傳也。」

〔七〕師古曰：「伯亦長帥之稱也。置伯及邑落之長，以收捕司察姦人也。」

〔八〕師古曰：「謂不居權要之職者。」

〔九〕師古曰：「弄法爲巧，而治下戶之狡猾者，用諷動大豪之家。所以然者，爲大豪中有權要，不可治故也。請謂奏請。」

〔一〇〕師古曰：「大氐，大歸也。靡，碎也。氐音丁禮反。靡音武皮反。」

〔一一〕師古曰：「言其殘暴之甚也，非有人情。」

〔一二〕師古曰：「爲權貴之家所擁佑，故積受取致富者也。」

溫舒擊東越還，議有不中意，〔一〕坐以法免。是時上方欲作通天臺而未有人，溫舒請覆中尉脫卒，得數萬人作。〔二〕上說，〔三〕拜爲少府。徙右內史，治如其故，姦邪少禁。坐法失官，復爲右輔，行中尉，如故操。

〔一〕師古曰：「不當天子意也。中音竹仲反。」

〔二〕師古曰：「覆校脫漏未爲卒者也。脫音它活反。」

〔三〕師古曰：「說讀曰悅。」

歲餘，會宛軍發，〔一〕詔徵豪吏。溫舒匿其吏華成，及人有變告溫舒受員騎錢，它姦利事，罪至族，自殺。〔二〕其時兩弟及兩婚家亦各自坐它罪而族。光祿勳徐自爲曰：「悲夫！夫古有三族，而王溫舒罪至同時而五族乎！」〔三〕溫舒死，家絫千金。〔四〕

〔一〕孟康曰：「發兵伐大宛。」

〔二〕師古曰：「員騎，騎之有正員也。」

〔三〕師古曰：「溫舒與弟同三族，而兩妻家各一，故爲五也。」

〔四〕師古曰：「絫，古累字。」

尹齊，東郡茌平人也。〔一〕以刀筆吏稍遷至御史。事張湯，湯數稱以爲廉。武帝使督盜賊，斬伐不避貴勢。遷關都尉，聲甚於甯成。上以爲能，拜爲中尉。吏民益彫敝，輕齊木彊少文，〔二〕豪惡吏伏匿而善吏不能爲治，〔三〕以故事多廢，抵罪。〔四〕後復爲淮陽都尉。王溫舒敗後數年，病死，家直不滿五十金。所誅滅淮陽甚多，及死，仇家欲燒其尸，妻亡去，歸葬。

〔一〕師古曰：「茌音仕疑反。」

〔二〕師古曰：「木，質也，言如木石之爲也。」

〔三〕師古曰：「惡吏不肯爲用，獨善吏在，故不能治事也。」

〔四〕師古曰：「以職事多廢，故至於坐罪也。」

楊僕，宜陽人也。以千夫爲吏。〔一〕河南守舉爲御史，使督盜賊關東，治放尹齊，〔二〕以敢擊行。〔三〕稍遷至主爵都尉，上以爲能。南越反，拜爲樓船將軍，有功，封將梁侯。東越反，上欲復使將，爲其伐前勞，〔四〕以書勅責之曰：「將軍之功，獨有先破石門、尋陿，〔五〕非有斬將騫旗之實也，〔六〕烏足以驕人哉！〔七〕前破番禺，捕降者以爲虜，掘死人以爲獲，是一過也。建德、呂嘉逆罪不容於天下，〔八〕將軍擁精兵不窮追，超然以東越爲援，是二過也。〔九〕士卒暴露連歲，爲朝會不置酒，將軍不念其勤勞，而造佞巧，請乘傳行塞，〔一〇〕因用歸家，懷銀黃，垂三組，夸鄉里，是三過也。〔一一〕失期內顧，以道惡爲解，〔一二〕失尊尊之序，是四過也。欲請蜀刀，問君賈幾何，對曰率數百，〔一三〕武庫日出兵而陽不知，挾僞干君，是五過也。〔一四〕受詔不至蘭池宮，〔一五〕明日又不對。假令將軍之吏問之不對，令之不從，其罪何如？推此心以在外，江海之間可得信乎！今東越深入，將軍能率衆以掩過不？」僕惶恐，對曰：「願盡死贖罪！」與王溫舒俱破東越。後復與左將軍荀彘俱擊朝鮮，爲彘所縛，語在朝鮮傳。還，免爲庶人，病死。

〔一〕孟康曰：「千夫若五大夫。武帝以軍用不足，令民出錢穀爲之。」師古曰：「所謂武功賞官，以寵戰士。」

〔二〕師古曰：「放，依也，音甫往反。」

〔三〕師古曰：「果敢搏擊而行其治也。」

〔四〕師古曰：「伐謂矜恃也。」

〔五〕劉德曰：「南越中險地名也。」

〔六〕師古曰：「騫與搴同。搴，拔取之。」

〔七〕師古曰：「烏，於何也。」

〔八〕師古曰：「建德，南越王名也，尉佗玄孫也。呂嘉，其相也。」

〔九〕師古曰：「以僕不窮追之故，令建德得以東越爲援也。」

〔一〇〕師古曰：「傳音張戀反。行音下更反。」

〔一一〕師古曰：「銀，銀印也。黃，金印也。僕爲主爵都尉，又爲樓船將軍，并將梁侯三印，故三組也。組，印綬也。」

〔一二〕師古曰：「內顧，言思妻妾也。解謂自解說也，若今言分疏。」

〔一三〕孟康曰：「僕嘗爲將，請官蜀刀，詔問賈，荅言比數率數百也。」師古曰：「賈讀曰價。」

〔一四〕師古曰：「干，犯也。」

〔一五〕如淳曰：「本出軍時，欲使之蘭池宮，頓而不去。蘭池宮在渭城。」

咸宣，楊人也。〔一〕以佐史給事河東守。衞將軍青使買馬河東，〔二〕見宣無害，言上，徵爲廄丞。官事辦，稍遷至御史及〔中〕丞，使治主父偃及淮南反獄，所以微文深詆殺者甚衆，〔三〕稱爲敢決疑。數廢數起，爲御史及中丞者幾二十歲。〔四〕王溫舒爲中尉，而宣爲左內史。其治米鹽，〔五〕事小大皆關其手，自部署縣名曹寶物，官吏令丞弗得擅搖，痛以重法繩之。居官數年，壹切爲小治辯，然獨宣以小至大，能自行之，難以爲經。〔六〕中廢爲右扶風，坐怒其吏成信，信亡藏上林中，宣使郿令將吏卒，〔七〕闌入上林中蠶室門攻亭格殺信，射中苑門，〔八〕

宣下吏，爲大逆當族，自殺。而杜周任用。

〔一〕師古曰：「咸音減省之減。楊，河東之邑。」

〔二〕師古曰：「將軍衞青充使而於河東買馬也。」

〔三〕師古曰：「詆，誣也。」

〔四〕師古曰：「幾音鉅依反。」

〔五〕師古曰：「米鹽，細雜也。」

〔六〕師古曰：「經，常也，不可爲常法也。」

〔七〕師古曰：「郿，扶風縣也，音媚。」

〔八〕師古曰：「中音竹仲反。」

是時郡守尉諸侯相二千石欲爲治者，大抵盡效王溫舒等，而吏民益輕犯法，盜賊滋起。〔一〕南陽有梅免、百政，〔二〕楚有段中、杜少，〔三〕齊有徐勃，燕趙之間有堅盧、范主之屬。大羣至數千人，擅自號，攻城邑，取庫兵，釋死罪，〔四〕縛辱郡守都尉，殺二千石，爲檄告縣趣具食；〔五〕小羣以百數，掠鹵鄉里者不可稱數。於是上始使御史中丞、丞相長史使督之，〔六〕猶弗能禁，〔七〕乃使光祿大夫范昆、諸部都尉及故九卿張德等衣繡衣持節，虎符發兵以興擊，〔八〕斬首大部或至萬餘級。及以法誅通行飲食，坐相連郡，甚者數千人。數歲，乃頗得其渠率。〔九〕散卒失亡，復聚黨阻山川，往往而羣，無可奈何。於是作沈命法，〔一〇〕曰：「羣盜起不發覺，發覺而弗捕滿品者，〔一一〕二千石以下至小吏主者皆死。」其後小吏畏誅，雖有盜弗敢發，恐不能得，坐課累府，府亦使不言。〔一二〕故盜賊寖多，〔一三〕上下相為匿，以避文法焉。

〔一〕師古曰：「滋亦益也。」

〔二〕師古曰：「梅、百，皆姓也。」

〔三〕師古曰：「中讀曰仲。」

〔四〕師古曰：「釋，解也。」

〔五〕師古曰：「趣讀曰促。」

〔六〕師古曰：「出為使者督察也。」

〔七〕師古曰：「禁音居禽反。」

〔八〕師古曰：「以軍興之法而討擊也。」

〔九〕師古曰：「渠，大也。」

〔一〇〕應劭曰：「沈，沒也。敢蔽匿盜賊者，沒其命也。」孟康曰：「沈，藏匿也。命，亡逃也。」師古曰：「應說是。」

〔一一〕師古曰：「品，率也，以人數為率也。」

〔一二〕孟康曰：「縣有盜賊，府亦并坐，使縣不言之也。」師古曰：「府，郡府也。累音力瑞反。」

〔一三〕師古曰：「寖，漸也。」

田廣明字子公，鄭人也。〔一〕以郎為天水司馬。功次遷河南都尉，以殺伐為治。郡國盜賊並起，遷廣明爲淮陽太守。歲餘，故城父令公孫勇與客胡倩等謀反，〔二〕倩詐稱光祿大夫，從車騎數十，言使督盜賊，止陳留傳舍，太守謁見，欲收取之。廣明覺知，發兵皆捕斬焉。而公孫勇衣繡衣，乘駟馬車至圉，〔三〕圉使小史侍之，亦知其非是，守尉魏不害與廄嗇夫江德、尉史蘇昌共收捕之。上封不害爲當塗侯，德轑陽侯，〔四〕昌蒲侯。初，四人俱拜於前，小史竊言。武帝問：「言何？」對曰：「爲侯者得東歸不？」上曰：「女欲不？貴矣。〔五〕女鄉名爲何？」對曰：「名遺鄉。」上曰：「用遺汝矣。」〔六〕於是賜小史爵關內侯，食遺鄉六百戶。

〔一〕師古曰：「京兆鄭縣，即今之華州。」

〔二〕師古曰：「倩音千見反。」

〔三〕師古曰：「陳留圉縣。」

〔四〕師古曰：「轑音遼。」

〔五〕師古曰：「言汝意欲歸不？吾今貴汝，謂賜之爵也。」

〔六〕師古曰：「遺音弋季反。」

上以廣明連禽大姦，徵入爲大鴻臚，擢廣明兄雲中代爲淮陽太守。昭帝時，廣明將兵擊益州，還，賜爵關內侯，徙衞尉。後出爲左馮翊，治有能名。宣帝初立，代蔡義爲御史大夫，以前爲馮翊與議定策，〔一〕封昌水侯。歲餘，以祁連將軍將兵擊匈奴，出塞至受降城。受降都尉前死，喪柩在堂，廣明召其寡妻與姦。既出不至質，〔二〕引軍空還。下太守杜延年簿責，〔三〕廣明自殺闕下，國除。兄雲中爲淮陽守，亦敢誅殺，吏民守闕告之，竟坐棄市。

〔一〕師古曰：「與讀曰豫。」

〔二〕服虔曰：「質，所期處也。」

〔三〕師古曰：「簿音步戶反。」

田延年字子賓，先齊諸田也，徙陽陵。〔一〕延年以材略給事大將軍莫府，霍光重之，遷爲長史。出爲河東太守，選拔尹翁歸等以爲爪牙，誅鉏豪彊，姦邪不敢發。以選入爲大司農。會昭帝崩，昌邑王嗣位，淫亂，霍將軍憂懼，與公卿議廢之，莫敢發言。延年按劍，廷叱羣臣，〔二〕即日議決，語在光傳。宣帝即位，延年以決疑定策封陽成侯。

〔一〕師古曰：「高祖時徙之，其地後爲陽陵縣。」

〔二〕師古曰：「止於朝廷之中而叱之也，若言廷爭矣。」

先是，茂陵富人焦氏、賈氏以數千萬陰積貯炭葦諸下里物。〔一〕昭帝大行時，方上事暴起，〔二〕用度未辦，延年奏言「商賈或豫收方上不祥器物，冀其疾用，欲以求利，〔三〕非民臣所當爲。請沒入縣官。」奏可。富人亡財者皆怨，出錢求延年罪。初，大司農取民牛車三萬兩爲僦，〔四〕載沙便橋下，送致方上，車直千錢，延年上簿詐增僦直車二千，凡六千萬，盜取其半。焦、賈兩家告其事，下丞相府。丞相議奏延年「主守盜三千萬，不道」。霍將軍召問延年，欲爲道地，〔五〕延年抵曰：〔六〕「本出將軍之門，蒙此爵位，〔七〕無有是事。」光曰：「即無事，當窮竟。」〔八〕御史大夫田廣明謂太僕杜延年：「春秋之義，以功覆過。當廢昌邑王時，非田子賓之言大事不成。今縣官出三千萬自乞之何哉？〔九〕願以愚言白大將軍。」延年言之大將軍，大將軍曰：「誠然，實勇士也！當發大議時，震動朝廷。」光因舉手自撫心曰：「使我至今病悸！〔一〇〕謝田大夫曉大司農，通往就獄，得公議之。」〔一一〕田大夫使人語延年，延年曰：「幸縣官寬我耳，何面目入牢獄，使衆人指笑我，卒徒唾吾背乎！」即閉閣獨居齊舍，〔一二〕偏袒持刀東西步。數日，使者召延年詣廷尉。聞鼓聲，自刎死，〔一三〕國除。

〔一〕孟康曰：「死者歸蒿里，葬地下，故曰下里。」師古曰：「以數千萬錢爲本，而貯此物也。」

〔二〕師古曰：「方上謂壙中也。昭帝暴崩，故其事倉猝。」

〔三〕師古曰：「疾，速也。」

〔四〕師古曰：「一乘爲一兩。僦謂賃之與雇直也，音子就反。」

〔五〕師古曰：「爲之開通道路，使有安全之地也。」

〔六〕師古曰：「抵，拒諱也，音丁禮反。」

〔七〕師古曰：「延年嘗給事莫府，又爲大將軍長史，故云然也。」

〔八〕師古曰：「既無實事，當令有司窮治，盡其理。」

〔九〕師古曰：「自謂乞與之也。乞音氣。」

〔10〕師古曰：「悸，心動也，音揆。」

〔11〕師古曰：「曉者，告白意指也。通者，從公家通理也。光忿其拒諱，故不佑之。」

〔12〕師古曰：「齊讀曰齋。」

〔13〕晉灼曰：「使者至司農，司農發詔書，故鳴鼓也。」師古曰：「刎謂斷頸也。」

嚴延年字次卿，東海下邳人也。其父爲丞相掾，延年少學法律丞相府，歸爲郡吏。以選除補御史掾，舉侍御史。是時大將軍霍光廢昌邑王，尊立宣帝。宣帝初即位，延年劾奏光「擅廢立，亡人臣禮，不道」。奏雖寢，然朝廷肅焉敬憚。延年後復劾大司農田延年持兵干屬車，〔一〕大司農自訟不干屬車。事下御史中丞，譴責延年何以不移書宮殿門禁止大司農，而令得出入宮。於是覆劾延年闌內罪人，法至死。〔二〕延年亡命。會赦出，丞相御史府徵書同日到，延年以御史書先至，詣御史府，復爲掾。宣帝識之，〔三〕拜爲平陵令，坐殺不辜，去官。後爲丞相掾，復擢好畤令。神爵中，西羌反，彊弩將軍許延壽請延年爲長史，從軍敗西羌，還爲涿郡太守。

〔一〕師古曰：「干，犯也。屬車，天子後車也，音之欲反。」

〔二〕張晏曰：「故事有所劾奏，並移宮門，禁止不得入。」師古曰：「覆，反也，反以此事劾之。覆音芳目反。」

〔三〕張晏曰：「譏其前劾霍光擅廢立。」

時郡比得不能太守，〔一〕涿人畢野白等由是廢亂。〔二〕大姓西高氏、東高氏，〔三〕自郡吏以下皆畏避之，莫敢與啎，〔四〕咸曰：「寧負二千石，無負豪大家。」賓客放爲盜賊，〔五〕發，輒入高氏，吏不敢追。浸浸日多，〔六〕道路張弓拔刃，然後敢行，其亂如此。延年至，遣掾蠡吾趙繡桉高氏得其死罪。繡見延年新將，〔七〕心內懼，卽爲兩劾，欲先白其輕者，觀延年意怒，乃出其重劾。延年已知其如此矣。趙掾至，果白其輕者，延年索懷中，得重劾，〔八〕卽收送獄。夜入，晨將至市論殺之，先所桉者死，〔九〕吏皆股弁。〔一〇〕更遣吏分考兩高，窮竟其姦，誅殺各數十人。郡中震恐，道不拾遺。

〔一〕師古曰：「比，頻也。」

〔二〕師古曰：「廢公法而狡亂也。」

〔三〕師古曰：「兩高氏各以所居東西爲號者。」

〔四〕師古曰：「啎，逆也，音悟。」

〔五〕師古曰：「放，縱也。」

〔六〕師古曰：「浸，漸也。」

〔七〕師古曰：「新爲郡將也，謂郡守爲郡將者，以其兼領武事也。」

〔八〕師古曰：「索，搜也，音山客反。」

〔九〕師古曰：「在高氏前死。」

〔一〇〕師古曰：「股戰若弁。弁謂撫手也。」

三歲，遷河南太守，賜黃金二十斤。豪彊脅息，〔一〕野無行盜，威震旁郡。其治務在摧折豪彊，扶助貧弱。貧弱雖陷法，曲文以出之；其豪桀侵小民者，以文內之。〔二〕衆人所謂當死者，一朝出之；所謂當生者，詭殺之。〔三〕吏民莫能測其意深淺，戰栗不敢犯禁。桉其獄，皆文致不可得反。〔四〕

〔一〕師古曰：「脅，歛也。屏氣而息。」

〔二〕師古曰：「飾文而入之爲罪。」

〔三〕師古曰：「詭，違正理而殺也。」

〔四〕師古曰：「致，至密也。言其文案整密也。反音幡。」

延年爲人短小精悍，敏捷於事，〔一〕雖子貢、冉有通蓺於政事，不能絕也。吏忠盡節者，厚遇之如骨肉，皆親鄉之，〔二〕出身不顧，以是治下無隱情。然疾惡泰甚，中傷者多，尤巧爲獄文，善史書，所欲誅殺，奏成於手，中主簿親近史不得聞知。奏可論死，奄忽如神。冬月，傳屬縣囚，會論府上，〔三〕流血數里，河南號曰「屠伯」。〔四〕令行禁止，郡中正清。

〔一〕師古曰：「悍，勁也。」

〔二〕師古曰：「鄉讀曰嚮。」

〔三〕師古曰：「總集郡府而論殺。」

〔四〕鄧展曰：「言延年殺人，如屠兒之殺六畜。伯，長也。」

是時張敞爲京兆尹，素與延年善。敞治雖嚴，然尚頗有縱舍，聞延年用刑刻急，乃以書諭之曰：「昔韓盧之取菟也，上觀下獲，〔一〕不甚多殺。願次卿少緩誅罰，思行此術。」延年報曰：「河南天下喉咽，二周餘斃，〔二〕莠（甚）〔盛〕苗穢，何可不鉏也？」〔三〕自矜伐其能，終不衰止。時黃霸在潁川以寬恕爲治，郡中亦平，婁蒙豐年，〔四〕鳳皇下，上賢焉，下詔稱揚其行，加金爵之賞。延年素輕霸爲人，及比郡爲守，褒賞反在己前，〔五〕心內不服。河南界中又有蝗蟲，府丞義出行蝗，還見延年，延年曰：「此蝗豈鳳皇食邪？」義又道司農中丞耿壽昌爲常平倉，利百姓，延年曰：「丞相御史不知爲也，當避位去。壽昌安得權此？」〔六〕後左馮翊缺，上欲徵延年，符已發，爲其名酷復止。〔七〕延年疑少府梁丘賀毀之，心恨。會琅邪太守以視事久病，滿三月免，延年自知見廢，謂丞曰：「此人尚能去官，我反不能去邪？」〔八〕又延年察獄史廉，有臧不入身，〔九〕延年坐選舉不實貶秩，笑曰：「後敢復有舉人者矣！」〔一〇〕丞義年老頗悖，〔一一〕素畏延年，恐見中傷。延年本嘗與義俱爲丞相史，實親厚之，無意毀傷也，饋遺之甚厚。義愈益恐，自筮得死卦，忽忽不樂，取告至長安，〔一二〕上書言延年罪名十事。已拜奏，因飲藥自殺，以明不欺。事下御史丞按驗，有此數事，以結延年，〔一三〕坐怨望非謗政治不道棄市。

〔一〕應劭曰：「韓盧，六國時韓氏之黑犬也。」孟康曰：「言良犬之取菟，仰觀人主之意而獲之，喻不妄殺。」

〔二〕師古曰：「喉咽，言其所在襟要，如人體之有喉咽也。二周，東西周君國也。咽音一千反。」

〔三〕師古曰：「莠，粃穀所（在）〔生〕也。苗，粟苗也。莠音誘。」

〔四〕師古曰：「婁，古屢字。」

〔五〕師古曰：「比，接近也，音頻二反。」

〔六〕師古曰：「作此倉非奇異之功也，公卿不知爲之，是曠官也。壽昌安得擅此以爲權乎？」

〔七〕應劭曰：「符，竹使符也，臧在符節臺，欲有所拜，召治書御史符節令發符下太尉也。」

〔八〕師古曰：「與丞言云爾。」

〔九〕師古曰：「延年察舉其獄史爲廉，而此人乃有臧罪，然臧不入身也。」

〔一〇〕師古曰：「言已濫被貶秩，後人寧敢復舉人乎？」

〔一一〕師古曰：「心思惑亂。悖音布內反。」

〔一二〕師古曰：「取休假。」

〔一三〕師古曰：「結，正其罪也。」

初，延年母從東海來，欲從延年臘，〔一〕到雒陽，適見報囚。〔二〕母大驚，便止都亭，不肯入府。延年出至都亭謁母，母閉閣不見。延年免冠頓首閣下，良久，母乃見之，因數責延年：〔三〕「幸得備郡守，專治千里，不聞仁愛教化，有以全安愚民，顧乘刑罰多刑殺人，〔四〕欲以立威，豈爲民父母意哉！」延年服罪，重頓首謝，〔五〕因自爲母御，歸府舍。母畢正臘，〔六〕謂延年：「天道神明，人不可獨殺。〔七〕我不意當老見壯子被刑戮也！〔八〕行矣！去女東歸，埽除墓地耳。」〔九〕遂去。歸郡，見昆弟宗人，復爲言之。後歲餘，果敗。東海莫不賢知其母。〔一〇〕延年兄弟五人皆有吏材，至大官，東海號曰「萬石嚴嫗」。〔一一〕次弟彭祖，至太子太傅，在儒林傳。

〔一〕師古曰：「建丑之(日)〔月〕爲臘祭，因會飲，若今之蜡節也。」
〔二〕師古曰：「奏報行決也。」
〔三〕師古曰：「數音所具反。」
〔四〕師古曰：「顧，反也。乘，因也。」
〔五〕師古曰：「重音直用反。」
〔六〕師古曰：「臘及正歲禮畢也。正音之盈反。」
〔七〕師古曰：「言多殺人者，己亦當死。」
〔八〕師古曰：「言素意不自謂如此也。」
〔九〕師古曰：「言待其喪至也。」

〔一〇〕師古曰：「稱其賢知也。」

〔一一〕師古曰：「一門之中五二千石，故總云萬石。」

尹賞字子心，鉅鹿楊氏人也。以郡吏察廉爲樓煩長。舉茂材，粟邑令。左馮翊薛宣奏賞能治劇，徙爲頻陽令，坐殘賊免。後以御史舉爲鄭令。

永始、元延間，上怠於政，貴戚驕恣，紅陽長仲兄弟交通輕俠，臧匿亡命。〔一〕而北地大豪浩商等報怨，殺義渠長妻子六人，往來長安中。丞相御史遣掾求逐黨與，詔書召捕，久之乃得。長安中姦猾浸多，閭里少年羣輩殺吏，受賕報仇，〔二〕相與探丸爲彈，〔三〕得赤丸者斫武吏，得黑丸者斫文吏，白者主治喪；〔四〕城中薄暮塵起，剽劫行者，死傷橫道，枹鼓不絕。〔五〕賞以三輔高第選守長安令，得壹切便宜從事。賞至，修治長安獄，穿地方深各數丈，致令辟爲郭，〔六〕以大石覆其口，名爲「虎穴」。乃部戶曹掾史，與鄉吏、亭長、里正、父老、伍人，〔七〕雜舉長安中輕薄少年惡子，〔八〕無市籍商販作務，而鮮衣凶服被鎧扞持刀兵者，悉籍記之，〔九〕得數百人。賞一朝會長安吏，車數百兩，分行收捕，皆劾以爲通行飲食羣盜。〔一〇〕賞親閱，見十置一，〔一一〕其餘盡以次內虎穴中，百人爲輩，覆以大石。數日壹發視，皆相枕藉死，便輿出，瘞寺門桓東，〔一二〕楬著其姓名，〔一三〕百日後，乃令死者家各自發取其尸。親屬號哭，道路皆歔欷。長安中歌之曰：「安所求子死？桓東少年場。〔一四〕生時諒不謹，枯骨後何葬？」〔一五〕賞所置皆其魁宿，〔一六〕或故吏善家子失計隨輕黠願自改者，財數十百人，〔一七〕皆貰其罪，〔一八〕詭令立功以自贖。〔一九〕盡力有效者，因親用之爲爪牙，追捕甚精，甘耆姦惡，甚於凡吏，〔二〇〕賞視事數月，盜賊止，郡國亡命散走，各歸其處，不敢闚長安。

〔一〕鄧展曰：「紅陽姓，長仲字也。」如淳曰：「紅陽，南陽縣也。長姓，仲字也。」師古曰：「姓紅陽而兄字長，弟字仲。今書長字或作張者非也，後人所改耳。一曰紅陽侯王立之子，兄弟長少者也。」

〔二〕師古曰：「或有自怨於吏，或受人賕賂報仇讎也。」

〔三〕師古曰：「爲彈丸作赤、黑、白三色，而共探取之也。彈音徒旦反。」

〔四〕師古曰：「其黨與有爲吏及它人所殺者，則主其喪事也。」

〔五〕師古曰：「枹，擊鼓椎也，音孚。其字從木。」

〔六〕師古曰：「致謂積累之也。令辟，甗甎也。郭謂四周之內也。致讀如本字，又音綴。令音零。辟音避歷反。」

〔七〕師古曰：「五家爲伍。伍人者，各其同伍之人也。」

〔八〕師古曰：「惡子，不承父母教命者。」

〔九〕師古曰：「凶服，危險之服。鎧，甲也，扞，臂衣也。籍記，爲名籍以記之。」

〔一〇〕師古曰：「飲音於禁反。食讀曰飤。」

〔一一〕師古曰：「置，放也。」

〔二〕如淳曰：「瘞，埋也。舊亭傳於四角面百步築土四方，上有屋，屋上有柱出，高丈餘，有大板貫柱四出，名曰桓表。縣所治夾兩邊各一桓。陳宋之俗言桓聲如和，今猶謂之和表。」師古曰：「即華表也。」

〔三〕師古曰：「楬，杙也。椓杙於瘞處而書死者名也。楬音竭，杙音弋，字並從木。」

〔四〕師古曰：「安猶焉也。死謂尸也。」

〔五〕師古曰：「諒，信也。葬字合韻音子郎反。」

〔六〕師古曰：「魁，根本也。宿，久舊也。」

〔七〕師古曰：「財與纔同。」

〔八〕師古曰：「貰，緩也。」

〔九〕師古曰：「詭，責也。」

〔10〕師古曰：「耆讀曰嗜。」

江湖中多盜賊，以賞爲江夏太守，捕格江賊及所誅吏民甚多，坐殘賊免。南山羣盜起，以賞爲右輔都尉，遷執金吾，督大姦猾。三輔吏民甚畏之。

數年卒官。疾病且死，戒其諸子曰：「丈夫爲吏，正坐殘賊免，追思其功效，則復進用矣。一坐軟弱不勝任免，終身廢棄無有赦時，其羞辱甚於貪汙坐臧。慎毋然！」賞四子皆至郡守，長子立爲京兆尹，皆尚威嚴，有治辦名。

贊曰：自郅都以下皆以酷烈為聲，然都抗直，引是非，爭大體。張湯以知阿邑人主，與俱上下，〔一〕時辯當否，國家賴其便。趙禹據法守正。〔二〕杜周從諛，以少言為重。張湯死後，罔密事叢，〔三〕以寖耗廢，〔四〕九卿奉職，救(國)〔過〕不給，〔五〕何暇論繩墨之外乎！自是以至哀、平，酷吏眾多，然莫足數，此其知名見紀者也。其廉者足以為儀表，〔六〕其汙者方略教道，壹切禁姦，〔七〕亦質有文武焉。雖酷，稱其位矣。〔八〕湯、周子孫貴盛，故別傳。〔九〕

〔一〕蘇林曰：「邑音人相悒納之悒。」師古曰：「如蘇氏之說，邑字音烏合反。然今之書本或作色字，此言阿諛，覩人主顏色而上下也。其義兩通。」

〔二〕師古曰：「据音據。」

〔三〕師古曰：「叢謂眾也。」

〔四〕師古曰：「寖，漸也。耗，亂也，音莫報反。」

〔五〕師古曰：「給，供也。」

〔六〕師古曰：「謂有儀形可表明者。」

〔七〕師古曰：「汙，濁也。道讀曰導。」

〔八〕師古曰：「稱音尺孕反。」

〔九〕師古曰：「言所以不列於酷吏之篇也。」

校勘記

三六四五頁五行　然(不)〔姦〕軌愈起，　景祐、殿本都作「姦」。　王先謙說作「姦」是。

三六四九頁五行　不令(致)〔至〕闕陳謝也。　景祐、殿本都作「至」。　王先謙說作「至」是。

三六五〇頁一三行　(議)〔義〕不受刑，自殺，　劉攽、王先謙都說「議」當爲「義」。　史記不誤。

三六五三頁三行　公卿相造請，〔二〕禹終不行報謝，務在絕知友賓客之請，〔三〕孤立行一意而已。　注〔二〕原在「不行」下，明顏讀「報謝」屬下句。　劉攽說「報謝」當屬上句。　按史記此句作「禹終不報謝」，則劉說是。　茲從殿本。

三六五三頁一五行　及孔、暴之屬皆奔亡，〔四〕南陽吏民重足一迹。　注〔四〕原在「南陽」下。　劉攽說「南陽」屬下句。　按史記讀如劉說。

三六六一頁一一行　稍遷至御史及〔中〕丞，　王先謙說史記「丞」作「中丞」，此奪。　下文亦作「中丞」，尤其明證。

三六七〇頁六行　莠(甚)〔盛〕苗穢，　景祐、殿本都作「盛」。

三六七一頁五行　莠，粃穀所(在)〔生〕也。　景祐、殿本都作「生」。　王先謙說作「生」是。

三六七二頁八行　建丑之(日)〔月〕爲臘祭，　景祐、殿本都作「月」，此誤。

三六七六頁三行　救(國)〔過〕不給，　景祐、殿本都作「過」。

漢書卷九十一

貨殖傳第六十一

昔先王之制，自天子公侯卿大夫士至于皁隸抱關擊柝者，〔一〕其爵祿奉養宮室車服棺槨祭祀死生之制各有差品，小不得僭大，賤不得踰貴。夫然，故上下序而民志定。於是辯其土地川澤丘陵衍沃原隰之宜，〔二〕教民種樹畜養；〔三〕五穀六畜及至魚鼈鳥獸雚蒲材幹器械之資，〔四〕所以養生送終之具，靡不皆育。育之以時，而用之有節。屮木未落，斧斤不入於山林；〔五〕豺獺未祭，罝網不布於壄澤；〔六〕鷹隼未擊，矰弋不施於徯隧。〔七〕既順時而取物，然猶山不茬蘖，澤不伐夭，〔八〕蝝魚麛卵，咸有常禁。〔九〕所以順時宣氣，蕃阜庶物，〔一〇〕稸足功用，如此之備也。〔一一〕然後四民因其土宜，各任智力，夙興夜寐，以治其業，相與通功易事，交利而俱贍，〔一二〕非有徵發期會，而遠近咸足。故易曰「后以財成輔相天地之宜，以左右民」，〔一三〕「備物致用，立成器以爲天下利，莫大乎聖人」，〔一四〕此之謂也。管子云古之四民不得雜處。〔一五〕士相與言仁誼於閒宴，〔一六〕工相與議技巧於官府，商相與語財利於市井，〔一七〕農相與謀稼穡於田壄，朝夕從事，不見異物而遷焉。〔八〕故其父兄之教不肅而成，子弟之學不勞而能，各安其居而樂其業，甘其食而美其服，雖見奇麗紛華，非其所習，辟猶戎翟之與于越，不相入矣。〔九〕是以欲寡而事節，財足而不爭。於是在民上者，道之以德，〔一〇〕齊之以禮，故民有恥而且敬，貴誼而賤利。此三代之所以直道而行，不嚴而治之大略也。〔一一〕

〔一〕師古曰：「皁，養馬者也。隸之言著也，屬著於人也。抱關，守門者也。擊㯓，守夜擊木以警衆也。㯓音土各反。」

〔二〕師古曰：「衍謂地平延者也。沃，水之所灌沃也。廣平曰原，下溼曰隰。」

〔三〕師古曰：「樹，殖也。」

〔四〕師古曰：「萑，薍也，即今之荻也。械者，器之總名也。萑音桓。薍音五官反。荻音敵。」

〔五〕師古曰：「禮記月令云：『季秋之月，草木黃落，乃伐薪爲炭。』」

〔六〕師古曰：「禮記王制云：『獺祭魚，然後虞人入澤梁；豺祭獸，然後田獵。』月令：『孟春之月，獺祭魚。』『季秋之月，豺乃祭獸戮禽。』罝，兔網也，音嗟。」

〔七〕師古曰：「隼亦鷙鳥，即今所呼爲鶻者也。月令：『孟秋之月，鷹乃祭鳥，用始行戮。』弋，繳射也。矰者，弋之矢也。徯隧，徑道也。矰音曾。徯音奚。隧音遂。鶻音胡骨反。」

〔八〕師古曰：「𣟴，古槎字也。槎，邪斫木也。蘖，髡斬之也。此夭謂草木之方長未成者也。槎音士牙反。蘖音五葛反。夭音烏老反。」

〔九〕師古曰：「蝝，小蟲也。麛，鹿子也。卵，鳥卵也。月令：『孟春之月，毋殺孩蟲，毋麛毋卵。』蝝音弋全反。麛音莫奚反。」

〔一〇〕師古曰：「蕃，多也。阜，盛也。蕃音扶元反。」

〔一一〕師古曰：「稸即蓄字。」

〔一二〕師古曰：「言以其所有，交易所無，而不匱乏。」

〔一三〕師古曰：「泰卦象辭也。后，君也。左右，助也。言王者資財用以成教，贊天地之化育，以救助其衆庶也。左右讀曰佐佑。」

〔一四〕師古曰：「上繫之辭也。備物致用，謂備取百物而極其功用。」

〔一五〕師古曰：「管仲之書也。」

〔一六〕師古曰：「閒讀曰閑。」

〔一七〕師古曰：「凡言市井者，市交易之處，井共汲之所，故總而言之也。說者云因井而爲市，其義非也。」

〔一八〕師古曰：「言非其本業則弗觀視，故能各精其事，不移易。」

〔一九〕孟康曰：「于越，南方越名也。」師古曰：「于，發語聲也。戎蠻之語則然。于越猶句吳耳。辟讀曰譬。」

〔二〇〕師古曰：「道讀曰導。」

〔二一〕師古曰：「直道而行，謂以德禮率下，不飾僞也。」

及周室衰，禮法墮，〔一〕諸侯刻桷丹楹，大夫山節藻棁，〔二〕八佾舞於庭，雍徹於堂。〔三〕其流至乎士庶人，莫不離制而棄本，稼穡之民少，商旅之民多，穀不足而貨有餘。

〔一〕師古曰：「墮，毀也，音火規反。」

〔二〕師古曰：「桷，椽也。楹，柱也。節，栭也。山，刻爲山形也。棁，侏儒柱也。藻謂刻鏤爲水藻之文也。刻桷丹楹，魯桓宮也。山節藻棁，臧文仲也。」

〔三〕師古曰：「八列舞於庭，謂季氏也。以雍樂徹食，三家則然，事見論語。」

陵夷至乎桓、文之後，〔一〕禮誼大壞，上下相冒，國異政，家殊俗，耆欲不制，僭差亡極。〔二〕於是商通難得之貨，工作亡用之器，士設反道之行，以追時好而取世資。〔三〕僞民背實而要名，姦夫犯害而求利，篡弒取國者爲王公，圉奪成家者爲雄桀。〔四〕禮誼不足以拘君子，刑戮不足以威小人。富者木土被文錦，犬馬餘肉粟，而貧者裋褐不完，唅菽飲水。〔五〕其爲編戶齊民，同列而以財力相君，雖爲僕虜，猶亡慍色。故夫飾變詐爲姦軌者，自足乎一世之間；守道循理者，不免於飢寒之患。其教自上興，繇法度之無限也。〔六〕故列其行事，以傳世變云。

〔一〕師古曰：「齊桓、晉文也。」

〔二〕師古曰：「耆讀曰嗜，其下並同。極，止也。」

〔三〕師古曰：「追，逐也。」

〔四〕師古曰：「圉謂禁守其人也。」

〔五〕師古曰：「裋，布長襦也。褐，編枲衣也。裋音豎。唅亦含字也。菽，豆也。」

〔六〕師古曰：「繇讀與由同。」

昔粤王句踐困於會稽之上，乃用范蠡、計然。〔一〕計然曰：「知鬭則修備，時用則知物，二者形則萬貨之情可得見矣。〔二〕故旱則資舟，水則資車，物之理也。」〔三〕推此類而脩之，十年國富，厚賂戰士，遂報彊吳，刷會稽之恥。〔四〕范蠡歎曰：「計然之策，十用其五而得意。既以施國，吾欲施之家。」乃乘扁舟，〔五〕浮江湖，變姓名，適齊爲鴟夷子皮，〔六〕之陶爲朱公。〔七〕以爲陶天下之中，諸侯四通，貨物所交易也，乃治產積居，與時逐〔八〕而不責於人。故善治產者，能擇人而任時。十九年之間三致千金，而再散分與貧友昆弟。後年衰老，聽子孫脩業而息之，〔九〕遂至鉅萬。故言富者稱陶朱。

〔一〕孟康曰：「姓計名然，越臣也。」蔡謨曰：「計然者，范蠡所著書篇名耳，非人也。謂之計然者，所計而然也。羣書所稱句踐之賢佐，種、蠡爲首，豈聞復有姓計名然者乎？若有此人，越但用半策便以致霸，是功重於范蠡，蠡之師也，焉有如此而越國不記其事，書籍不見其名，史遷不述其傳乎？」師古曰：「蔡說謬矣。據古今人表，計然列在第四等，豈是范蠡書篇乎？計然一號計研，故賓戲曰『研、桑心計於無垠』，即謂此耳。計然者，濮上人也，博學無所不通，尤善計算，嘗南遊越，范蠡卑身事之。其書則有萬物錄，著五方所出，皆直述之。事見皇覽及晉中經簿。又吳越春秋及越絕書並作計倪，此則倪、研及然聲皆相近，實一人耳。何云書籍不見哉？」

〔二〕師古曰：「形，顯見。」

〔三〕師古曰：「旱極則水，水極則旱，故於旱時而預蓄舟，水時預蓄車，以待其貴，收其利也。」

〔四〕師古曰：「刷謂拭除之也，音所劣反。」

〔五〕孟康曰：「特舟也。」師古曰：「音西延反。」

〔六〕師古曰：「自號鴟夷者，言若盛酒之鴟夷，多所容受，而可卷懷，與時張弛也。鴟夷，皮之所爲，故曰子皮。」

〔七〕孟康曰：「陶即今定陶也。」

〔八〕孟康曰：「逐時而居買也。」師古曰：「此說非也。言豫居貨物隨時而逐利。」

〔九〕師古曰：「息，生也。」

子贛既學於仲尼，退而仕衞，〔一〕發貯鬻財曹、魯之間。〔二〕七十子之徒，賜最爲饒，〔三〕而顏淵簞食瓢飲，在于陋巷。〔四〕子贛結駟連騎，束帛之幣聘享諸侯，所至，國君無不分庭與之抗禮。〔五〕然孔子賢顏淵而譏子贛，曰：「回也其庶乎，屢空。賜不受命，而貨殖焉，意則屢中。」〔六〕

〔一〕師古曰：「孔子弟子，姓端木，名賜也。」

〔二〕師古曰：「多有積貯，趣時而發。鬻，賣之也。鬻音弋六反。」

〔三〕師古曰：「言於弟子之中最爲富。」

〔四〕師古曰：「簞，笥也。食，飯也。瓢，瓠勺也。一簞之飯，一瓢之飲，至貧也。簞音丁安反。食音似。瓢音頻遙反。」

〔五〕師古曰：「爲賓主之禮。」

〔六〕師古曰：「論語載孔子之言也。顏回庶幾聖道，雖數空匱，而樂在其中。子贛不受教命，唯財是殖，億度是非，幸而中耳。意讀曰億。中音竹仲反。」

白圭，周人也。當魏文侯時，李克務盡地力，而白圭樂觀時變，故人棄我取，人取我予，能薄飲食，忍嗜欲，節衣服，與用事僮僕同苦樂，趨時若猛獸摯鳥之發。故曰：「吾治生猶伊尹、呂尚之謀，孫吳用兵，商鞅行法是也。故智不足與權變，勇不足以決斷，仁不能以取予，彊不能以有守，雖欲學吾術，終不告也。」蓋天下言治生者祖白圭。〔一〕

〔一〕師古曰：「祖，始也，以其法爲本始也。」

猗頓用盬鹽起，〔一〕邯鄲郭縱以鑄冶成業，與王者埒富。〔二〕

〔一〕師古曰：「猗頓，魯之窮士也。盬，鹽池也。於盬造鹽，故曰盬鹽。盬音古。」

〔二〕師古曰：「埒，等也。」

烏氏贏畜牧，〔一〕及衆，斥賣，〔二〕求奇繒物，間獻戎王。〔三〕戎王十倍其償，予畜，畜至用谷量牛馬。〔四〕秦始皇令贏比封君，以時與列臣朝請。〔五〕

〔一〕師古曰：「氏音支。烏氏，姓也。贏，名也。其人爲畜牧之業也。」

〔二〕師古曰：「畜牧蕃盛，其數多則出而賣之也。」

〔三〕師古曰：「避時之禁，故伺間隙私遺戎王。」

〔四〕師古曰：「言其數饒不可計算，故以山谷多少言之。」

〔五〕師古曰：「與讀曰豫。請音才性反。」

巴寡婦清，〔一〕其先得丹穴，而擅其利數世，〔二〕家亦不訾。〔三〕清寡婦能守其業，用財自衞，人不敢犯。始皇以爲貞婦而客之，爲築女懷清臺。

〔一〕師古曰：「以其行絜，故號曰清也。」

〔二〕師古曰：「丹，丹砂也。穴者，山谷之穴出丹也。」

〔三〕師古曰：「言資財衆多無限數。訾音子移反。」

秦漢之制，列侯封君食租稅，歲率戶二百。千戶之君則二十萬，朝覲聘享出其中。庶民農工商賈，率亦歲萬息二千，百萬之家即二十萬，而更繇租賦出其中，〔一〕衣食好美矣。故曰陸地牧馬二百蹏，〔二〕牛千蹏角，〔三〕千足羊，〔四〕澤中千足彘，水居千石魚波，〔五〕山居千章之萩。〔六〕安邑千樹棗；燕、秦千樹栗；蜀、漢、江陵千樹橘；淮北滎南河濟之間千樹萩；〔七〕陳、夏千畝桼；〔八〕齊、魯千畝桑麻；渭川千畝竹；及名國萬家之城，帶郭千畝畝鍾之田，〔九〕若千畝卮茜，〔一〇〕千畦薑韭；〔一一〕此其人皆與千戶侯等。

〔一〕師古曰：「更音工衡反。繇讀曰傜。」

〔二〕孟康曰：「五十四也。」師古曰：「蹏，古蹄字。」

〔三〕孟康曰：「百六十七頭也。馬貴而牛賤，以此爲率也。」師古曰：「百六十七頭牛，則爲蹄與角凡一千二也。言千者，舉成數也。」

〔四〕師古曰：「凡言千足者，二百五十頭也。」

〔五〕師古曰：「波讀曰陂。言有大陂養魚，一歲收千石魚也。說者不曉，乃改其波字爲皮，又讀爲披，皆失之矣。」

〔六〕孟康曰：「萩任方章者千枚也。」師古曰：「大材曰章，解在百官公卿表。萩即楸樹字也。其下並同也。」

〔七〕師古曰：「滎亦水名，濟水所溢作也，即今所謂滎澤也。」

〔八〕師古曰：「陳，陳縣也，夏，夏縣也，皆屬淮陽。種桼樹而取其汁。夏音㙷。」

〔九〕孟康曰：「一鍾受六斛四斗。」師古曰：「一畝收鍾者凡千畝也。」

〔一〇〕（師古）〔孟康〕曰：「茜草、卮子可用染也。」師古曰：「茜音千見反。」

〔一一〕師古曰：「畦音攜。」

諺曰：「以貧求富，農不如工，工不如商，刺繡文不如倚市門。」此言末業，貧者之資也。〔一〕通邑大都酤一歲千釀，〔二〕醯醬千瓨，〔三〕漿千儋，〔四〕屠牛羊彘千皮，穀糴千鍾，〔五〕薪槀千車，船長千丈，〔六〕木千章，竹竿萬个，〔七〕軺車百乘，〔八〕牛車千兩；〔九〕木器桼者千枚，銅器千鈞，〔一〇〕素木鐵器若卮茜千石，〔一一〕馬蹏噭千，〔一二〕牛千足，羊彘千雙，〔一三〕童手指千，〔一四〕筋角丹沙千斤，其帛絮細布千鈞，文采千匹，〔一五〕荅布皮革千石，〔一六〕桼千大斗，〔一七〕蘗麴鹽豉千合，〔一八〕鮐鮆千斤，〔一九〕鮿鮑千鈞，〔二〇〕棗栗千石者三之，〔二一〕狐貂裘千皮，羔羊裘千石，〔二二〕旃席千具，它果采千種，〔二三〕子貸金錢千貫，節駔儈，〔二四〕貪賈三之，廉賈五之，〔二五〕亦比千乘之家，此其大率也。

〔一〕師古曰：「言其易以得利也。」

〔二〕師古曰：「千瓮以釀酒。」

〔三〕師古曰：「瓨，長頸罌也，受十升。瓨音胡雙反。」

〔四〕孟康曰：「儋，罌也。」師古曰：「儋，人儋之也，一儋兩罌。儋音丁濫反。」

〔五〕師古曰：「謂常糴取而居之。」

〔六〕師古曰：「總積船之丈數也。」

〔七〕孟康曰：「个者，一个兩个。」師古曰：「个讀曰箇。箇，枚也。」

〔八〕師古曰：「軺車，輕小之車也。軺音弋昭反。」

〔九〕師古曰：「車一乘曰一兩。謂之兩者，言其轅輪兩兩而耦。」

〔一〇〕孟康曰：「三十斤爲一鈞。」

〔一一〕孟康曰：「百二十斤爲石。素木，素器也。」

〔一二〕師古曰：「噭，口也。蹄與口共千，則爲馬二百也。噭音江釣反，又音口釣反。」

〔一三〕師古曰：「彘即豕。」

〔一四〕孟康曰：「僮，奴婢也。古者無空手游口，皆有作務，作務須手指，故曰手指，以別馬牛蹏角也。」師古曰：「手指謂有巧伎者。指千則人百。」

〔一五〕師古曰：「文，文繒也。帛之有色者曰采。」

〔一六〕孟康曰：「荅布，白疊也。」師古曰：「麤厚之布也，其價賤，故與皮革同其量耳，非白疊也。荅者，厚重之貌，而讀者妄爲榻音，非也。」

〔一七〕師古曰：「大斗者，異於量米粟之斗也。今俗猶有大量。」

〔一八〕師古曰：「麴糱以斤石稱之，輕重齊則爲合。鹽豉則斗斛量之，多少等亦爲合。合者，相配偶之言耳。今西楚荆沔之俗賣鹽豉者，鹽豉各一升則各爲裹而相隨焉，此則合也。說者不曉，乃讀爲升合之合，又改作台，競爲解說，失之遠矣。」

〔一九〕師古曰：「鮐，海魚也。鮆，刀魚也，飲而不食者。鮐音胎，又音菭。鮆音薺，又音才爾反。而說者妄讀鮐爲夷，非唯失於訓物，亦不知音矣。」

〔二〇〕師古曰：「鮿，膊魚也，即今不著鹽而乾者也。鮑，今之鰛魚也。鮿音輒。膊音普各反。鰛音於業反。而說者乃讀鮑爲鮠魚之鮠，音五回反，失義遠矣。鄭康成以爲鰛於煏室乾之，亦非也。煏室乾之，即鮿耳。蓋今巴荆人所呼鰎魚者是也。音居偃反。秦始皇載鮑亂臭，則是鰛魚耳。而煏室乾者，本不臭也。煏音蒲北反。」

〔二一〕師古曰：「三千石。」

〔二二〕師古曰：「狐貂貴，故計其數；羔羊賤，故稱其量也。」

〔二三〕師古曰：「果采，謂於山野采取(栗)〔果〕實也。」

〔二四〕孟康曰：「節，節物貴賤也。謂除估儈，其餘利比於千乘之家也。」師古曰：「儈者，合會二家交易者也。駔者，其首率也。駔音子朗反。儈音工外反。」

〔二五〕孟康曰：「貪賈，未當賣而賣，未當買而買，故得利少，而十得其三。廉賈，貴乃賣，賤乃買，故十得五也。」

蜀卓氏之先，趙人也，用鐵冶富。秦破趙，遷卓氏之蜀，夫妻推輦行。〔一〕諸遷虜少有餘財，爭與吏，求近處，處葭萌。〔二〕唯卓氏曰：「此地陿薄。吾聞㟭山之下沃壄，下有踆鴟，至死不飢。〔三〕民工作(市)〔布〕，易賈。」乃求遠遷。致之臨邛，大憙，即鐵山鼓鑄，〔四〕運籌算，賈滇、蜀民，〔五〕富至童八百人，田池射獵之樂擬於人君。

〔一〕師古曰：「步車曰輦。」

〔二〕師古曰：「縣名也，地理志屬廣漢。葭音家。」

〔三〕孟康曰：「踆音蹲。水鄉多鴟，其山下有沃野灌漑。」師古曰：「孟說非也。踆鴟謂芋也，其根可食，以充糧，故無飢年。華陽國志曰汶山郡都安縣有大芋如蹲鴟也。」

〔四〕師古曰：「即，就也。」

〔五〕師古曰：「行販賣於滇、蜀之間也。滇音丁賢反。」

程鄭，山東遷虜也，亦冶鑄，賈魋結民，富埒卓氏。〔一〕

〔一〕師古曰：「魋結，西南夷也。言程鄭行賈，求利於其人也。埒，等也。魋音直追反。結讀曰髻。」

程、卓既衰，至成、哀間，成都羅裒訾至鉅萬。初，裒賈京師，隨身數十百萬，〔一〕爲平陵石氏持錢。其人彊力。石氏訾次如、苴，〔二〕親信，厚資遣之，令往來巴蜀，數年間致千餘萬。裒舉其半賂遺曲陽、定陵侯，〔三〕依其權力，賒貸郡國，人莫敢負。〔四〕擅鹽井之利，期年所得自倍，〔五〕遂殖其貨。

〔一〕師古曰：「言其自有數十萬，且至百萬。」

〔二〕孟康曰：「平陵如氏、苴氏也。石氏勤力，故訾次二人也。」師古曰：「孟說非也。其人彊力，謂羅裒耳。訾次如、苴，自謂石氏之饒財也。苴音側于反。」

〔三〕師古曰：「謂王根、淳于長也。」

〔四〕師古曰：「貸音吐戴反。」

〔五〕師古曰：「期音基。」

宛孔氏之先，梁人也，用鐵冶爲業。秦滅魏，遷孔氏南陽，大鼓鑄，規陂田，連騎游諸侯，因通商賈之利，有游閒公子之名。〔一〕然其贏得過當，瘉於孅嗇，〔二〕家致數千金，故南陽行賈盡法孔氏之雍容。

〔一〕師古曰：「閒讀曰閑，言其志寬大，不在急促。公子者，公侯貴人之子也，言其舉動性行有似之也，若今言諸郎矣。」

〔二〕師古曰：「瘉讀爲愈。愈，勝也。孅，細也。嗇，愛吝也。言其於利雖不汲汲苟得，然所獲贏餘多於細吝者也。孅與纖同。下云周人既孅，義亦類此。」

魯人俗儉嗇，而丙氏尤甚，以鐵冶起，富至鉅萬。然家自父兄子弟約，頫有拾，卬有取，〔一〕貰貸行賈徧郡國。鄒、魯以其故，多去文學而趨利。

〔一〕師古曰：「頫，古俯字也。俯仰必有所取拾，無鉅細好惡也。」

齊俗賤奴虜，而刀閒獨愛貴之。〔一〕桀黠奴，人之所患，唯刀閒收取，使之逐魚鹽商賈之利，或連車騎交守相，然愈益任之，終得其力，起數千萬。故曰「寧爵無刀」，〔二〕言能使豪奴自饒，而盡其力也。刀閒既衰，至成、哀間，臨淄姓偉訾五千萬。〔三〕

〔一〕師古曰：「刀姓，閒名也。刀音貂。」

〔二〕孟康曰：「刀閒能畜豪奴，奴或有連車騎交守相。奴自謂：『寧欲免去作民有爵邪？無將止爲刀氏作奴乎？』無，發聲助也。」

〔三〕師古曰：「姓姓，名偉。」

周人既纖，而師史尤甚，轉轂百數，〔一〕賈郡國，無所不至。雒陽街居在齊秦楚趙之中，富家相矜以久賈，〔二〕過邑不入門。設用此等，故師史能致十千萬。〔三〕

〔一〕師古曰：「轉轂，謂以車載物而逐利者。」

〔二〕孟康曰：「謂街巷居民無田地，皆相矜久賈在此諸國也。」師古曰：「此說非也。言雒陽之地居在諸國之中，無衝之所，若大街衢，故其賈人無所不至而多得利，不憚久行也。中音竹仲反。」

〔三〕師古曰：「十千萬，即萬萬也。言其財至萬萬也。一曰至千萬者十焉。」

師史既衰，至成、哀、王莽時，雒陽張長叔、薛子仲訾亦十千萬。莽皆以爲納言士，欲法武帝，然不能得其利。〔一〕

〔一〕師古曰：「法武帝者，言用卜式、東郭咸陽、孔僅等爲官也。」

宣曲任氏，其先爲督道倉吏。〔一〕秦之敗也，豪桀爭取金玉，任氏獨窖倉粟。〔二〕楚漢相距滎陽，民不得耕種，米石至萬，而豪桀金玉盡歸任氏，任氏以此起富。富人奢侈，而任氏折節爲力田畜。人爭取賤賈，任氏獨取貴善，〔三〕富者數世。〔四〕然任公家約，非田畜所生不衣食，公事不畢則不得飲酒食肉。〔五〕以此爲閭里率，故富而主上重之。

〔一〕孟康曰：「若今（史）〔吏〕督租穀使上道輸在所也。」師古曰：「於京師四方諸道督其租耳。道者，非謂上道也。」

〔二〕師古曰：「取倉粟而窖臧之也。窖音工孝反。」

〔三〕師古曰：「言其居賈之物，不計貴賤，唯在良美也。賈讀曰價。」

〔四〕師古曰：「折節力田，務於本業，先公後私，率道閭里，故云善富。」

〔五〕師古曰：「任公，任氏之父也。言家爲此私約制也。晉灼以爲任用公家之約，此說非也。」

塞之斥也，唯橋桃以致馬千匹，牛倍之，羊萬，粟以萬鍾計。〔一〕

〔一〕孟康曰：「邊塞主斥候卒也。唯此一人能致富若此。」師古曰：「此說非也。塞斥者，言國家斥開邊塞，更令寬廣，故橋桃得恣其畜牧也。姓橋名桃。以萬鍾計者，不論斗斛千萬之數，每率舉萬鍾而計之者，其饒多也。」

吳楚兵之起，長安中列侯封君行從軍旅，齎貸子錢家，〔一〕子錢家以爲關東成敗未決，莫肯予。唯（母）〔毋〕鹽氏出捐千金貸，〔二〕其息十之。三月，吳楚平。一歲之中，則（母）〔毋〕鹽氏息十倍，用此富關中。

〔一〕師古曰：「行者須齎糧而出，於子錢家貸之也。貸謂求假之也，音吐得反。」

〔二〕師古曰：「貸謂假與之，音吐戴反。」

關中富商大賈，大氐盡諸田，〔一〕田墻、田蘭。韋家栗氏、安陵杜氏亦鉅萬。前富者既衰，自元、成訖王莽，京師富人杜陵樊嘉，茂陵摯網，平陵如氏、苴氏，長安丹王君房，豉樊少翁、王孫大卿，爲天下高訾。〔二〕樊嘉五千萬，其餘皆鉅萬矣。王孫卿以財養士，與雄桀交，王莽以爲京司市師，漢司東市令也。

〔一〕師古曰：「氐讀曰抵。抵，歸也。」

〔二〕師古曰：「王君房賣丹，樊少翁及王孫大卿賣豉，亦致高訾。訾讀與資同。高訾謂多資財。」

此其章章尤著者也。其餘郡國富民兼業顓利，〔一〕以貨賂自行，取重於鄉里者，不可勝數。故秦楊以田農而甲一州，〔二〕翁伯以販脂而傾縣邑，張氏以賣醬而隃侈，質氏以洒削而鼎食，〔三〕濁氏以(冒)〔胃〕脯而連騎，〔四〕張里以馬醫而擊鍾，皆越法矣。然常循守事業，積累贏利，漸有所起。至於蜀卓，宛孔，齊之刀閒，公擅山川銅鐵魚鹽市井之入，運其籌策，上爭王者之利，下錮齊民之業，〔五〕皆陷不軌奢僭之惡。又況掘冢搏掩，犯姦成富，〔六〕曲叔、稽發、雍樂成之徒，〔七〕猶復齒列，〔八〕傷化敗俗，大亂之道也。

〔一〕師古曰：「顓與專同。」

〔二〕孟康曰：「以田地過限，從此而富，爲州中第一也。」

〔三〕服虔曰：「治刀劍者也。」如淳曰：「作刀劍削者。」師古曰：「二說皆非也。洒，濯也。削謂刀劍室也。謂人有刀劍削故惡者，主爲洒刷之，去其垢穢，更飾令新也。洒音先禮反。削音先召反。」

〔四〕晉灼曰：「今太官常以十月作沸湯燖羊胃，以末椒薑坋之，暴使燥是也。」師古曰：「燖音似廉反。坋音蒲頓反。」

〔五〕師古曰：「錮亦謂專取之也。」

〔六〕師古曰：「搏揜謂搏擊掩襲，取人物者也。搏字或作博。一說搏，六博也，揜，意錢之屬也，皆戲而賭取財物。」

〔七〕師古曰：「姓曲名叔，姓稽名發，姓雍名樂成也。稽音工奚反。」

〔八〕師古曰：「身爲罪惡，倘復與良善之人齊齒並列。」

校勘記

三六八七頁七行　（師古）〔孟康〕曰：景祐、殿、局本都作「孟康」。

三六八九頁一三行　謂於山野采取（栗）〔果〕實也。景祐、殿本都作「果」。王先謙說作「果」是。

三六九〇行三行　民工作（市）〔布〕，景祐、汲古、殿、局本都作「布」。

三六九三頁二行　人爭取賤賈，任氏獨取貴善，〔三〕富者數世。〔四〕注〔三〕原在「貴」字下，明顏讀善字屬下。王念孫說，此當以「任氏獨取貴善」爲句，「富者數世」爲句。王先謙說王讀是。

三六九三頁四行　若今（史）〔吏〕督租穀使上道輸在所也。景祐、殿本都作「吏」。

三六九三頁一三行　唯（毋）〔毌〕鹽氏出捐千金貸，殿本作「毌」，下同。按史記作「無」。

三六九四頁九行　濁氏以（冒）〔胃〕脯而連騎，景祐、殿本都作「胃」，此誤。

漢書卷九十二

游俠傳第六十二

古者天子建國，諸侯立家，自卿大夫以至于庶人各有等差，是以民服事其上，而下無覬覦。〔一〕孔子曰：「天下有道，政不在大夫。」〔二〕百官有司奉法承令，以脩所職，失職有誅，侵官有罰。夫然，故上下相順，而庶事理焉。

〔一〕師古曰：「覬，幸也。覦，欲也。幸得其所欲也。覬音冀。覦音踰，又音諭。」

〔二〕師古曰：「論語載孔子之言也，謂權不移於下也。」

周室既微，禮樂征伐自諸侯出。桓文之後，大夫世權，陪臣執命。〔一〕陵夷至於戰國，合從連衡，力政爭彊。〔二〕繇是列國公子，魏有信陵，趙有平原，齊有孟嘗，楚有春申，〔三〕皆藉王公之勢，競爲游俠，雞鳴狗盜，無不賓禮。〔四〕而趙相虞卿棄國捐君，以周窮交魏齊之厄；〔五〕信陵無忌竊符矯命，戮將專師，以赴平原之急；〔六〕皆以取重諸侯，顯名天下。搤掔而游談者，以四豪爲稱首。〔七〕於是背公死黨之議成，守職奉上之義廢矣。

〔一〕師古曰：「齊桓、晉文，周之二霸也。陪，重也。」

〔二〕師古曰：「力政者，棄背禮義專任威力也。從音子容反。」

〔三〕師古曰：「繇讀與由同。信陵君魏無忌，平原君趙勝，孟嘗君田文，春申君黃歇。」

〔四〕師古曰：「謂孟嘗君用雞鳴而得亡出關，因狗盜而取狐白裘也。」

〔五〕師古曰：「魏齊，虞卿之交也，將為范睢所殺，卿救之也。」

〔六〕師古曰：「秦兵圍趙，趙相平原君告急於無忌，無忌因如姬以竊兵符，矯魏僖侯命代晉鄙為將，而令朱亥鎚殺晉鄙，遂率兵救趙，秦兵以卻，而趙得全。」

〔七〕師古曰：「搤，捉持也。掔，古手腕字也。四豪即魏信陵以下也。搤音戹。」

及至漢興，禁網疏闊，未之匡改也。〔一〕是故代相陳豨從車千乘，而吳濞、淮南皆招賓客以千數。外戚大臣魏其、武安之屬競逐於京師，布衣游俠劇孟、郭解之徒馳騖於閭閻，權行州域，力折公侯。衆庶榮其名迹，覬而慕之。雖其陷於刑辟，自與殺身成名，若季路、仇牧，死而不悔也。〔二〕故曾子曰：「上失其道，民散久矣。」〔三〕非明王在上，視之以好惡，齊之以禮法，民曷繇知禁而反正乎！〔四〕

〔一〕師古曰：「匡，正也。」

〔二〕師古曰：「季路，孔子弟子也，姓仲名由，衞人也。衞有蒯聵之亂，季路聞之，故入赴難，遇孟黶石乞以戈擊之，斷纓。季路曰：『君子死，冠不免。』結纓而死。仇牧，宋大夫也。宋萬殺閔公，仇牧聞之，趨而至，手劍而叱之。萬讐擊仇牧，碎首，齒著于門闔。言游俠之徒自許節操，同於季路、仇牧。」

〔三〕師古曰：「論語載（孔）〔曾〕子之言也，解在刑法志。」

〔四〕師古曰：「視讀曰示。繇讀曰由。」

古之正法：五伯，三王之辠人也；〔一〕而六國，五伯之辠人也。夫四豪者，又六國之辠人也。況於郭解之倫，以匹夫之細，竊殺生之權，其罪已不容於誅矣。觀其溫良泛愛，振窮周急，謙退不伐，亦皆有絕異之姿。惜乎不入於道德，苟放縱於末流，殺身亡宗，非不幸也！

〔一〕師古曰：「伯讀曰霸。下皆類此。」

自魏其、武安、淮南之後，天子切齒，衞、霍改節。然郡國豪桀處處各有，京師親戚冠蓋相望，亦古今常道，莫足言者。唯成帝時，外家王氏賓客爲盛，而樓護爲帥。及王莽時，諸公之閒陳遵爲雄，閭里之俠原涉爲魁。〔一〕

〔一〕師古曰：「魁者，斗之所用盛而杓之本也。故言根本者皆云魁。」

朱家，魯人，高祖同時也。魯人皆以儒教，而朱家用俠聞。所臧活豪士以百數，其餘庸人不可勝言。然終不伐其能，飲其德，〔一〕諸所嘗施，唯恐見之。振人不贍，先從貧賤始。家亡餘財，衣不兼采，食不重味，乘不過軥牛。〔二〕專趨人之急，甚於己私。〔三〕既陰脫季布之厄，及布尊貴，終身不見。自關以東，莫不延頸願交。楚田仲以俠聞，父事朱家，自以爲行弗及也。田仲死後，有劇孟。

〔一〕孟康曰：「有德於人，而不自美也。」師古曰：「飲，沒也，謂不稱顯。」

〔二〕晉灼曰：「軥，軥梶也。軥牛，小牛也。」師古曰：「軥，重挽也，音工豆反。晉說是也。」

〔三〕師古曰：「趨讀曰趣。趣，向也。」

劇孟者，洛陽人也。周人以商賈爲資，劇孟以俠顯。吳楚反時，條侯爲太尉，乘傳東，〔一〕將至河南，得劇孟，喜曰：「吳楚舉大事而不求劇孟，吾知其無能爲已。」〔二〕天下騷動，大將軍得之若一敵國云。劇孟行大類朱家，而好博，多少年之戲。然孟母死，自遠方送喪蓋千乘。及孟死，家無十金之財。而符離王孟，亦以俠稱江淮之間。〔三〕是時，濟南瞯氏、陳周膚亦以豪聞。〔四〕景帝聞之，使使盡誅此屬。其後，代諸白、梁韓毋辟、陽翟薛況、陝寒孺，紛紛復出焉。〔五〕

〔一〕師古曰：「乘傳車而東，出爲大將也。傳音張戀反。」

〔二〕師古曰：「已，語終辭。」

〔三〕師古曰：「符離，沛郡之縣也。」

〔四〕師古曰：「瞯音閑。」

〔五〕師古曰：「代郡白姓非一家也，故稱諸焉。梁國人姓韓，名毋辟。陽翟屬潁川。陝即今陝州陝縣也。薛況、寒孺，皆人姓名也。辟讀曰避。」

郭解，河內軹人也，〔一〕溫善相人許負外孫也。解父任俠，孝文時誅死。解爲人靜悍，〔二〕不飲酒。少時陰賊感槩，〔三〕不快意，所殺甚衆。以軀耤友報仇，〔四〕臧命作姦剽攻，〔五〕休乃鑄錢掘冢，〔六〕不可勝數。適有天幸，窘急常得脫，若遇赦。

〔一〕師古曰：「軹音只。」

〔二〕師古曰：「性沉靜而勇悍。」

〔三〕師古曰：「陰賊者，陰懷賊害之意也。感槩者，感意氣而立節槩也。」

〔四〕師古曰：「耤，古藉字也。藉謂借助也。」

〔五〕師古曰：「臧命，臧亡命之人也。剽，劫也。攻謂穿窬而盜也。剽音匹妙反。」

〔六〕師古曰：「不報仇剽攻，則鑄錢發冢也。」

及解年長，更折節爲儉，以德報怨，厚施而薄望。然其自喜爲俠益甚。〔一〕既已振人之命，不矜其功，〔二〕其陰賊著於心本發於睚眦如故云。〔三〕而少年慕其行，亦輒爲報讎，不使知也。

〔一〕師古曰：「自好喜爲此名也。喜音許吏反。」

〔二〕師古曰：「振謂舉救也。矜，夸恃也。」

〔三〕師古曰：「著音直略反。心本猶言本心也。睚音崖。眦音漬。睚眦又音五懈、士懈反，解具在杜欽傳。」

解姊子負解之勢，〔一〕與人飲，使之釂，非其任，彊灌之。〔二〕人怒，刺殺解姊子，（去亡）〔亡去〕。解姊怒曰：「以翁伯時人殺吾子，賊不得！」〔三〕棄其尸道旁，弗葬，欲以辱解。解使人微知賊處。〔四〕賊窘自歸，〔五〕具以實告解。解曰：「公殺之當，吾兒不直。」遂去其賊，〔六〕辠其姊子，收而葬之。諸公聞之，皆多解之義，〔七〕益附焉。

〔一〕師古曰：「負，恃也。」

〔二〕師古曰：「盡爵曰釂。其人不飲，而使盡爵，乃彊灌之，故怨怒也。釂音子笑反。彊音其兩反。」

〔三〕師古曰：「翁伯，解字也。」

〔四〕師古曰：「微，伺問之也。」

〔五〕師古曰：「窘，困急。」

〔六〕師古曰：「除去其罪也。去音丘呂反。」

〔七〕師古曰：「多猶重也。」

解出，人皆避，有一人獨箕踞視之。解問其姓名，客欲殺之。解曰：「居邑屋不見敬，是吾德不脩也，〔一〕彼何辠！」乃陰請尉史曰：「是人吾所重，至踐更時脫之。」〔二〕每至直更，數過，吏弗求。〔三〕怪之，問其故，解使脫之。箕踞者乃肉袒謝辠。少年聞之，愈益慕解之行。

〔一〕師古曰：「邑屋猶今人言村舍、巷舍也。」

〔二〕師古曰：「踐更，爲踐更之卒也。脫，免也。更音工衡反。脫音它活反。」

〔三〕師古曰：「直，當也。次當爲更也。數音所角反。」

洛陽人有相仇者，邑中賢豪居間以十數，終不聽。〔一〕客乃見解。解夜見仇家，仇家曲聽。〔二〕解謂仇家：「吾聞洛陽諸公在間，多不聽。今子幸而聽解，解奈何從它縣奪人邑賢大夫權乎！」乃夜去，不使人知，曰：「且毋庸，待我去，令洛陽豪居間乃聽。」〔三〕

〔一〕師古曰：「居中間爲道地和輯之，而不見許也。」

〔二〕師古曰：「屈曲從其言。」

〔三〕師古曰：「庸，用也。且無用休，待洛陽豪更言之乃從其言也。」

解爲人短小，恭儉，出未嘗有騎，〔一〕不敢乘車入其縣庭。〔二〕之旁郡國，爲人請求事，事可出，出之；〔三〕不可者，各令厭其意，〔四〕然後乃敢嘗酒食。諸公以此嚴重之，爭爲用。邑中少年及旁近縣豪夜半過門，常十餘車，請得解客舍養之。〔五〕

〔一〕師古曰：「不以騎自隨也。」

〔二〕師古曰：「所屬之縣也。」

〔三〕如淳曰：「事可爲免出者，出之。」

〔四〕師古曰：「厭，滿也，音一贍反。」

〔五〕師古曰：「舍，止也。言解多藏亡命，喜事少年與解同志者，知亡命者多歸解，故夜將車來迎取其人居止而養之。」

及徙豪茂陵也，解貧，不中訾。〔一〕吏恐，不敢不徙。衞將軍爲言「郭解家貧，不中徙」。上曰：「解布衣，權至使將軍，此其家不貧！」〔二〕解徙，諸公送者出千餘萬。軹人楊季主子爲縣掾，鬲之，〔三〕解兄子斷楊掾頭。解入關，關中賢豪知與不知，聞聲爭交驩。〔四〕邑人又殺楊季主，季主家上書人又殺闕下。〔五〕上聞，乃下吏捕解。解亡，置其母家室夏陽，身至臨晉。臨晉籍少翁素不知解，因出關。〔六〕籍少翁已出解，解傳太原，所過輒告主人處。吏逐迹至籍少翁，少翁自殺，口絕。久之得解，窮治所犯爲，而解所殺，皆在赦前。

〔一〕師古曰：「中，充也，言訾財不充合徙之數也。中音竹仲反。其下亦同。」

〔二〕師古曰：「將軍爲之言，是爲其所使也。」

〔三〕師古曰：「鬲塞其送，不令解得之也。鬲與隔同。」

〔四〕師古曰：「知謂先相知。」

〔五〕師古曰：「於闕下殺上書人。」

〔六〕師古曰：「出解於關也。」

軹有儒生侍使者坐，客譽郭解，生曰：「解專以姦犯公法，何謂賢？」解客聞之，殺此生，斷舌。吏以責解，解實不知殺者，殺者亦竟莫知爲誰。吏奏解無罪。御史大夫公孫弘議曰：「解布衣爲任俠行權，以睚眦殺人，解不知，此辠甚於解知殺之。當大逆無道。」〔一〕遂族解。

〔一〕師古曰：「當謂處斷其罪。」

自是之後，俠者極衆，而無足數者。然關中長安樊中子，槐里趙王孫，長陵高公子，西河郭翁中，〔一〕太原魯翁孺，臨淮兒長卿，〔二〕東陽陳君孺，雖爲俠而恂恂有退讓君子之風。〔三〕至若北道姚氏，西道諸杜，南道仇景，東道佗羽公子，〔四〕南陽趙調之徒，盜跖而居民閒者耳，曷足道哉！此乃鄉者朱家所羞也。〔五〕

〔一〕師古曰：「中讀皆曰仲。」

〔二〕師古曰：「兒音五奚反。」

〔三〕師古曰：「恂恂，謹信之貌也，音荀。」

〔四〕師古曰：「據京師而言，指其東西南北謂也。姓佗，名羽，字公子。佗，古他字。」

〔五〕師古曰：「鄉讀曰嚮。」

萬章字子夏，長安人也。〔一〕長安熾盛，街閭各有豪俠，章在城西柳市，〔二〕號曰「城西萬子夏」。爲京兆尹門下督，從至殿中，〔三〕侍中諸侯貴人爭欲揖章，莫與京兆尹言者。章逡循甚懼。其後京兆不復從也。〔四〕

〔一〕師古曰：「萬音拒。」

〔二〕師古曰：「漢宮闕疏云細柳倉有柳市。」

〔三〕師古曰：「章從京兆也。」

〔四〕師古曰：「更不以章自隨也。」

與中書令石顯相善，亦得顯權力，門車常接轂。至成帝初，石顯坐專權擅勢免官，徙歸故郡。顯貲巨萬，當去，留牀席器物數百萬直，欲以與章，章不受。賓客或問其故，章歎曰：「吾以布衣見哀於石君，〔一〕石君家破，不能有以安也，〔二〕而受其財物，此爲石氏之禍，萬氏反當以爲福邪！」諸公以是服而稱之。

〔一〕師古曰：「言爲石顯所哀憐。」

〔二〕師古曰：「言力不能救。」

河平中，王尊爲京兆尹，捕擊豪俠，殺章及箭張回、〔一〕酒市趙君都、賈子光，〔二〕皆長安名豪，報仇怨養刺客者也。

〔一〕服虔曰：「作箭者姓張，名回。」

〔二〕服虔曰：「酒市中人也。」

樓護字君卿，齊人。父世醫也，護少隨父爲醫長安，出入貴戚家。護誦醫經、本草、方術數十萬言，長者咸愛重之，共謂曰：「以君卿之材，何不宦學乎？」繇是辭其父，學經傳，〔一〕爲京兆吏數年，甚得名譽。

〔一〕師古曰：「繇讀與由同。」

是時王氏方盛，賓客滿門，五侯兄弟爭名，其客各有所厚，不得左右，〔一〕唯護盡入其門，咸得其驩心。結士大夫，無所不傾，其交長者，尤見親而敬，衆以是服。爲人短小精辯，論議常依名節，聽之者皆竦。與谷永俱爲五侯上客，長安號曰「谷子雲筆札，樓君卿脣舌」，言其見信用也。母死，送葬者致車二三千兩，閭里歌之曰：「五侯治喪樓君卿。」

〔一〕師古曰：「不相經過也。」

久之，平阿侯舉護方正，〔一〕爲諫大夫，使郡國。護假貸，〔二〕多持幣帛，過齊，上書求上先人冢，因會宗族故人，各以親疏與束帛，一日散百金之費。使還，奏事稱意，擢爲天水太守。數歲免，家長安中。時成都侯商爲大司馬衞將軍，罷朝，欲候護，其主簿諫：「將軍至尊，不宜入閭巷。」商不聽，遂往至護家。家狹小，官屬立車下，久住移時，天欲雨，主簿謂西曹諸掾曰：「不肯彊諫，反雨立閭巷！」商還，或白主簿語，商恨，以他職事去主簿，終身廢錮。

〔一〕師古曰：「王譚也。」

〔二〕師古曰：「官以物假貸貧人，令護監之。貸音吐戴反。」

後護復以薦爲廣漢太守。元始中，王莽爲安漢公，專政，莽長子宇與妻兄呂寬謀以血塗莽第門，欲懼莽令歸政。發覺，莽大怒，殺宇，而呂寬亡。寬父素與護相知，寬至廣漢過護，不以事實語也。到數日，名捕寬詔書至，〔一〕護執寬。莽大喜，徵護入爲前煇光，〔二〕封息鄉侯，列於九卿。

〔一〕師古曰：「舉姓名而捕之也。」

〔二〕師古曰：「莽分三輔置前煇光、後丞烈，以護爲之。煇音暉。」

莽居攝，槐里大賊趙朋、霍鴻等羣起，延入前煇光界，護坐免爲庶人。其居位，爵祿賂遺所得亦緣手盡。既退居里巷，時五侯皆已死，年老失勢，賓客益衰。至王莽篡位，以舊恩召見護，封爲樓舊里附城。〔一〕而成都侯商子邑爲大司空，貴重，商故人皆敬事邑，唯護自安如舊節，邑亦父事之，不敢有闕。時請召賓客，邑居樽下，稱「賤子上壽」。〔二〕坐者百數，皆離席伏，護獨東鄉正坐，〔三〕字謂邑曰：「公子貴如何！」〔四〕

〔一〕師古曰：「莽爲此爵名，效古之附庸也。」

〔二〕師古曰：「言以父禮事。」

〔三〕師古曰：「鄉讀曰嚮。」

〔四〕蘇林曰：「邑字公子也。」

初，護有故人呂公，無子，歸護。護身與呂公、妻與呂嫗同食。及護家居，妻子頗厭呂公。護聞之，流涕責其妻子曰：「呂公以故舊窮老託身於我，義所當奉。」遂養呂公終身。護卒，子嗣其爵。

陳遵字孟公，杜陵人也。祖父遂，字長子，宣帝微時與有故，相隨博弈，〔一〕數負進。〔二〕及宣帝即位，用遂，稍遷至太原太守，乃賜遂璽書曰：「制詔太原太守：官尊祿厚，可以償博進矣。妻君寧時在旁，知狀。」〔三〕遂於是辭謝，因曰：「事在元平元年赦令前。」其見厚如此。元帝時，徵遂爲京兆尹，至廷尉。

〔一〕師古曰：「博，六博。弈，圍碁也。」

〔二〕師古曰：「進者，會禮之財也，謂博所賭也，解在高紀。一說進，勝也，帝博而勝，故遂有所負。」

〔三〕師古曰：「史皇孫名進而此詔不諱之，蓋史家追書故有其字耳。君寧，遂妻名也。云妻知負博之狀者，著舊恩之深也。」

遵少孤，與張竦伯松俱爲京兆史。竦博學通達，以廉儉自守，而遵放縱不拘，操行雖異，然相親友，哀帝之末俱著名字，爲後進冠。〔一〕並入公府，公府掾史率皆羸車小馬，不上鮮明，而遵獨極輿馬衣服之好，門外車騎交錯。又日出醉歸，〔二〕曹事數廢。西曹以故事適之，〔三〕侍曹輒詣寺舍白遵曰：「陳卿今日以某事適。」遵曰：「滿百乃相聞。」故事，有百適者斤，滿百，西曹白請斥。大司徒馬宮大儒優士，又重遵，〔四〕謂西曹：「此人大度士，奈何以小文責之？」乃舉遵能治三輔劇縣，補郁夷令。〔五〕久之，與扶風相失，〔六〕自免去。

〔一〕如淳曰：「爲後進人士之冠首也。」

〔二〕師古曰：「言每日必出飲也。」

〔三〕師古曰：「案舊法令而罰之也。適讀曰謫。此下皆同。」

〔四〕師古曰：「優禮賢士，而尤敬重遵。」

〔五〕師古曰：「右扶風之縣。」

〔六〕師古曰：「意不相得也。」

槐里大賊趙朋、霍鴻等起，遵爲校尉，擊朋、鴻有功，封嘉威侯。居長安中，列侯近臣貴戚皆貴重之。牧守當之官，及郡國豪桀至京師者，莫不相因到遵門。

遵耆酒，〔一〕每大飲，賓客滿堂，輒關門，取客車轄投井中，雖有急，終不得去。〔二〕嘗有部刺史奏事，過遵，值其方飲，刺史大窮，候遵霑醉時，突入見遵母，〔三〕叩頭自白當對尚書有期會狀，母乃令從（從）〔後〕閤出去。〔四〕遵大率常醉，然事亦不廢。

〔一〕師古曰：「耆讀曰嗜。」

〔二〕師古曰：「既關閉門，又投車轄也。而說者便欲改轄字爲錧，云門之錧籥，妄穿鑿耳。錧自主人所執，何煩投井也。」

〔三〕師古曰：「䨲溼言其大醉也。䨲音竹占反。」

〔四〕師古曰：「以其前門關閉，故從後閤出之也。」

長八尺餘，長頭大鼻，容貌甚偉。略涉傳記，贍於文辭。性善書，與人尺牘，主皆藏去以爲榮。〔一〕請求不敢逆，所到，衣冠懷之，唯恐在後。〔二〕時列侯有與遵同姓字者，每至人門，曰陳孟公，坐中莫不震動，既至而非，因號其人曰陳驚坐云。

〔一〕師古曰：「去亦藏也，音丘呂反，又音舉。」

〔二〕師古曰：「懷，來也，謂招來而禮之。」

王莽素奇遵材，在位多稱譽者，繇是起爲河南太守。〔一〕既至官，當遣從史西，召善書吏十人於前，治私書謝京師故人。遵馮几，〔二〕口占書吏，且省官事，〔三〕書數百封，親疏各有意，河南大驚。數月免。

〔一〕師古曰：「繇讀與由同。」

〔二〕師古曰：「馮讀曰憑。」

〔三〕師古曰：「占，隱度也。口隱其辭以授吏也。占音之贍反。」

初，遵爲河南太守，而弟級爲荆州牧，當之官，俱過長安富人故淮陽王外家左氏飲食作樂。後司直陳崇聞之，劾奏「遵兄弟幸得蒙恩超等歷位，遵爵列侯，備郡守，級州牧奉使，皆以舉直察枉宣揚聖化爲職，不正身自慎。始遵初除，乘藩車入閭巷，〔一〕過寡婦左阿君置酒謼謳，遵起舞跳梁，頓仆坐上，暮因留宿，爲侍婢扶臥。遵知飲酒飫宴有節，〔二〕禮不入寡婦之門，而湛酒溷肴，〔三〕亂男女之別，輕辱爵位，羞汙印韍，〔四〕惡不可忍聞。臣請皆免。」遵既免，歸長安，賓客愈盛，飲食自若。〔五〕

〔一〕師古曰：「藩車，車之有屏蔽者。」

〔二〕師古曰：「宴食曰飫。飫音於庶反。」

〔三〕師古曰：「湛讀曰沈，又音耽。」

〔四〕師古曰：「此韍謂印之組也。」

〔五〕師古曰：「言自如其故。」

久之，復爲九江及河內都尉，凡三爲二千石。而張竦亦至丹陽太守，封淑德侯。後俱免官，以列侯歸長安。竦居貧，無賓客，時時好事者從之質疑問事，論道經書而已。〔一〕而遵晝夜呼號，〔二〕車騎滿門，酒肉相屬。〔三〕

〔一〕師古曰：「質，正也。」

〔二〕師古曰：「呼音火故反。」

〔三〕師古曰：「屬，連續也。屬音之欲反。」

先是黃門郎揚雄作酒箴以諷諫成帝，其文爲酒客難法度士，譬之於物，曰：「子猶瓶矣。觀瓶之居，居井之眉，〔一〕處高臨深，動常近危。酒醪不入口，臧水滿懷，不得左右，牽於纆徽。一旦叀礙，爲瓽所轠，〔二〕身提黃泉，骨肉爲泥。〔三〕自用如此，不如鴟夷。〔四〕鴟夷滑稽，腹如大壺，〔五〕盡日盛酒，人復借酤。〔六〕常爲國器，託於屬車，〔七〕出入兩宮，經營公家。繇是言之，酒何過乎！」〔八〕遵大喜之，〔九〕常謂張竦：「吾與爾猶是矣。足下諷誦經書，苦身自約，〔一〇〕不敢差跌，〔一一〕而我放意自恣，浮湛俗間，〔一二〕官爵功名，不減於子，而差獨樂，顧不優邪！」〔一三〕竦曰：「人各有性，長短自裁。子欲爲我亦不能，吾而效子亦敗矣。雖然，學我者易持，效子者難將，吾常道也。」

〔一〕師古曰：「眉，井邊地，若人目上之有眉。」

〔二〕師古曰：「纆徽，井索也。叀，縣也。瓽，井以甎爲甃者也。轠，擊也。言瓶忽縣礙不得下，而爲井瓽所擊，則破碎也。叀音上絹反。瓽音丁浪反，轠音雷。諸家之說，或以叀爲疐，或音衞，又以瓽爲甕，皆失之。甃音側救反。」

〔三〕師古曰：「提，擲也，擲入黃泉之中也。提音徒計反。」

〔四〕師古曰：「鴟夷，韋囊以盛酒，即今鴟夷（勝）〔幐〕也。」

〔五〕師古曰：「滑稽，圜轉縱捨無窮之狀。滑音骨。稽音雞。」

〔六〕師古曰：「盡猶竟日也。」

〔七〕師古曰：「天子屬車，常載酒食，故有鴟夷也。屬音之欲反。」

〔八〕師古曰：「繇讀與由同。其下類此。」

〔九〕師古曰：「喜，好愛也，音許吏反。」

〔一〇〕師古曰：「約猶束也。」
〔一一〕師古曰：「跌音徒結反。」
〔一二〕師古曰：「湛讀曰沈。」
〔一三〕師古曰：「顧，念也。」

及王莽敗，二人俱客於池陽，〔一〕竦爲賊兵所殺。〔二〕更始至長安，大臣薦遵爲大司馬護軍，與歸德侯劉颯俱使匈奴。〔三〕單于欲脅詘遵，遵陳利害，爲言曲直，單于大奇之，遣還。會更始敗，遵留朔方，爲賊所敗，時醉見殺。

〔一〕師古曰：「左馮翊之縣也。」
〔二〕李奇曰：「竦知有賊當去，會反支日，不去，因爲賊所殺。桓譚(曰)〔以〕爲通人之蔽也。」
〔三〕鄧展曰：「颯音立。」

原涉字巨先。祖父武帝時以豪桀自陽翟徙茂陵。〔一〕涉父哀帝時爲南陽太守。天下殷富，大郡二千石死官，賦斂送葬皆千萬以上，妻子通共受之，以定產業。時又少行三年喪者。及涉父死，讓還南陽賻送，行喪冢廬三年，繇是顯名京師。禮畢，扶風謁請爲議曹，〔二〕衣冠慕之輻輳。爲大司徒史丹舉能治劇，爲谷口令，〔三〕時年二十餘。谷口聞其名，不言而治。

〔一〕師古曰：「陽翟，潁川之縣也。」

〔二〕師古曰：「禮畢，行喪終服也。」

〔三〕師古曰：「左馮翊之縣，今之雲陽谷口是其處也。」

先是涉季父爲茂陵秦氏所殺，涉居谷口半歲所，自劾去官，欲報仇。谷口豪桀爲殺秦氏，亡命歲餘，逢赦出。郡國諸豪及長安、五陵諸爲氣節者皆歸慕之。〔一〕涉遂傾身與相待，人無賢不肖闐門，〔二〕在所閭里盡滿客。或譏涉曰：「子本吏二千石之世，結髮自修，以行喪推財禮讓爲名，正復讎取仇，猶不失仁義，何故遂自放縱，爲輕俠之徒乎？」涉應曰：「子獨不見家人寡婦邪？始自約敕之時，意乃慕宋伯姬及陳孝婦，〔三〕不幸壹爲盜賊所汙，遂行淫失，〔四〕知其非禮，然不能自還。吾猶此矣！」〔五〕

〔一〕師古曰：「五陵，謂長陵、安陵、陽陵、茂陵、平陵也。班固西都賦曰『南望杜、霸，北眺五陵』，是知霸陵、杜陵非此五陵之數也。而說者以爲高祖以下至茂陵爲五陵，失其本意。」

〔二〕師古曰：「闐字與寘同，音大千反。」

〔三〕師古曰：「伯姬，魯宣公女，嫁於宋恭公。恭公卒，伯姬寡居。至景公時，伯姬之宮夜火，左右曰：『夫人少避火。』伯姬曰：『婦人之義，保傅不具，夜不下堂。』遂逮於火而死。陳孝婦者，其夫當行，戒屬孝婦曰：『幸有老母，吾若不來，汝善養吾母。』孝婦曰：『諾。』夫果死，孝婦養姑愈謹。其父母將取嫁之，孝婦固欲自殺，父母懼而不取，遂使養姑。淮陽太守以聞，朝廷高其義，賜黃金四十斤，復之終身。號曰孝婦。」

〔四〕師古曰：「失讀曰泆。」

〔五〕師古曰：「還讀曰旋，謂反歸故操。」

涉自以爲前讓南陽賻送，身得其名，而令先人墳墓儉約，非孝也。乃大治起冢舍，周閣重門。初，武帝時，京兆尹曹氏葬茂陵，民謂其道爲京兆仟。涉慕之，乃買地開道，立表署曰南陽仟，人不肯從，謂之原氏仟。費用皆卬富人長者，〔一〕然身衣服車馬纔具，妻子內困。專以振施貧窮赴人之急爲務。人嘗置酒請涉，涉入里門，客有道涉所知母病避疾在里宅者。〔二〕涉即往候，叩門。家哭，涉因入弔，問以喪事。家無所有，涉曰：「但絜埽除沐浴，待涉。」還至主人，對賓客歎息曰：「人親臥地不收，涉何心鄉此！〔三〕願徹去酒食。」賓客爭問所當得，涉乃側席而坐，〔四〕削牘爲疏，〔五〕具記衣被棺木，下至飯含之物，分付諸客。〔六〕諸客奔走市買，至日昳皆會。〔七〕涉親閱視已，謂主人：「願受賜矣。」既共飲食，涉獨不飽，乃載棺物，從賓客往至喪家，爲棺斂勞俫畢葬。〔八〕其周急待人如此。後人有毀涉者曰「姦人之雄也」，喪家子即時刺殺言者。

〔一〕師古曰：「卬音牛向反。」

〔二〕師古曰：「在此里之中宅上。」

〔三〕師古曰：「鄉讀曰向。」

〔四〕師古曰：「禮，有憂者側席而坐。今涉卹人之喪，故側席。」

〔五〕師古曰：「牘，木簡也。疏音所慮反。」

〔六〕師古曰：「飯音扶晚反。含音胡紺反。」

〔七〕師古曰：「昳音徒結反。」

〔八〕師古曰：「勞倈謂慰勉賓客也。棺音工喚反。斂音力贍反。勞音郎到反。倈音郎代反。」

賓客多犯法，辠過數上聞。王莽數收繫欲殺，輒復赦出之。涉懼，求爲卿府掾史，欲以避客。文母太后喪時，守復土校尉。〔一〕已爲中郎，后免官。涉欲上冢，不欲會賓客，密獨與故人期會。涉單車敺上茂陵，〔二〕投暮，入其里宅，因自匿不見人。遣奴至市買肉，奴乘涉氣與屠爭言，斫傷屠者，亡。是時，茂陵守令尹公〔三〕新視事，涉未謁也，聞之大怒。知涉名豪，欲以示衆厲俗，遣兩吏脅守涉。至日中，奴不出，吏欲便殺涉去。涉迫窘不知所爲。會涉所與期上冢者車數十乘到，皆諸豪也，共說尹公。尹公不聽，諸豪則曰：「原巨先奴犯法不得，使肉袒自縛，箭貫耳，詣廷門謝辠，於君威亦足矣。」尹公許之。涉如言謝，復服遣去。〔四〕

〔一〕蘇林曰：「文母太后，元后也。」

〔二〕師古曰：「敺與驅同。」

〔三〕師古曰：「守茂陵令，未眞爲之。」

〔四〕師古曰：「令涉如故著衣服也。復音扶目反。」

初，涉與新豐富人祁太伯爲友，太伯同母弟王游公素嫉涉，時爲縣門下掾，說尹公曰：「君以守令辱原涉如是，一旦眞令至，君復單車歸爲府吏，涉刺客如雲，殺人皆不知主名，可爲寒心。涉治冢舍，奢僭踰制，辠惡暴著，主上知之。今爲君計，莫若墮壞涉冢舍，條奏其舊惡，〔一〕君必得眞令。如此，涉亦不敢怨矣。」尹公如其計，莽果以爲眞令。涉繇此怨王游公，選賓客，遣長子初從車二十乘劫王游公家。游公母卽祁太伯母也，諸客見之皆拜，傳曰「無驚祁夫人」。遂殺游公父及子，斷兩頭去。〔二〕

〔一〕師古曰：「墮，毀也，音火規反。」

〔二〕師古曰：「殺游公及其父。」

涉性略似郭解，外溫仁謙遜，而內隱〔一〕好殺。睚眦於塵中，（獨）〔觸〕死者甚多。王莽末，東方兵起，諸王子弟多薦涉能得士死，可用。莽乃召見，責以辠惡，赦貰，〔二〕拜鎭戎大尹（天水太守）。涉至官無幾，長安敗，〔三〕郡縣諸假號起兵攻殺二千石長吏以應漢。諸假號素聞涉名，爭問原尹何在，拜謁之。時莽州牧使者依附涉者皆得活。傳送致涉長安，更始西屛將軍申屠建請涉與相見，大重之。故茂陵令尹公壞涉冢舍者爲建主簿，涉本不怨也。涉從建所出，尹公故遮拜涉，謂曰：「易世矣，宜勿復相怨！」涉曰：「尹君，何壹魚肉涉也！」〔四〕涉用是怒，使客刺殺主簿。

〔一〕師古曰：「隱，匿其情也。」

〔二〕師古曰：「貰謂寬其罪。」

〔三〕師古曰：「無幾，言無多時也。幾音居豈反。」

〔四〕師古曰：「言以涉爲魚肉，不以人遇之。」

涉欲亡去，申屠建內恨恥之，陽言「吾欲與原巨先共鎮三輔，豈以一吏易之哉！」賓客通言，令涉自繫獄謝，建許之。賓客車數十乘共送涉至獄。建遣兵道徼取涉於車上，〔一〕送車分散馳，遂斬涉，縣之長安市。〔二〕

〔一〕師古曰：「徼，要也，音工堯反。」

〔二〕師古曰：「縣其首。」

自哀、平間，郡國處處有豪桀，然莫足數。其名聞州郡者，霸陵杜君敖，池陽韓幼孺，馬領繡君賓，西河漕中叔，皆有謙退之風。〔一〕王莽居攝，誅鉏豪俠，名捕漕中叔，不能得。〔二〕素善强弩將軍孫建，莽疑建藏匿，泛以問建。〔三〕建曰：「臣名善之，誅臣足以塞責。」莽性果賊，無所容忍，然重建，不竟問，遂不得也。中叔子少游，復以俠聞於世云。

〔一〕師古曰：「馬領，北地之縣。繡、漕，皆姓也。漕音才到反。中讀曰仲。」

〔二〕師古曰：「指其名而捕之。」

〔三〕師古曰：「泛者，以常語問之，不切責也。泛音敷劍反。」

校勘記

三六九九頁二行　論語載(孔)〔曾〕子之言也。　景祐、殿本都作「曾子」。

三七〇〇頁六行　乘傳東，〔二〕將至河南，　注〔二〕原在「至」字上，明顏讀以「將」字斷句。　王先謙說當從「東」字斷，「將」字屬下讀，不若顏說。

三七〇二頁二行　人怒，刺殺解姊子，(去亡)〔亡去〕。　王先謙說史記作「亡去」，是，此誤倒。

三七一〇頁一三行　毋乃令從(從)〔後〕閤出去。　王先謙說下「從」字誤。　按景祐、殿、局本都作「後」。

三七一三頁一一行　卽今鴟夷(勝)〔幐〕也。　汲古、局本作「幐」，景祐、殿本作「滕」。　按「幐」本字，「滕」借字，「勝」字誤。

三七一四頁九行　桓譚(曰)〔以〕爲通人之蔽也。　景祐、殿本都作「以」。　王先謙說作「以」是。

三七一八頁九行　睚眦於塵中，(獨)〔觸〕死者甚多。　王念孫說「獨」當作「觸」。

三七一八頁一一行　拜鎮戎大尹(天水太守)。　錢大昕說「天水太守」四字疑本注文，後人誤入正文。

漢書卷九十三

佞幸傳第六十三

漢興，佞幸寵臣，高祖時則有籍孺，孝惠有閎孺。此兩人非有材能，但以婉媚貴幸，〔一〕與上臥起，公卿皆因關說。〔二〕故孝惠時，郎侍中皆冠鵔鸃，貝帶，〔三〕傅脂粉，化閎、籍之屬也。兩人徙家安陵。其後寵臣，孝文時士人則鄧通，宦者則趙談、北宮伯子；〔四〕孝武時士人則韓嫣，〔五〕宦者則李延年；孝元時宦者則弘恭、石顯；孝成時士人則張放、淳于長；孝哀時則有董賢。孝景、昭、宣時皆無寵臣。景帝唯有郎中令周仁。昭帝時，駙馬都尉秺侯金賞〔六〕嗣父車騎將軍日磾爵爲侯，二人之寵取過庸，不篤。〔七〕宣帝時，侍中中郎將張彭祖少與帝微時同席研書，及帝即尊位，彭祖以舊恩封陽都侯，出常參乘，號爲愛幸。其人謹敕，無所虧損，〔八〕爲其小妻所毒薨，國除。

〔一〕師古曰：「婉，順也。媚，悅也。」

〔二〕師古曰：「關說者，言由之而納說，亦如行者之有關津。」

〔三〕師古曰：「以鵕鸃毛羽飾冠，海貝飾帶。鵕鸃即鷩鳥也。鵕音峻。鸃音儀。說在司馬相如傳。」

〔四〕師古曰：「姓北宮，名伯子。」

〔五〕師古曰：「嫣音偃。」

〔六〕師古曰：「秺音丁護反。」

〔七〕師古曰：「纔過於常人耳，不能大厚也。」

〔八〕師古曰：「敕，整也。」

鄧通，蜀郡南安人也，以濯舩為黃頭郎。〔一〕文帝嘗夢欲上天，不能，有一黃頭郎推上天，顧見其衣尻帶後穿。〔二〕覺而之漸臺，〔三〕以夢中陰目求推者郎，〔四〕見鄧通，其衣後穿，夢中所見也。召問其名姓，姓鄧，名通。鄧猶登也，文帝甚說，〔五〕尊幸之，日日異。通亦愿謹，不好外交，〔六〕雖賜洗沐，不欲出。於是文帝賞賜通鉅萬以十數，〔七〕官至上大夫。

〔一〕師古曰：「濯舩，能持濯行舩也。土勝水，其色黃，故刺舩之郎皆著黃帽，因號曰黃頭郎也。濯讀曰櫂，音直孝反。」

〔二〕師古曰：「衣尻帶後，謂衣當尻上而居革帶之下處也。」

〔三〕師古曰：「覺謂寢寐之寤也。未央殿西南有蒼池，池中有漸臺。覺音工孝反。」

〔四〕師古曰：「默而視之，求所夢者。」

〔五〕師古曰：「說讀曰悅。」

〔六〕師古曰：「專謹曰愿，音願，又音原。」

〔七〕師古曰：「每賜輒鉅萬，如此者十數。」

文帝時間如通家游戲，〔一〕然通無他伎能，不能有所薦達，獨自謹身以媚上而已。上使善相人者相通，曰：「當貧餓死。」上曰：「能富通者在我，何說貧？」於是賜通蜀嚴道銅山，得自鑄錢。〔二〕鄧氏錢布天下，其富如此。

〔一〕師古曰：「間謂投隙私行，不公顯也。如，往也。」

〔二〕師古曰：「嚴道屬蜀郡。縣有蠻夷曰道。」

文帝嘗病癰，鄧通常為上嗽吮之。〔一〕上不樂，從容問曰：「天下誰最愛我者乎？」通曰：「宜莫若太子。」太子入問疾，上使太子齰癰。〔二〕太子（嗽）〔齰〕癰而色難之。已而聞通嘗為上齰〔之〕，太子慙，繇是心恨通。〔三〕

〔一〕師古曰：「嗽音山角反。吮音自兗反。」

〔二〕師古曰：「齰，齧也，齧出其膿血。齰音仕客反。」

〔三〕師古曰：「繇讀與由同。其下類此。」

及文帝崩，景帝立，鄧通免，家居。居無何，人有告通盜出徼外鑄錢，〔一〕下吏驗問，頗有，遂竟案，〔二〕盡沒入之，通家尚負責數鉅萬。〔三〕長公主賜鄧通，〔四〕吏輒隨沒入之，一簪不得著身。於是長公主乃令假衣食。〔五〕竟不得名一錢，寄死人家。

〔一〕師古曰：「徼猶塞也。東北謂之塞，西南謂之徼。塞者，以障塞爲名。徼者，取徼遮之義也。徼音工釣反。」

〔二〕師古曰：「遂，成也，成其罪狀。」

〔三〕張晏曰：「顧人採銅鑄錢，未還庸直，而會沒入故也。」師古曰：「此說非也。積其前後所犯合沒官者數多，除其見在財物以外，尚有負官數鉅萬，故云吏輒隨沒入之耳，非負顧庸之私直。」

〔四〕師古曰：「卽館陶長公主，文帝之女也。」

〔五〕晉灼曰：「使假貸而私爲償之也。」師古曰：「此說非也。公主給其衣食也，而號云假借之耳，非通自有也。恐吏沒入，故託云然。此所謂不得名一錢。」

趙談者，以星氣幸，北宮伯子長者愛人，故親近，然皆不比鄧通。

韓嫣字王孫，弓高侯穨當之孫也。武帝爲膠東王時，嫣與上學書相愛。及上爲太子，愈益親嫣。嫣善騎射，聰慧。上卽位，欲事伐胡，而嫣先習兵，〔一〕以故益尊貴，官至上大夫，賞賜儗鄧通。〔二〕

〔一〕師古曰：「言舊自便習。」

〔二〕師古曰：「儗，比也。」

始時，嫣常與上共臥起。江都王入朝，從上獵上林中。天子車駕蹕道未行，〔一〕先使嫣乘副車，從數十百騎馳視獸。江都王望見，以爲天子，辟從者，伏謁道旁。〔二〕嫣驅不見。既過，江都王怒，爲皇太后泣，請得歸國〔三〕入宿衞，比韓嫣。太后繇此銜嫣。

〔一〕師古曰：「已稱蹕，止行人訖，而天子未出也。」

〔二〕師古曰：「辟去其從者，而身獨伏謁也。辟音闢。」

〔三〕師古曰：「還爵封於天子也。」

嫣侍，出入永巷不禁，〔一〕以姦聞皇太后。太后怒，使使賜嫣死。上爲謝，終不能得，嫣遂死。

〔一〕師古曰：「言上恣其出入也。」

嫣弟說，亦愛幸，〔一〕以軍功封案道侯，巫蠱時爲戾太子所殺。子增封龍雒侯，〔二〕大司馬車騎將軍，自有傳。〔三〕

〔一〕師古曰：「說讀曰悅。」

〔二〕師古曰：「雒字或作頟。」

〔三〕師古曰：「在韓信傳末。」

李延年，中山人，身及父母兄弟皆故倡也。〔一〕延年坐法腐刑，給事狗監中。〔二〕女弟得幸於上，號李夫人，列外戚傳。延年善歌，爲新變聲。是時上方興天地諸祠，欲造樂，令司馬相如等作詩頌。延年輒承意弦歌所造詩，爲之新聲曲。而李夫人產昌邑王，延年繇是貴爲協律都尉，佩二千石印綬，而與上臥起，其愛幸埒韓嫣。〔三〕久之，延年弟季與中人亂，出入驕恣。及李夫人卒後，其愛弛，〔四〕上遂誅延年兄弟宗族。

〔一〕師古曰：「樂人也。」

〔二〕師古曰：「掌天子之狗，於其中供事也。」

〔三〕師古曰：「埒，等齊。」

〔四〕師古曰：「弛，解也，音式爾反。」

是後寵臣，大氐外戚之家也。〔一〕衞青、霍去病皆愛幸，然亦以功能自進。

〔一〕師古曰：「氐，歸也，音丁禮反。」

石顯字君房，濟南人；弘恭，沛人也。皆少坐法腐刑，爲中黃門，以選爲中尚書。宣帝時任中書官，恭明習法令故事，善爲請奏，能稱其職。恭爲令，顯爲僕射。元帝即位數年，恭死，顯代爲中書令。

是時，元帝被疾，不親政事，方隆好於音樂，以顯久典事，中人無外黨，〔一〕精專可信任，遂委以政。事無小大，因顯白決，貴幸傾朝，百僚皆敬事顯。顯爲人巧慧習事，能探得人主微指，內深賊，持詭辯以中傷人，〔二〕忤恨睚眦，輒被以危法。〔三〕初元中，前將軍蕭望之及光祿大夫周堪、宗正劉更生皆給事中。望之領尚書事，知顯專權邪辟，〔四〕建白以爲「尚書百官之本，國家樞機，〔五〕宜以通明公正處之。武帝游宴後庭，故用宦者，非古制也。宜罷中書宦官，應古不近刑人。」〔六〕元帝不聽，繇是大與顯忤。後皆害焉，望之自殺，堪、更生廢錮，不得復進用，語在望之傳。後太中大夫張猛、魏郡太守京房、御史中丞陳咸、待詔賈捐之皆嘗奏封事，或召見，言顯短。顯求索其辠，房、捐之棄市，猛自殺於公車，咸抵辠，髡爲城旦。及鄭令蘇建得顯私書奏之，後以它事論死。自是公卿以下畏顯，重足一迹。〔七〕

〔一〕師古曰：「少骨肉之親，無婚姻之家也。」

〔二〕師古曰：「詭，違也，違道之辯。」

〔三〕師古曰：「被，加也，音皮義反。」

〔四〕師古曰：「辟讀曰僻。」

〔五〕師古曰：「立此議而白之。」

〔六〕師古曰：「禮『刑人不在君側』，故曰應古。」

〔七〕師古曰：「言極恐懼，不敢自寬縱。」

顯與中書僕射牢梁、少府五鹿充宗結爲黨友，諸附倚者皆得寵位。〔一〕民歌之曰：「牢邪石邪，五鹿客邪！印何纍纍，綬若若邪！」〔二〕言其兼官據勢也。

〔一〕師古曰：「倚，依也，音於綺反。」

〔三〕師古曰：「纍纍，重積也。若若，長貌。纍音力追反。」

顯見左將軍馮奉世父子爲公卿著名，女又爲昭儀在內，顯心欲附之，薦言昭儀兄謁者逡〔一〕修敕宜侍帷幄。〔二〕天子召見，欲以爲侍中，逡請間言事。上聞逡言顯顓權，〔三〕天子大怒，罷逡歸郎官。其後御史大夫缺，羣臣皆舉逡兄大鴻臚野王行能第一，天子以問顯，顯曰：「九卿無出野王者。然野王親昭儀兄，臣恐後世必以陛下度越衆賢，〔四〕私後宮親以爲三公。」上曰：「善，吾不見是。」〔五〕乃下詔嘉美野王，廢而不用，語在野王傳。

〔一〕師古曰：「逡音千旬反。」
〔二〕師古曰：「敕，整也。」
〔三〕師古曰：「顓與專同。其下類此。」
〔四〕師古曰：「度，過也。」
〔五〕師古曰：「言不見此理。」

顯內自知擅權事柄在掌握，恐天子一旦納用左右耳目，有以間己，〔一〕乃時歸誠，取一信以爲驗。顯嘗使至諸官有所徵發，顯先自白，恐後漏盡宮門閉，請使詔吏開門。上許之。顯故投夜還，稱詔開門入。後果有上書告顯顓命矯詔開宮門，天子聞之，笑以其書示顯。顯因泣曰：「陛下過私小臣，屬任以事，〔二〕羣下無不嫉妬欲陷害臣者，事類如此非一，唯獨明主知之。愚臣微賤，誠不能以一軀稱快萬衆，〔三〕任天下之怨，〔四〕臣願歸樞機職，受後宮掃除之役，死無所恨，唯陛下哀憐財幸，〔五〕以此全活小臣。」天子以爲然而憐之，數勞勉顯，加厚賞賜，賞賜及賂遺訾一萬萬。〔六〕

〔一〕師古曰：「間音工莧反。」

〔二〕師古曰：「過猶誤也。屬，委也。屬音之欲反。」

〔三〕師古曰：「稱音尺孕反。」

〔四〕師古曰：「任猶當也。」

〔五〕師古曰：「財與裁同。」

〔六〕師古曰：「賂遺，謂百官羣下所遺也。訾讀與貲同。」

初，顯聞衆人匈匈，言已殺前將軍蕭望之。望之當世名儒，顯恐天下學士姍己，〔一〕病之。是時，明經著節士琅邪貢禹爲諫大夫，顯使人致意，深自結納。顯因薦禹天子，歷位九卿，至御史大夫，禮事之甚備。議者於是稱顯，以爲不妬譖望之矣。顯之設變詐以自解免取信人主者，皆此類也。

〔一〕師古曰：「姍，古訕字。訕，謗也，音所諫反。」

元帝晚節寢疾，〔一〕定陶恭王愛幸，顯擁祐太子頗有力。元帝崩，成帝初即位，遷顯爲長信中太僕，秩中二千石。顯失倚，離權數月，丞相御史條奏顯舊惡，及其黨牢梁、陳順皆免官。顯與妻子徙歸故郡，憂滿不食，道病死。〔二〕諸所交結，以顯爲官，皆廢罷。少府五鹿充宗左遷玄菟太守，御史中丞伊嘉爲鴈門都尉。長安謠曰：「伊徙鴈，鹿徙菟，去牢與陳實無賈。」〔三〕

〔一〕師古曰：「晚節猶言末時也。」
〔二〕師古曰：「滿讀曰懣，音悶。」
〔三〕師古曰：「賈讀曰價。」

淳于長字子孺，魏郡元城人也。少以太后姊子爲黃門郎，未進幸。會大將軍王鳳病，長侍病，晨夜扶丞左右，甚有甥舅之恩。鳳且終，以長屬託太后及帝。〔一〕帝嘉長義，拜爲列校尉諸曹，遷水衡都尉侍中，至衞尉九卿。

〔一〕師古曰：「屬音之欲反。」

久之，趙飛燕貴幸，上欲立以爲皇后，太后以其所出微，難之。長主往來通語東宮。〔一〕歲餘，趙皇后得立，上甚德之，乃追顯長前功，下詔曰：「前將作大匠解萬年奏請營作昌陵，罷弊海內，〔二〕侍中衞尉長數白宜止徙家反故處，〔三〕朕以長言下公卿，議者皆合長計。首建至策，民以康寧。〔四〕其賜長爵關內侯。」後遂封爲定陵侯，大見信用，貴傾公卿。外交諸侯牧守，賂遺賞賜亦絫鉅萬。〔五〕多畜妻妾，淫於聲色，不奉法度。

〔一〕師古曰：「主猶專。」

〔二〕師古曰：「罷讀曰疲。」

〔三〕師古曰：「陵置邑，徙人以實之。長奏令止所徙之家各還本處。」

〔四〕師古曰：「康，安也。」

〔五〕師古曰：「絫，古累字也。其下亦同。」

初，許皇〔后〕坐執左道廢處長定宮，而后姊孅爲龍頟思侯夫人，〔一〕寡居。長與孅私通，因取爲小妻。許后因孅賂遺長，欲求復爲倢伃。長受許后金錢乘輿服御物前後千餘萬，詐許爲白上，立以爲左皇后。孅每入長定宮，輒與孅書，戲侮許后，嫚易無不言。〔二〕交通書記，賂遺連年。是時，帝舅曲陽侯王根爲大司馬票騎將軍，輔政數歲，久病，數乞骸骨。長以外親居九卿位，次第當代根。根兄子新都侯王莽心害長寵，私聞長取許孅，受長定宮賂遺。莽侍曲陽侯疾，因言「長見將軍久病，意喜，自以當代輔政，至對衣冠議語署置。」〔三〕具言其辠過。根怒曰：「卽如是，何不白也？」莽曰：「未知將軍意，故未敢言。」根曰：「趣白東宮。」〔四〕莽求見太后，具言長驕佚，〔五〕欲代曲陽侯，對莽母上車，〔六〕私與長定貴人姊通，受取其衣物。太后亦怒曰：「兒至如此！往白之帝！」莽白上，上乃免長官，遣就國。

〔一〕晉灼曰：「孅音纖。」

〔二〕師古曰：「嫚，褻汙也。易，輕也。易音弋豉反。」

〔三〕師古曰：「自謂當輔政，故豫言某人爲某官，某人爲某事。」

〔四〕師古曰：「趣讀曰促。」

〔五〕師古曰：「佚讀與逸同。」

〔六〕師古曰：「莽母於長，舅之妻也，上車當於異處。便於前上，言不敬。」

初，長爲侍中，奉兩宮使，親密。〔一〕紅陽侯立獨不得爲大司馬輔政，立自疑爲長毀譖，常怨毒長。上知之。及長當就國也，立嗣子融從長請車騎，〔二〕長以珍寶因融重遺立，立因爲長言。於是天子疑焉，下有司案驗。吏捕融，立令融自殺以滅口。上愈疑其有大姦，遂逮長繫洛陽詔獄窮治。長具服戲侮長定宮，〔三〕謀立左皇后，辠至大逆，死獄中。妻子當坐者徙合浦，母若歸故郡。〔四〕紅陽侯立就國。將軍卿大夫郡守坐長免罷者數十人。莽遂代根爲大司馬。久之，還長母及子酺於長安。〔五〕後酺有罪，莽復殺之，徙其家屬〔歸〕故郡。

〔一〕師古曰：「言爲使者傳言語於太后及帝，欲立趙飛燕之類。」

〔二〕師古曰：「嗣子謂嫡長子，當爲嗣者也。」

〔三〕師古曰：「侮，古侮字。」

〔四〕師古曰：「若者，其母名。」

〔五〕師古曰：「酺音蒲。」

始長以外親親近，〔一〕其愛幸不及富平侯張放。放常與上臥起，俱爲微行出入。

〔一〕師古曰：「親近謂近幸於天子。近音其靳反。」

董賢字聖卿，雲陽人也。父恭，爲御史，任賢爲太子舍人。哀帝立，賢隨太子官爲郎。〔一〕二歲餘，賢傳漏在殿下，〔二〕爲人美麗自喜，〔三〕哀帝望見，說其儀貌，〔四〕識而問之，曰：「是舍人董賢邪？」因引上與語，拜爲黃門郎，繇是始幸。問及其父爲雲中侯，卽日徵爲霸陵令，遷光祿大夫。賢寵愛日甚，爲駙馬都尉侍中，出則參乘，入御左右，旬月間賞賜絫鉅萬，貴震朝廷。常與上臥起。嘗晝寢，偏藉上褎，〔五〕上欲起，賢未覺，〔六〕不欲動賢，乃斷褎而起。其恩愛至此。賢亦性柔和便辟，善爲媚以自固。每賜洗沐，不肯出，（嘗）〔常〕留中視醫藥。上以賢難歸，詔令賢妻得通引籍殿中，止賢廬，〔七〕若吏妻子居官寺舍。又（詔）〔召〕賢女弟以爲昭儀，位次皇后，更名其舍爲椒風，以配椒房云。〔八〕昭儀及賢與妻旦夕上下，並侍左右。賞賜昭儀及賢妻亦各千萬數。遷賢父爲少府，賜爵關內侯，食邑，復徙爲衞尉。又以賢妻父爲將作大匠，弟爲執金吾。詔將作大匠爲賢起大第北闕下，重殿洞門，〔九〕木土之功窮極技巧，柱檻衣以綈錦。〔一〇〕下至賢家僮僕皆受上賜，及武庫禁兵，上方珍寶。其選物上弟盡在董氏，而乘輿所服乃其副也。及至東園祕器，珠襦玉柙，豫以賜賢，無不備具。〔一一〕又令將作爲賢起冢塋義陵旁，內爲便房，剛柏題湊，〔一二〕外爲徼道，周垣數里，門闕罘罳甚盛。

〔一〕師古曰：「東宮官屬，隨例遷也。」

〔二〕師古曰：「傳漏，奏時刻。」

〔三〕師古曰：「喜音許吏反。」

〔四〕師古曰：「說讀曰悅。」

〔五〕師古曰：「藉謂身臥其上也。褏，古袖字。」

〔六〕師古曰：「覺，寐之寤也，音工效反。」

〔七〕師古曰：「廬謂殿中所宿止處也。」

〔八〕師古曰：「皇后殿稱椒房。欲配其名，故曰椒風。」

〔九〕師古曰：「重殿謂有前後殿，洞門謂門門相當也。皆僭天子之制度者也。」

〔一〇〕師古曰：「檻謂軒闌之板也。綈，厚繒也，音徒奚反。」

〔一一〕師古曰：「東園，署名也。漢舊儀云東園祕器作棺梓，素木長二丈，崇廣四尺。珠襦，以珠爲襦，如鎧狀，連縫之，以黃金爲鏤，要以下，玉爲柙，至足，亦縫以黃金爲縷。」

〔三〕孟康曰：「堅剛之柏也。」師古曰：「題湊解在霍光傳。」

上欲侯賢而未有緣。會待詔孫寵、息夫躬等告東平王雲后謁祠祀祝詛，〔一〕下有司治，皆伏其辜。上於是令躬、寵爲因賢告東平事者，乃以其功下詔封賢爲高安侯，躬宜陵侯，寵方陽侯，食邑各千戶。頃之，復益封賢二千戶。丞相王嘉內疑東平事冤，甚惡躬等，數諫爭，以賢爲亂國制度，嘉竟坐言事下獄死。

〔一〕師古曰：「謁者，后之名。」

上初卽位，祖母傅太后、母丁太后皆在，兩家先貴。傅太后從弟喜先爲大司馬輔政，數諫，失太后指，免官。上舅丁明代爲大司馬，亦任職，頗害賢寵，及丞相王嘉死，明甚憐之。上寖重賢，欲極其位，〔一〕而恨明如此，遂册免明曰：「前東平王雲貪欲上位，祠祭祝詛，雲后舅伍宏以醫待詔，與校祕書郎楊閎結謀反逆，禍甚迫切。賴宗廟神靈，董賢等以聞，咸伏其辜。將軍從弟侍中奉車都尉吳、族父左曹屯騎校尉宣皆知宏及栩丹諸侯王后親，〔二〕而宣除用丹爲御屬，吳與宏交通厚善，數稱薦宏。宏以附吳得興其惡心，因醫技進，幾危社稷，〔三〕朕以恭皇后故，不忍有云。〔四〕將軍位尊任重，旣不能明威立義，折消未萌，〔五〕又不深疾雲、宏之惡，而懷非君上，阿爲宣、吳，〔六〕反痛恨雲等揚言爲羣下所冤，又親見言伍宏善醫，死可惜也，〔七〕賢等獲封極幸。嫉妒忠良，非毀有功，於戲傷哉！〔八〕蓋『君親無將，將而誅之』。〔九〕是以季友鴆叔牙，春秋賢之；趙盾不討賊，謂之弒君。〔一〇〕朕閔將軍陷于重刑，故以書飭。〔一一〕將軍遂非不改，復與丞相嘉相比，〔一二〕令嘉有依，得以罔上。有司致法將軍請獄治，朕惟噬膚之恩未忍，〔一三〕其上票騎將軍印綬，罷歸就第。」遂以賢代明為大司馬衛將軍，冊曰：「朕承天序，惟稽古建爾于公，以為漢輔。往悉爾心，統辟元戎，〔一四〕折衝綏遠，匡正庶事，允執其中。天下之衆，受制於朕，以將為命，以兵為威，可不慎與！」〔一五〕是時賢年二十二，雖為三公，常給事中，領尚書，百官因賢奏事。以父恭不宜在卿位，徙為光祿大夫，秩中二千石。弟寬信代賢為駙馬都尉。董氏親屬皆侍中諸曹奉朝請，寵在丁、傅之右矣。〔一六〕

〔一〕師古曰：「繻，益也。」

〔二〕師古曰：「栩，姓也，音許羽反。」

〔三〕師古曰：「幾音鉅依反。」

〔四〕師古曰：「恭皇后，謂丁后，即哀帝母。」

〔五〕師古曰：「未萌，謂禍難之未生者。」

〔六〕師古曰：「以君上為非，懷此心也。」

〔七〕師古曰：「見，見天子也。」

〔八〕師古曰：「於讀曰烏，戲讀曰呼。」

〔九〕師古曰：「將謂將為逆亂也。」

〔一〇〕師古曰：「季友，魯桓公少子，莊公母弟也。叔牙亦桓公子。莊公有疾，叔牙欲立其同母兄慶父，故季友使鍼季鴆之。公羊傳曰：『季子殺兄何善爾？誅不得避兄弟，君臣之義也。』趙盾，晉大夫趙宣子也，靈公欲殺之。宣子將出奔，而趙穿攻靈公於桃園，宣子未出山而復。太史書曰：『趙盾弑其君。』宣子曰：『不然』。曰：『子爲正卿，亡不越境，反不討賊，非子而誰？』孔子曰：『董狐，古之良史也，書法不隱。趙宣子，古之良大夫也，爲法受惡。』」

〔一一〕師古曰：「飭與敕同。」

〔一二〕師古曰：「比謂比周也，音頻寐反。」

〔一三〕孟康曰：「易曰『噬膚滅鼻』。噬，食也。膚，膏也。喻爵祿恩澤加之，不忍誅也。」師古曰：「孟說非也。易噬嗑卦九二爻辭曰『噬膚滅鼻』。噬膚者，言自齧其肌膚。詔云，爲明是恭后之親，有肌膚之愛，是以不忍加法，故引噬膚之言也。」

〔一四〕師古曰：「悉，盡也。統，領也。辟，君也。元戎，大衆也。言爲元戎之主而統之也。辟音必亦反。」

〔一五〕師古曰：「與讀曰歟。」

〔一六〕師古曰：「右，上也。」

明年，匈奴單于來朝，宴見，羣臣在前。單于怪賢年少，以問譯，〔一〕上令譯報曰：「大司馬年少，以大賢居位。」單于乃起拜，賀漢得賢臣。

〔一〕師古曰：「傳語之人也。」

初，丞相孔光爲御史大夫，時賢父恭爲御史，事光。及賢爲大司馬，與光並爲三公，上故令賢私過光。光雅恭謹，知上欲尊寵賢，及聞賢當來也，光警戒衣冠出門待，望見賢車乃卻入。賢至中門，光入閤，既下車，乃出拜謁，送迎甚謹，不敢以賓客均敵之禮。賢歸，上聞之喜，立拜光兩兄子爲諫大夫常侍。賢繇是權與人主侔矣。〔一〕

〔一〕師古曰：「侔，等也。」

是時，成帝外家王氏衰廢，唯平阿侯譚子去疾，哀帝爲太子時爲庶子得幸，及即位，爲侍中騎都尉。上以王氏亡在位者，遂用舊恩親近去疾，復進其弟閎爲中常侍。閎妻父蕭咸，前將軍望之子也，久爲郡守，病免，爲中郎將。兄弟並列，賢父恭慕之，欲與結婚姻。閎爲賢弟駙馬都尉寬信求咸女爲婦，咸惶恐不敢當，私謂閎曰：「董公爲大司馬，冊文言『允執其中』，此乃堯禪舜之文，非三公故事，長老見者，莫不心懼。此豈家人子所能堪邪！」〔一〕閎性有知略，聞咸言，心亦悟。乃還報恭，深達咸自謙薄之意。恭歎曰：「我家何用負天下，而爲人所畏如是！」意不說。〔二〕後上置酒麒麟殿，〔三〕賢父子親屬宴飲，王閎兄弟侍中中常侍皆在側。上有酒所，〔四〕從容視賢笑，〔五〕曰：「吾欲法堯禪舜，何如？」閎進曰：「天下乃高皇帝天下，非陛下之有也。陛下承宗廟，當傳子孫於亡窮。統業至重，天子亡戲言！」上默然不說，〔六〕左右皆恐。於是遣閎出，後不得復侍宴。

〔一〕師古曰：「家人猶言庶人也，蓋咸自謂。」

〔二〕師古曰：「說讀曰悅。」

〔三〕師古曰：「在未央宮。」

〔四〕師古曰：「言酒在體中。」

〔五〕師古曰：「從音千容反。」

〔六〕師古曰：「說讀曰悅。」

賢第新成，功堅，〔一〕其外大門無故自壞，賢心惡之。後數月，哀帝崩。太皇太后召大司馬賢，引見東廂，問以喪事調度。賢內憂，不能對，免冠謝。太后曰：「新都侯莽前以大司馬奉送先帝大行，曉習故事，吾令莽佐君。」賢頓首幸甚。太后遣使者召莽。既至，以太后指使尚書劾賢帝病不親醫藥，禁止賢不得入出宮殿司馬中。賢不知所為，詣闕免冠徒跣謝。莽使謁者以太后詔即闕下冊賢〔二〕曰：「間者以來，陰陽不調，菑害並臻，〔三〕元元蒙辜。〔四〕夫三公，鼎足之輔也，高安侯賢未更事理，〔五〕為大司馬不合眾心，非所以折衝綏遠也。其收大司馬印綬，罷歸第。」即日賢與妻皆自殺，家惶恐夜葬。莽疑其詐死，有司奏請發賢棺，至獄診視。〔六〕莽復風大司徒光奏「賢〔七〕質性巧佞，翼姦以獲封侯，〔八〕父子專朝，兄弟並寵，多受賞賜，治第宅，造冢壙，放效無極，不異王制，〔九〕費以萬萬計，國家為空虛。父子驕蹇，至不為使者禮，〔一〇〕受賜不拜，辠惡暴著。賢自殺伏辜，死後父恭等不悔過，乃復以沙畫棺〔一一〕四時之色，左蒼龍，右白虎，上著金銀日月，玉衣珠璧以棺，〔一二〕至尊無以加。恭等幸得免於誅，不宜在中土。臣請收沒入財物縣官。諸以賢爲官者皆免。」父恭、弟寬信與家屬徙合浦，母別歸故郡鉅鹿。長安中小民讙譁，鄉其弟哭，幾獲盜之。〔一三〕縣官斥賣董氏財凡四十三萬萬。賢既見發，臝診其尸，〔一四〕因埋獄中。

〔一〕師古曰：「言盡功力而作之，極堅牢也。功字或作攻。攻，治也，言作治之甚堅牢。」

〔二〕師古曰：「即，就也。」

〔三〕師古曰：「菑，古災字。」

〔四〕師古曰：「蒙，被也。」

〔五〕師古曰：「更，歷也，音工衡反。」

〔六〕師古曰：「謂發冢取其棺柩也。診，驗也，音軫。」

〔七〕師古曰：「風讀曰諷。光，孔光也。」

〔八〕師古曰：「翼，進也。」

〔九〕師古曰：「放，依也，音甫往反。」

〔一〇〕師古曰：「言不敬天子之使。」

〔一一〕師古曰：「以朱砂塗之，而又雕畫也。」

〔一二〕師古曰：「以此物棺斂也。棺音工喚反。」

〔三〕師古曰：「陽往哭之，實欲竊盜也。鄉讀曰嚮。幾讀曰冀。」

〔四〕師古曰：「羸，露形也，音郎果反。」

賢所厚吏沛朱詡自劾去大司馬府，買棺衣收賢尸葬之。王莽聞之而大怒，以它辠擊殺詡。詡子浮建武中貴顯，至大司馬，司空，封侯。而王閎王莽時爲牧守，所居見紀，莽敗乃去官。世祖下詔曰：「武王克殷，表商容之閭。〔一〕閎修善謹敕，兵起，吏民獨不爭其頭首。今以閎子補吏。」至墨綬卒官，蕭咸外孫云。

〔一〕師古曰：「商容，殷賢人。」

贊曰：柔曼之傾意，〔一〕非獨女德，蓋亦有男色焉。觀籍、閎、鄧、韓之徒非一，而董賢之寵尤盛，父子並爲公卿，可謂貴重人臣無二矣。然進不繇道，〔二〕位過其任，莫能有終，所謂愛之適足以害之者也。漢世衰於元、成，壞於哀、平。哀、平之際，國多釁矣。〔三〕主疾無嗣，弄臣爲輔，鼎足不彊，棟幹微撓。〔四〕一朝帝崩，姦臣擅命，董賢縊死，丁、傅流放，辜及母后，奪位幽廢，〔五〕咎在親便嬖，所任非仁賢。故仲尼著「損者三友」，〔六〕王者不私人以官，殆爲此也。〔七〕

〔一〕師古曰：「曼，澤也，言其質柔而色理光澤也。」

〔二〕師古曰：「言本不以德進。繇讀與由同。」

〔三〕師古曰：「釁謂間隙也。」

〔四〕師古曰：「撓，弱也，音女教反。」

〔五〕師古曰：「謂貶皇太后趙氏為孝成皇后，退居北宮，哀皇后傅氏退居桂宮。」

〔六〕師古曰：「論語稱孔子曰：『損者三友：友便辟，友善柔，友便佞，損矣。』」

〔七〕師古曰：「殆，近也。」

校勘記

三七二三頁一〇行　太子(嗽)〔齰〕癰而色難之。已而聞通嘗為上齰〔之〕，　景祐、殿本「嗽」作「齰」，下「齰」字下有「之」字。

三七二三頁一六行　遂竟案，〔二〕　注〔二〕原在「遂」字下。劉攽說，「遂」字屬下句。王先謙說劉說是。

三七三一頁八行　初，許皇〔后〕坐執左道　景祐、殿、局本都有「后」字，此脫。

三七三二頁一三行　徙其家屬〔歸〕故郡。　景祐、殿本有「歸」字。王先謙說有「歸」字是。

三七三三頁一〇行　(嘗)〔常〕留中視醫藥。　景祐、殿本都作「常」。王先謙說作「常」是。

三七三三頁一一行　又(詔)〔召〕賢女弟以為昭儀，　景祐、殿本都作「召」。楊樹達說作「召」是。

漢書卷九十四上

匈奴傳第六十四上

匈奴，其先夏后氏之苗裔，曰淳維。〔一〕唐虞以上有山戎、獫允、薰粥，〔二〕居于北邊，隨草畜牧而轉移。其畜之所多則馬、牛、羊，其奇畜則槖佗、驢、驘、駃騠、騊駼、驒奚。〔三〕逐水草遷徙，無城郭常居耕田之業，然亦各有分地。〔四〕無文書，以言語爲約束。兒能騎羊，引弓射鳥鼠，〔五〕少長則射狐菟，〔六〕肉食。〔七〕士力能彎弓，盡爲甲騎。其俗，寬則隨畜田獵禽獸爲生業，急則人習戰攻以侵伐，〔八〕其天性也。其長兵則弓矢，短兵則刀鋌。〔九〕利則進，不利則退，不羞遁走。苟利所在，不知禮義。自君王以下咸食畜肉，衣其皮革，被旃裘。壯者食肥美，老者飲食其餘。貴壯健，賤老弱。父死，妻其後母；兄弟死，皆取其妻妻之。其俗有名不諱而無字。

〔一〕師古曰：「以殷時始奔北邊。」

〔二〕師古曰：「皆匈奴別號。獫音險。粥音(戈)〔弋〕六反。」

〔三〕師古曰：「橐佗，言能負橐囊而馱物也。驘，驢種而馬生也。駃騠，俊馬也，生七日而超其母。騊駼，馬類也，生北海。驒奚，駏驉類也。佗音徒何反。駃音決。騠音提。騊音桃。駼音塗。驒音顚。」
〔四〕師古曰：「分音扶問反。其下亦同。」
〔五〕師古曰：「言其幼小則能射。」
〔六〕師古曰：「少長言漸大。」
〔七〕師古曰：「言無米粟，唯食肉。」
〔八〕師古曰：「人人皆習之。」
〔九〕師古曰：「鋋，鐵把小矛也，音蟬。」

夏道衰，而公劉失其稷官，變于西戎，〔一〕邑于豳。〔二〕其後三百有餘歲，戎狄攻太王亶父，〔三〕亶父亡走于岐下，〔四〕豳人悉從亶父而邑焉，作周。〔五〕其後百有餘歲，周西伯昌伐畎夷。〔六〕後十有餘年，武王伐紂而營雒邑，復居于酆鎬，放逐戎夷涇、洛之北，〔七〕以時入貢，名曰荒服。其後二百有餘年，周道衰，而周穆王伐畎戎，〔八〕得四白狼四白鹿以歸。自是之後，荒服不至。於是作呂刑之辟。〔九〕至穆王之孫懿王時，王室遂衰，戎狄交侵，暴虐中國。中國被其苦，詩人始作，疾而歌之，曰：「靡室靡家，獫允之故；」「豈不日戒，獫允孔棘。」〔一〇〕至懿王曾孫宣王，興師命將以征伐之，詩人美大其功，曰：「薄伐獫狁，至於太原；」〔一一〕「出車彭彭」，「城彼朔方。」〔一二〕是時四夷賓服，稱爲中興。

〔一〕師古曰：「公劉，后稷之曾孫也。變，化也，謂行化於其俗。」

〔二〕師古曰：「即今之豳州是其地也。」

〔三〕師古曰：「自公劉至亶父凡九君也。父讀曰甫。」

〔四〕師古曰：「岐山之下。」

〔五〕師古曰：「始作周國也。」

〔六〕師古曰：「西伯昌即文王也。畎音工犬反。畎夷即畎戎也，又曰昆夷。昆字或作混，又作緄，二字並音工本反。昆、緄、畎聲相近耳。亦曰犬戎也。山海經云：『黃帝生苗龍，苗龍生融吾，融吾生弄明，弄明生白犬。白犬有二，牝牡，是爲犬戎。』許氏說文解字曰『赤狄本犬種也』，故字從犬。」

〔七〕師古曰：「此洛即漆沮水也，本出上郡雕陰泰冒山，而東南入于渭。」

〔八〕師古曰：「穆王，成王孫，康王子也。」

〔九〕師古曰：「即尙書呂刑篇是也。辟，法也，音闢。」

〔一〇〕師古曰：「小雅采薇之詩也。孔，甚也。棘，急也。言征役踰時，靡有室家夫婦之道者，以有獫允之難故也。豈不日日相警戒乎？獫允之難甚急。」

〔一一〕師古曰：「小雅六月之詩也。薄伐，言逐出之。」

〔一二〕師古曰：「小雅出車之詩也。彭彭，盛也。朔方，北方也。言獫允既去，北方安靜，乃築城以守。」

至于幽王，用寵姬褒姒之故，與申（后）〔侯〕有隙。〔一〕申侯怒而與畎戎共攻殺幽王于麗山之下，〔二〕遂取周之地，鹵獲而居于涇渭之間，侵暴中國。秦襄公救周，於是周平王去酆鎬而東徙于雒邑。〔三〕當時秦襄公伐戎至郊，〔四〕始列爲諸侯。後六十有五年，而山戎越燕而伐齊，齊釐公與戰于齊郊。〔五〕後四十四年，而山戎伐燕。燕告急齊，齊桓公北伐山戎，山戎走。後二十餘年，而戎翟至雒邑，伐周襄王，〔六〕襄王出奔于鄭之氾邑。〔七〕初，襄王欲伐鄭，故取翟女爲后，與翟共伐鄭。已而黜翟后，翟后怨，而襄王繼母曰惠后，有子帶，欲立之，於是惠后與翟后、子帶爲內應，開戎翟，戎翟以故得入，破逐襄王，而立子帶爲王。於是戎翟或居於陸渾，〔八〕東至于衞，侵盜尤甚。周襄王既居外四年，乃使使告急於晉。晉文公初立，欲修霸業，乃興師伐戎翟，誅子帶，迎內襄王于洛邑。

〔一〕師古曰：「幽王，宣王之子。」

〔二〕師古曰：「麗讀曰驪。」

〔三〕師古曰：「平王，幽王之子。」

〔四〕師古曰：「郊，古岐字。」

〔五〕師古曰：「釐讀曰僖。」

〔六〕師古曰：「襄王，惠王之子。」

〔七〕蘇林曰：「氾音凡，今潁川襄城是也。」師古曰：「以襄王嘗處之，因號襄城。」

〔八〕師古曰：「今伊闕南陸渾山川是其地。」

當是時，秦晉爲强國。晉文公攘戎翟，居于西河圁、洛之間，〔一〕號曰赤翟、白翟。〔二〕而秦穆公得由余，西戎八國服於秦。故隴以西有緜諸、畎戎、狄獂之戎，〔三〕在岐、梁、涇、漆之北有義渠、大荔、烏氏、朐衍之戎，〔四〕而晉北有林胡、樓煩之戎，燕北有東胡、山戎。〔五〕各分散谿谷，自有君長，往往而聚者百有餘戎，然莫能相壹。

〔一〕晉灼曰：「圜音嚚。三倉作圜。地理志『圜水出上郡白土縣西，東流入河。』」師古曰：「圜水即今銀州銀水是也。書本作圜，晉說是也。後轉寫者誤為圜耳。洛水亦謂漆沮。」

〔二〕師古曰：「春秋所書晉師滅赤狄潞氏，郤缺獲白狄子者。」

〔三〕師古曰：「皆在天水界，即緜諸道及獂道是也。獂音(完)〔桓〕。」

〔四〕師古曰：「此漆水在新平。荔音隸。氏音支。朐音許于反。」

〔五〕服虔曰：「烏桓之先也，後為鮮卑。」

自是之後百有餘年，晉悼公使魏絳和戎翟，戎翟朝晉。後百有餘年，趙襄子踰句注而破之，并代以臨胡貉。〔一〕後與韓魏共滅知伯，分晉地而有之，則趙有代、句注以北，而魏有西河、上郡，以與戎界邊。其後，義渠之戎築城郭以自守，而秦稍蠶食之，至於惠王，遂拔義渠二十五城。惠王伐魏，魏盡入西河及上郡于秦。秦昭王時，義渠戎王與宣太后亂，有二子。〔二〕宣太后詐而殺義渠戎王於甘泉，遂起兵伐滅義渠。於是秦有隴西、北地、上郡，築長城以距胡。而趙武靈王亦變俗胡服，習騎射，北破林胡、樓煩，自代並陰山下至高闕為塞，〔三〕而置雲中、鴈門、代郡。其後燕有賢將秦開，爲質於胡，胡甚信之。歸而襲破東胡，〔東胡〕卻千餘里。〔四〕與荆軻刺秦王秦舞陽者，開之孫也。燕亦築長城，自造陽至襄平，〔五〕置上谷、漁陽、右北平、遼西、遼東郡以距胡。當是時，冠帶戰國七，而三國邊於匈奴。〔六〕其後趙將李牧時，匈奴不敢入趙邊。後秦滅六國，而始皇帝使蒙恬將數十萬之（物）〔衆〕北擊胡，悉收河南地，因河爲塞，築四十四縣城臨河，徙適戍以充之。〔七〕而通直道，自九原至雲陽，因邊山險，塹谿谷，可繕者繕之，〔八〕起臨洮至遼東萬餘里。又度河據陽山北假中。〔九〕

〔一〕師古曰：「貉音莫伯反。」

〔二〕師古曰：「卽昭王母也。」

〔三〕師古曰：「並音步浪反。高闕，解在衞青霍去病傳。」

〔四〕師古曰：「卻，退也，音丘略反。」

〔五〕師古曰：「造陽，地名，在上谷界。襄平卽遼東所治也。」

〔六〕如淳曰：「燕、趙、秦。」

〔七〕師古曰：「適讀曰謫。有罪謫合徙戍者，令徙居之。」

〔八〕師古曰：「繕，補也。」

〔九〕師古曰：「北假，地名。」

當是時，東胡強而月氏盛。〔一〕匈奴單于曰頭曼，〔二〕頭曼不勝秦，北徙。十有餘年而蒙恬死，諸侯畔秦，中國擾亂，諸秦所徙適邊者皆復去，〔三〕於是匈奴得寬，復稍度河南與中國界於故塞。

〔一〕師古曰：「氏音支。」

〔二〕師古曰：「曼音莫安反。」

〔三〕師古曰：「適音讁。」

單于有太子，名曰冒頓。後有愛閼氏，生少子，〔一〕頭曼欲廢冒頓而立少子，乃使冒頓質於月氏。冒頓既質，而頭曼急擊月氏。月氏欲殺冒頓，冒頓盜其善馬，騎亡歸。頭曼以爲壯，令將萬騎。冒頓乃作鳴鏑，〔二〕習勒其騎射，〔三〕令曰：「鳴鏑所射而不悉射者斬。」行獵獸，有不射鳴鏑所射輒斬之。已而，冒頓以鳴鏑自射善馬，左右或莫敢射，冒頓立斬之。居頃之，復以鳴鏑自射其愛妻，左右或頗恐，不敢射，復斬之。頃之，冒頓出獵，以鳴鏑射單于善馬，左右皆射之。於是冒頓知其左右可用，從其父單于頭曼獵，以鳴鏑射頭曼，其左右皆隨鳴鏑而射殺頭曼，盡誅其後母與弟及大臣不聽從者。於是冒頓自立爲單于。

〔一〕師古曰：「閼氏，匈奴皇后號也。閼音於連反。氏音支。」

〔二〕應劭曰：「髐箭也。」師古曰：「鏑音嫡。髐音呼交反。」

〔三〕師古曰：「勒其所部騎，皆習射也。」

冒頓既立，時東胡彊，聞冒頓殺父自立，乃使使謂冒頓曰：「欲得頭曼時號千里馬。」冒頓問羣臣，羣臣皆曰：「此匈奴寶馬也，勿予。」冒頓曰：「奈何與人鄰國愛一馬乎？」遂與之。頃之，東胡以爲冒頓畏之，使使謂冒頓曰：「欲得單于一閼氏。」冒頓復問左右，左右皆怒曰：「東胡無道，乃求閼氏！請擊之。」冒頓曰：「奈何與人鄰國愛一女子乎？」遂取所愛閼氏予東胡。東胡王愈驕，西侵。與匈奴中間有棄地莫居千餘里，各居其邊爲甌脫。〔一〕東胡使使謂冒頓曰：「匈奴所與我界甌脫外棄地，匈奴不能至也，吾欲有之。」冒頓問羣臣，或曰：「此棄地，予之。」於是冒頓大怒，曰：「地者，國之本也，奈何予人！」諸言與者，皆斬之。冒頓上馬，令國中有後者斬，遂東襲擊東胡。東胡初輕冒頓，不爲備。及冒頓以兵至，大破滅東胡王，虜其民衆畜產。既歸，西擊走月氏，南幷樓煩、白羊河南王，〔二〕悉復收秦所使蒙恬所奪匈奴地者，與漢關故河南塞，至朝那、膚施，〔三〕遂侵燕、代。是時漢方與項羽相距，中國罷於兵革，〔四〕以故冒頓得自彊，控弦之士三十餘萬。〔五〕

〔一〕服虔曰：「甌脫，作土室以伺也。」師古曰：「境上候望之處，若今之伏宿（處）〔舍〕也。甌音一侯反。脫音土活反。」

〔二〕師古曰：「二王之居在河南。」

〔三〕師古曰：「朝那屬安定。膚施屬上郡。」

〔四〕師古曰：「罷讀曰疲。」

〔五〕師古曰：「控，引也。控弦，言能引弓者。」

自淳維以至頭曼千有餘歲，時大時小，別散分離，尚矣，〔一〕其世傳不可得而次。然至冒頓，而匈奴最強大，盡服從北夷，而南與諸夏爲敵國，其世（信）〔姓〕官號可得而記云。

〔一〕師古曰：「尚，久遠。」

單于姓攣鞮氏，〔一〕其國稱之曰「撐犁孤塗單于」。〔二〕匈奴謂天爲「撐犁」，謂子爲「孤塗」，單于者，廣大之貌也，言其象天單于然也。置左右賢王，左右谷蠡，〔三〕左右大將，左右大都尉，左右大當戶，左右骨都侯。匈奴謂賢曰「屠耆」，故常以太子爲左屠耆王。自左右賢王以下至當戶，大者萬餘騎，小者數千，凡二十四長，立號曰「萬騎」。其大臣皆世官。呼衍氏，蘭氏，〔四〕其後有須卜氏，此三姓，其貴種也。諸左王將居東方，直上谷以東，〔五〕接穢貉、朝鮮；右王將居西方，直上郡以西，接氐、羌；而單于庭直代、雲中。各有分地，逐水草移徙。而左右賢王、左右谷蠡最大國，左右骨都侯輔政。諸二十四長，亦各自置千長、百長、什長、裨小王、〔六〕相、都尉、當戶、且渠之屬。〔七〕

〔一〕師古曰：「攣音力全反。鞮音丁奚反。」

〔二〕蘇林曰：「撐音掌距之牚。」師古曰：「音丈庚反。」

〔三〕師古曰：「谷音鹿。蠡音盧奚反。」

〔四〕師古曰：「呼衍，即今鮮卑姓呼延者是也。蘭姓今亦有之。」

〔五〕師古曰：「直，當也。其下亦同也。」

〔六〕師古曰：「𥝩音頻移反。」

〔七〕師古曰：「且音子餘反。今之沮渠姓，蓋本因此官。」

歲正月，諸長小會單于庭，祠。五月，大會龍城，祭其先、天地、鬼神。秋，馬肥，大會蹛林，課校人畜計。〔一〕其法，拔刃尺者死，坐盜者沒入其家；有罪，小者軋，〔二〕大者死。獄久者不滿十日，一國之囚不過數人。而單于朝出營，拜日之始生，夕拜月。其坐，長左而北向。〔三〕日上戊己。其送死，有棺槨金銀衣裳，而無封樹喪服；近幸臣妾從死者，多至數十百人。〔四〕舉事常隨月，盛壯以攻戰，月虧則退兵。其攻戰，斬首虜賜一卮酒，而所得鹵獲因以予之，得人以為奴婢。故其戰，人人自為趨利，〔五〕善為誘兵以包敵。〔六〕故其逐利，如鳥之集；其困敗，瓦解雲散矣。戰而扶轝死者，盡得死者家財。

〔一〕服虔曰：「蹛音帶，匈奴秋社八月中皆會祭處也。」師古曰：「蹛者，繞林木而祭也。鮮卑之俗，自古相傳，秋天之祭，無林木者尚豎柳枝，衆騎馳遶三周乃止。此其遺法。計者，人畜之數。」

〔二〕服虔曰：「刃刻其面也。」如淳曰：「軋，撾杖也。」師古曰：「二說皆非也。軋謂輾轢其骨節，若今之厭踝者也。軋音於黠反。 輾音女展反。」

〔三〕師古曰：「左者，以左為尊。」

〔四〕師古曰：「或數十人，或百人。」

〔五〕師古曰：「趨讀曰趣。 趣，向也。」

〔六〕師古曰：「包裹取之。」

後北服渾窳、屈射、丁零、隔昆、(龍)新犂之國。〔一〕於是匈奴貴人大臣皆服，以冒頓為賢。

〔一〕師古曰：「五小國也。 渾音胡昆反。 窳音(戈)〔弋〕主反。 犂音犁。」

是時，漢初定，徙韓王信於代，都馬邑。 匈奴大攻圍馬邑，韓信降匈奴。 匈奴得信，因引兵南踰句注，攻太原，至晉陽下。 高帝自將兵往擊之。 會冬大寒雨雪，〔一〕卒之墮指者十二三，於是冒頓陽敗走，誘漢兵。 漢兵逐擊冒頓，冒頓匿其精兵，見其羸弱，於是漢悉兵，多步兵，三十二萬，北逐之。 高帝先至平城，步兵未盡到，冒頓縱精兵三十餘萬騎圍高帝於白登，七日，〔二〕 漢兵中外不得相救餉。 匈奴騎，其西方盡白，東方盡駹，北方盡驪，南方盡騂馬。〔三〕高帝乃使使間厚遺閼氏，〔四〕 閼氏乃謂冒頓曰：「兩主不相困。 今得漢地，單于終非能居之。 且漢主有神，單于察之。」 冒頓與韓信將王黃、趙利期，而兵久不來，疑其與漢有謀，亦取閼氏之言，乃開圍一角。於是高皇帝令士皆持滿傅矢外鄉，從解角直出，〔五〕得與大軍合，而冒頓遂引兵去。漢亦引兵罷，使劉敬結和親之約。

〔一〕師古曰：「雨音于具反。」
〔二〕師古曰：「白登在平城東南，去平城十餘里。」
〔三〕師古曰：「駹，青馬也。驪，深黑。騂，赤馬也。駹音尨。騂音先營反。」
〔四〕師古曰：「求閒隙而私遺之。」
〔五〕師古曰：「傅讀曰附。鄉讀曰嚮。言滿引弓弩，注矢外捍，從解圍之隅（直角）〔角直〕以出去。」

是後韓信爲匈奴將，及趙利、王黃等數背約，侵盜代、鴈門、雲中。居無幾何，陳豨反，〔一〕與韓信合謀擊代。漢使樊噲往擊之，復收代、鴈門、雲中郡縣，不出塞。是時匈奴以漢將數率衆往降，〔二〕故冒頓常往來侵盜代地。於是高祖患之，乃使劉敬奉宗室女翁主爲單于閼氏，〔三〕歲奉匈奴絮繒酒食物各有數，約爲兄弟以和親，冒頓乃少止。後燕王盧綰復反，率其黨且萬人降匈奴，往來苦上谷以東，終高祖世。

〔一〕師古曰：「無幾何，言無多時也。幾音居豈反。」
〔二〕師古曰：「即謂韓信、陳豨之屬耳。」
〔三〕師古曰：「諸王女曰翁主，言其父自主婚。」

孝惠、高后時，冒頓寖驕，〔一〕乃爲書，使使遺高后曰：「孤僨之君，〔二〕生於沮澤之中，〔三〕長於平野牛馬之域，數至邊境，願遊中國。陛下獨立，孤僨獨居。兩主不樂，無以自虞，〔四〕願以所有，易其所無。」高后大怒，召丞相平及樊噲、季布等，議斬其使者，發兵而擊之。樊噲曰：「臣願得十萬衆，橫行匈奴中。」問季布，布曰：「噲可斬也！前陳豨反於代，漢兵三十二萬，噲爲上將軍，時匈奴圍高帝於平城，噲不能解圍。天下歌之曰：『平城之下亦誠苦！七日不食，不能彀弩。』〔五〕今歌唫之聲未絕，傷痍者甫起，〔六〕而噲欲搖動天下，妄言以十萬衆橫行，是面謾也。〔七〕且夷狄譬如禽獸，得其善言不足喜，惡言不足怒也。」高后曰：「善。」令大謁者張澤報書曰：「單于不忘弊邑，賜之以書，弊邑恐懼。退日自圖，〔八〕年老氣衰，髮齒墮落，行步失度，單于過聽，不足以自汙。〔九〕弊邑無罪，宜在見赦。竊有御車二乘，馬二駟，以奉常駕。」冒頓得書，復使使來謝曰：「未嘗聞中國禮義，陛下幸而赦之。」因獻馬，遂和親。

〔一〕師古曰：「濅，漸也。」

〔二〕如淳曰：「僨，仆也。猶言不能自立也。」師古曰：「僨音方問反。」

〔三〕師古曰：「沮，浸溼之地，音子豫反。」

〔四〕師古曰：「虞與娛同。」

〔五〕師古曰：「彀，張也，音工豆反。」

〔六〕師古曰：「唫，古吟字。痍，創也。甫，始也。痍音夷。」
〔七〕師古曰：「謾，欺誑也，音慢，又音莫連反。」
〔八〕師古曰：「圖，謀也。」
〔九〕師古曰：「過，誤也。」

至孝文即位，復修和親。其三年夏，匈奴右賢王入居河南地爲寇，於是文帝下詔曰：「漢與匈奴約爲昆弟，無侵害邊境，所以輸遺匈奴甚厚。今右賢王離其國，將衆居河南地，非常故。〔一〕往來入塞，捕殺吏卒，毆侵上郡保塞蠻夷，令不得居其故。〔二〕陵轢邊吏，入盜，甚驁無道，〔三〕非約也。其發邊吏車騎八萬詣高奴，〔四〕遣丞相灌嬰將擊右賢王。」右賢王走出塞，文帝幸太原。是時，濟北王反，文帝歸，罷丞相擊胡之兵。

〔一〕師古曰：「言異於常，非舊事。」
〔二〕師古曰：「毆與驅同。保塞蠻夷，謂本來屬漢而居邊塞自保守。」
〔三〕師古曰：「轢音來各反。驁與傲同。」
〔四〕師古曰：「上郡之縣也。」

其明年，單于遺漢書曰：「天所立匈奴大單于敬問皇帝無恙。前時皇帝言和親事，稱書意合驩。〔一〕漢邊吏侵侮右賢王，右賢王不請，〔二〕聽後義盧侯難支等計，與漢吏相恨，絕二主之約，離昆弟之親。皇帝讓書再至，發使以書報，不來，漢使不至。〔三〕漢以其故不和，鄰國不附。今以少吏之敗約，〔四〕故罰右賢王，使至西方求月氏擊之。以天之福，吏卒良，馬力强，以滅夷月氏，〔五〕盡斬殺降下定之。樓蘭、烏孫、呼揭及其旁二十六國皆已爲匈奴。〔六〕諸引弓之民幷爲一家，北州以定。願寢兵休士養馬，除前事，復故約，〔七〕以安邊民，以應古始，使少者得成其長，老者得安其處，世世平樂。未得皇帝之志，故使郎中係虖淺奉書請，〔八〕獻橐佗一，騎馬二，駕二駟。〔九〕皇帝卽不欲匈奴近塞，則且詔吏民遠舍。〔一〇〕使者至，卽遣之。」六月中，來至新望之地。〔一一〕書至，漢議擊與和親孰便，公卿皆曰：「單于新破月氏，乘勝，不可擊也。且得匈奴地，澤鹵非可居也，和親甚便。」漢許之。

〔一〕師古曰：「稱，副也。言與所遺書意相副，而共結驩親。」

〔二〕師古曰：「不告單于也。」

〔三〕師古曰：「讓書，有責讓之言也。謂匈奴再得漢書，而發使將書以報漢。漢留其使不得來還，而漢又更不發使至匈奴也。」

〔四〕師古曰：「少吏猶言小吏。」

〔五〕師古曰：「夷，平也。」

〔六〕師古曰：「皆入匈奴國也。揭音丘列反。」

〔七〕師古曰：「復音扶目反。」

〔八〕師古曰：「虖音火姑反。」

〔九〕師古曰：「騎馬，堪為騎也。駕，可駕車也。二駟，八匹。」

〔一〇〕師古曰：「舍，居止也。」

〔一一〕服虔曰：「漢界上塞下之地。」

孝文前六年，遺匈奴書曰：「皇帝敬問匈奴大單于無恙。使係虖淺遺朕書，云『願寢兵休（事）〔一二〕，除前事，復故約，以安邊民，世世平樂』，朕甚嘉之。此古聖王之志也。漢與匈奴約為兄弟，所以遺單于甚厚。背約離兄弟之親者，常在匈奴。然右賢王事已在赦前，勿深誅。單于若稱書意，明告諸吏，使無負約，有信，敬如單于書。使者言單于自將幷國有功，甚苦兵事。服繡袷綺衣、長襦、錦袍各一，〔一〕比疏一，〔二〕黃金飭具帶一，黃金犀毗一，〔三〕繡十匹，錦二十匹，赤綈、綠繒各四十匹，〔四〕使中大夫意、謁者令肩遺單于。」

〔一〕師古曰：「服者，言天子自所服也。袷者，衣無絮也。繡袷綺衣，以繡為表，綺為裏也。袷音工洽反。」

〔二〕師古曰：「辮髮之飭也，以金為之。比音頻寐反。疏字或作余。」

〔三〕孟康曰：「要中大帶也。」張晏曰「鮮卑郭洛帶，瑞獸名也，東胡好服之。」師古曰：「犀毗，胡帶之鉤也。亦曰鮮卑，亦謂師比，總一物也，語有輕重耳。」

〔四〕師古曰：「繒者，帛之總稱。綈，厚繒也，音徒奚反。」

後頃之，冒頓死，子稽粥立，〔一〕號曰老上單于。

〔一〕師古曰：「稽音雞。粥音育。」

老上稽粥單于初立，文帝復遣宗人女翁主爲單于閼氏，〔一〕使宦者燕人中行說傅翁主。〔二〕說不欲行，漢强使之。說曰：「必我也，爲漢患者。」〔三〕中行說既至，因降單于，單于愛幸之。

〔一〕師古曰：「宗人女，亦諸侯王之女。」
〔二〕師古曰：「姓中行，名說也。行音胡郞反。說讀曰悅。」
〔三〕師古曰：「言我必於漢生患。」

初，單于好漢繒絮食物，中行說曰：「匈奴人衆不能當漢之一郡，然所以强之者，以衣食異，無卬於漢。〔一〕今單于變俗好漢物，漢物不過什二，則匈奴盡歸於漢矣。〔二〕其得漢絮繒，以馳草棘中，衣袴皆裂弊，以視不如旃裘堅善也；〔三〕得漢食物皆去之，〔四〕以視不如重酪之便美也。」〔五〕於是說教單于左右疏記，以計識其人衆畜牧。〔六〕

〔一〕師古曰：「卬音牛向反。」
〔二〕師古曰：「言漢費物十分之二，則盡得匈奴之衆也。」
〔三〕師古曰：「視讀曰示。下皆類此。」
〔四〕師古曰：「去，棄也，音丘呂反。」
〔五〕師古曰：「重，乳汁也。重音竹用反，字本作湩，其音則同。」
〔六〕師古曰：「說者，舉中行說之名也。疏，分條之也。識亦記，音式志反。」

漢遺單于書，以尺一牘，辭曰「皇帝敬問匈奴大單于無恙」，所以遺物及言語云云。中行說令單于以尺二寸牘，及印封皆令廣長大，倨驁其辭〔一〕曰「天地所生日月所置匈奴大單于敬問漢皇帝無恙」，所以遺物言語亦云云。

〔一〕師古曰：「倨，慢也。驁與傲同。」

漢使或言匈奴俗賤老，中行說窮漢使曰：「而漢俗屯戍從軍當發者，其親豈不自奪溫厚肥美齎送飲食行者乎？」〔一〕漢使曰：「然。」說曰：「匈奴明以攻戰爲事，老弱不能鬬，故以其肥美飲食壯健以自衞，如此父子各得相保，何以言匈奴輕老也？」漢使曰：「匈奴父子同穹廬臥。〔二〕父死，妻其後母；兄弟死，盡妻其妻。無冠帶之節，闕庭之禮。」中行說曰：「匈奴之俗，食畜肉，飲其汁，衣其皮；畜食草飲水，隨時轉移。故其急則人習騎射，寬則人樂無事。約束徑，易行；君臣簡，可久。〔三〕一國之政猶一體也。父兄死，則妻其妻，惡種姓之失也。故匈奴雖亂，必立宗種。今中國雖陽不取其父兄之妻，親屬益疏則相殺，至到易姓，皆從此類也。且禮義之敝，上下交怨，而室屋之極，生力屈焉。〔四〕夫力耕桑以求衣食，〔五〕築城郭以自備，故其民急則不習戰攻，緩則罷於作業。〔六〕嗟土室之人，顧無喋喋佔佔，冠固何當！」〔七〕自是之後，漢使欲辯論者，中行說輒曰：「漢使毋多言，顧漢所輸匈奴繒絮米糵，令其量中，必善美而已，〔八〕何以言爲乎？且所給備善則已，不備善而苦惡，則候秋孰，以騎馳蹂乃稼穡也。」〔九〕日夜教單于候利害處。

〔一〕師古曰：「而，汝也。飲音於禁反。食音似。其下亦同。」

〔二〕師古曰：「穹廬，旃帳也。其形穹隆，故曰穹廬。」

〔三〕師古曰：「徑，直也。簡，率也。」

〔四〕師古曰：「言忠信衰薄，彊為禮義，故其末流，怨恨彌起。棟宇之作，土木競勝，勞役既重，所以力屈。屈，盡也，音其勿反。」

〔五〕師古曰：「力謂竭力也。」

〔六〕師古曰：「罷讀曰疲。」

〔七〕師古曰：「嗟者，歎愍之言也。喋喋，利口也。佔佔，衣裳貌也。言漢人且當思念，無為喋喋佔佔耳。雖自謂著冠，何所當益也。喋音牒。佔音昌占反。」

〔八〕師古曰：「顧，念也。中猶滿也。量中者，滿其數也。中音竹仲反。」

〔九〕師古曰：「苦猶麤也。蹂，踐也。乃，汝也。蹂音人九反。」

孝文十四年，匈奴單于十四萬騎入朝那蕭關，殺北地都尉卬，虜人民畜產甚多，遂至彭陽。〔一〕使騎兵入燒回中宮，〔二〕候騎至雍甘泉。於是文帝以中尉周舍、郎中令張武為將軍，發車千乘，十萬騎，軍長安旁以備胡寇。而拜昌侯盧卿為上郡將軍，甯侯魏遫為北地將軍，〔三〕隆慮侯周竈為隴西將軍，〔四〕東陽侯張相如為大將軍，成侯董赤為將軍，〔五〕大發車騎往擊胡。單于留塞內月餘，漢逐出塞即還，不能有所殺。匈奴日以驕，歲入邊，殺略人民甚衆，雲中、遼東最甚，郡萬餘人。漢甚患之，乃使使遺匈奴書，單于亦使當戶報謝，復言和親事。

〔一〕服虔曰：「安定縣也。」師古曰：「即今彭原縣是。」

〔二〕師古曰：「回中，地在安定，其中有宮也。」

〔三〕師古曰：「遫，古速字。」

〔四〕師古曰：「慮音廬。」

〔五〕師古曰：「文紀言建成侯，此言成侯，紀傳不同，當有誤。」

孝文後二年，使使(遺)〔遺〕匈奴書曰：「皇帝敬問匈奴大單于無恙。使當戶且渠雕渠難、郎中韓遼遺朕馬二匹，已至，敬受。〔一〕先帝制，長城以北引弓之國受令單于，長城以內冠帶之室朕亦制之，使萬民耕織，射獵衣食，父子毋離，臣主相安，(居)〔俱〕無暴虐。今聞渫惡民貪降其趨，〔二〕背義絕約，忘萬民之命，離兩主之驩，然其事已在前矣。書云『二國已和親，兩主驩說，〔三〕寢兵休卒養馬，〔四〕世世昌樂，翕然更始』，朕甚嘉之。聖者日新，改作更始，使老者得息，幼者得長，各保其首領，而終其天年。朕與單于俱由此道，〔五〕順天恤民，世世相傳，施之無窮，天下莫不咸嘉。(使)漢與匈奴鄰敵之國，匈奴處北地，寒，殺氣早降，故詔吏遣單于秫蘖金帛綿絮它物歲有數。今天下大安，萬民熙熙，〔六〕獨朕與單于爲之父母。朕追念前事，薄物細故，謀臣計失，皆不足以離昆弟之驩。〔七〕朕聞天不頗覆，地不偏載。〔八〕朕與單于皆捐細故，俱蹈大道(也)，〔九〕墮壞前惡，以圖長久，〔一〇〕使兩國之民若一家子。元元萬民，下及魚鱉，上及飛鳥，跂行喙息蝡動之類，〔一一〕莫不就安利，避危殆。故來者不止，天之道也。俱去前事，〔一二〕朕釋逃虜民，〔一三〕單于毋言章尼等。〔一四〕朕聞古之帝王，約分明而不食言。〔一五〕單于留志，天下大安，〔一六〕和親之後，漢過不先。〔一七〕單于其察之。」

〔一〕師古曰：「當戶且渠者，一人爲二官。雕渠難者，其姓名。」

〔二〕晉灼曰：「渫音渫水之渫。邪惡不正之民。」師古曰：「渫音先列反。降，下也，謂下意於利也。趨讀曰趣。」

〔三〕師古曰：「說讀曰悅。」

〔四〕師古曰：「寖，息也。」

〔五〕師古曰：「由，從也，用也。」

〔六〕師古曰：「和樂貌。」

〔七〕師古曰：「細故，小事也。」

〔八〕師古曰：「頗亦偏也，音普何反。」

〔九〕師古曰：「捐，棄也。」

〔一〇〕師古曰：「墮，毁也。圖，謀也。墮音火規反。」

〔一〕師古曰：「跂行，凡有足而行者也。喙息，凡以口出氣者也。蠉蝡，動貌。跂音岐。喙音許穢反。蝡音人兗反。」
〔二〕師古曰：「去，除也，音丘呂反。」
〔三〕師古曰：「謂漢人逃入匈奴者，(今)〔令〕不追。」
〔四〕師古曰：「背單于降漢者。」
〔五〕師古曰：「凡云食言者，終爲不信，棄其前言，如食而盡。」
〔六〕師古曰：「留志謂計念和親。」
〔七〕師古曰：「言更不負約。」

單于既約和親，於是制詔御史：「匈奴大單于遺朕書，和親已定，亡人不足以益衆廣地，匈奴無入塞，漢無出塞，犯今約者殺之，可以久親，後無咎，俱便。朕已許。其布告天下，使明知之。」

後四年，老上單于死，子軍臣單于立，而中行說復事之。漢復與匈奴和親。

軍臣單于立歲餘，匈奴復絕和親，大入上郡、雲中各三萬騎，所殺略甚衆。於是漢使三將軍軍屯北地，代屯句注，趙屯飛狐口，〔一〕緣邊亦各堅守以備胡寇。又置三將軍，軍長安西細柳、渭北棘門、霸上以備胡。胡騎入代句注邊，烽火通於甘泉、長安。數月，漢兵至邊，匈奴亦遠塞，〔二〕漢兵亦罷。後歲餘，文帝崩，景帝立，而趙王遂乃陰使於匈奴。吳楚反，欲與趙合謀入邊。漢圍破趙，匈奴亦止。自是後，景帝復與匈奴和親，通關市，給遺單于，遣翁主如故約。終景帝世，時時小入盜邊，無大寇。

〔一〕師古曰：「險阸之處，在代郡之南，南衝燕趙之中。」

〔二〕師古曰：「遠，離也，音于萬反。」

武帝即位，明和親約束，厚遇關市，饒給之。匈奴自單于以下皆親漢，往來長城下。漢使馬邑人聶翁壹〔一〕間闌出物與匈奴交易，〔二〕陽爲賣馬邑城以誘單于。單于信之，而貪馬邑財物，乃以十萬騎入武州塞。漢伏兵三十餘萬馬邑旁，御史大夫韓安國爲護軍將軍，護四將軍以伏單于。〔三〕單于既入漢塞，未至馬邑百餘里，見畜布野而無人牧者，怪之，乃攻亭。時雁門尉史行徼，見寇，保此亭，〔四〕單于得，欲刺之。尉史知漢謀，乃下，〔五〕具告單于。單于大驚，曰：「吾固疑之。」乃引兵還。出曰：「吾得尉史，天也。」以尉史爲天王。漢兵約單于入馬邑而縱(兵)，〔六〕單于不至，以故無所得。將軍王恢部出代擊胡輜重，〔七〕聞單于還，兵多，不敢出。漢以恢本建造兵謀而不進，誅恢。自是後，匈奴絕和親，攻當路塞，〔八〕往往入盜於邊，不可勝數。然匈奴貪，尚樂關市，耆漢財物，〔九〕漢亦通關市不絕以中之。〔一〇〕

〔一〕師古曰：「姓聶名壹。翁者，老人之稱也。」

〔二〕孟康曰：「私出塞交易。」

〔三〕師古曰：「伏兵而待單于也。」

〔四〕師古曰：「漢律，近塞郡皆置尉，百里一人，士史、尉史各二人巡行徼塞也。行音下孟反。」

〔五〕師古曰：「尉史在亭樓上，虜欲以矛戟刺之，懼，乃自下以謀告。」

〔六〕師古曰：「放兵以擊單于。」

〔七〕師古曰：「重音直用反。」

〔八〕師古曰：「塞之當行道處者。」

〔九〕師古曰：「耆讀曰嗜。」

〔一〇〕師古曰：「以關市中其意。中音竹仲反。」

自馬邑軍後五歲之秋，漢使四將各萬騎擊胡關市下。將軍衞青出上谷，至龍城，得胡首虜七百人。公孫賀出雲中，無所得。公孫敖出代郡，爲胡所敗七千。李廣出雁門，爲胡所敗，匈奴生得廣，廣道亡歸。〔一〕漢囚敖、廣，敖、廣贖爲庶人。其冬，匈奴數千人盜邊，漁陽尤甚。漢使將軍韓安國屯漁陽備胡。其明年秋，匈奴二萬騎入漢，殺遼西太守，略二千餘人。又敗漁陽太守軍千餘人，圍將軍安國。〔二〕安國時千餘騎亦且盡，會燕救之，至，匈奴乃去，又入雁門殺略千餘人。於是漢使將軍衞青將三萬騎出雁門，李息出代郡，擊胡，得首虜數千。其明年，衞青復出雲中以西至隴西，擊胡之樓煩、白羊王於河南，得胡首虜數千，羊百餘萬。於是漢遂取河南地，築朔方，復繕故秦時蒙恬所爲塞，因河而爲固。漢亦棄上谷之斗辟縣造陽地以予胡。〔三〕是歲，元朔二年也。

〔一〕師古曰：「於道上亡還。」

〔二〕師古曰：「即韓安國也。」

〔三〕孟康曰：「縣斗辟曲近胡。」師古曰：「斗，絕也。縣之斗曲入匈奴界者，其中造陽地也。辟讀曰僻。」

其後冬，軍臣單于死，其弟左谷蠡王伊穉斜自立爲單于，攻敗軍臣單于太子於單。於單亡降漢，漢封於單爲陟安侯，數月死。

伊穉斜單于既立，其夏，匈奴數萬騎入代郡，殺太守共友，〔一〕略千餘人。秋，又入鴈門，殺略千餘人。其明年，又入代郡、定襄、上郡，各三萬騎，殺略數千人。匈奴右賢王怨漢奪之河南地而築朔方，數寇盜邊，及入河南，侵擾朔方，殺略吏民甚衆。

〔一〕師古曰：「共友，太守姓名也。共讀曰龔。」

其明年春，漢遣衞青將六將軍十餘萬人出朔方高闕。右賢王以爲漢兵不能至，飲酒醉。漢兵出塞六七百里，夜圍右賢王。右賢王大驚，脫身逃走，精騎往往隨後去。漢將軍得右賢王人衆男女萬五千人，裨小王十餘人。其秋，匈奴萬騎入代郡，殺都尉朱央，略千餘人。

其明年春，漢復遣大將軍衞青將六將軍，十餘萬騎，仍再出定襄數百里〔一〕擊匈奴，得首虜前後萬九千餘級，而漢亦亡兩將軍，三千餘騎。右將軍建得以身脫，而前將軍翕侯趙信兵不利，降匈奴。趙信者，故胡小王，降漢，漢封爲翕侯，以前將軍與右將軍并軍，介獨遇單于兵，故盡沒。〔二〕單于既得翕侯，以爲自次王，〔三〕用其姊妻之，與謀漢。信教單于益北絕幕，〔四〕以誘罷漢兵，徼極而取之，〔五〕毋近塞。〔六〕單于從之。其明年，胡數萬騎入上谷，殺數百人。

〔一〕師古曰：「仍，頻也。」

〔二〕晉灼曰：「介音戛。」師古曰：「介，特也。本雖并軍，至遇單于時特也。介讀如本字。」

〔三〕師古曰：「自次者，尊重次於單于。」

〔四〕師古曰：「直度曰絕。」

〔五〕師古曰：「罷讀曰疲。徼，要也。誘令疲，要其困極，然後取之。徼音工堯反。」

〔六〕師古曰：「不近塞居，所以疲勞漢兵也。」

明年春，漢使票騎將軍去病將萬騎出隴西，過焉耆山千餘里，得胡首虜八千餘級，得休屠王祭天金人。〔一〕其夏，票騎將軍復與合騎侯數萬騎出隴西、北地二千里，過居延，攻祁連山，得胡首虜三萬餘級，裨小王以下十餘人。是時，匈奴亦來入代郡、鴈門，殺略數百人。

漢使博望侯及李將軍廣出右北平，擊匈奴左賢王。左賢王圍李廣，廣軍四千人死者過半，殺虜亦過當。會博望侯軍救至，李將軍得脫，盡亡其軍。合騎侯後票騎將軍期，及博望侯皆當死，贖爲庶人。

〔一〕孟康曰：「匈奴祭天處本在雲陽甘泉山下，秦奪其地，後徙之休屠王右地，故休屠有祭天金人象也。」師古曰：「作金人以爲天神之主而祭之，即今佛像是其遺法。」

其秋，單于怒昆邪王、休屠王居西方爲漢所殺虜數萬人，欲召誅之。昆邪、休屠王恐，謀降漢，漢使票騎將軍迎之。昆邪王殺休屠王，并將其衆降漢，凡四萬餘人，號十萬。於是漢已得昆邪，則隴西、北地、河西益少胡寇，徙關東貧民處所奪匈奴河南地新秦中以實之，〔一〕(西)〔而〕減北地以西戍卒半。明年春，匈奴入右北平、定襄各數萬騎，殺略千餘人。

〔一〕師古曰：「新秦，解在食貨志。」

其〔明〕年春，漢謀以爲「翕侯信爲單于計，居幕北，以爲漢兵不能至」。乃粟馬，〔一〕發十萬騎，私負從馬凡十四萬匹，〔二〕糧重不與焉。〔三〕令大將軍青、票騎將軍去病中分軍，大將軍出定襄，票騎將軍出代，咸約絕幕擊匈奴。〔四〕單于聞之，遠其輜重，〔五〕以精兵待於幕北。與漢大將軍接戰一日，會暮，大風起，漢兵縱左右翼圍單于。單于自度戰不能與漢兵，〔六〕遂獨與壯騎數百潰漢圍西北遁走。漢兵夜追之不得，行捕斬首虜凡萬九千級，〔七〕

北至窴顏山趙信城而還。〔八〕

〔一〕師古曰：「以粟秣馬也。」

〔二〕師古曰：「私負衣裝者及私將馬從者，皆非公家發與之限。」

〔三〕師古曰：「負戴糧食者。重音直用反。與讀曰豫。」

〔四〕師古曰：「約謂爲其要。」

〔五〕師古曰：「徙其輜重令遠去。」

〔六〕師古曰：「與猶如也。度音徒各反。」

〔七〕師古曰：「且行且捕斬之。」

〔八〕孟康曰：「趙信所作，因以名城。」師古曰：「窴音徒千反。」

單于之走，其兵往往與漢軍相亂而隨單于。單于久不與其大衆相得，右谷蠡王以爲單于死，乃自立爲單于。眞單于復得其衆，右谷蠡乃去號，復其故位。

票騎之出代二千餘里，與左王接戰，漢兵得胡首虜凡七萬餘人，左王將皆遁走。票騎封於狼居胥山，禪姑衍，臨翰海而還。

是後匈奴遠遁，而幕南無王庭。漢度河自朔方以西至令居，〔一〕往往通渠置田官，吏卒五六萬人，稍蠶食，地接匈奴以北。〔二〕

〔一〕師古曰：「令音零。下亦類此。」

〔三〕師古曰：「其地相接不絕。」

初，漢兩將大出圍單于，所殺虜八九萬，而漢士物故者亦萬數，〔一〕漢馬死者十餘萬匹。匈奴雖病，遠去，而漢馬亦少，無以復往。單于用趙信計，遣使好辭請和親。天子下其議，或言和親，或言遂臣之。丞相長史任敞曰：「匈奴新困，宜使爲外臣，朝請於邊。」〔二〕漢使敞使於單于。單于聞敞計，大怒，留之不遣。先是漢亦有所降匈奴使者，單于亦輒留漢使相當。漢方復收士馬，會票騎將軍去病死，於是漢久不北擊胡。

〔一〕師古曰：「物故謂死也。」

〔二〕師古曰：「請音材性反。」

數歲，伊稺斜單于立十三年死，子烏維立爲單于。是歲，元鼎三年也。烏維單于立，而漢武帝始出巡狩郡縣。其後漢方南誅兩越，不擊匈奴，匈奴亦不入邊。

烏維立三年，漢已滅兩越，遣故太僕公孫賀將萬五千騎出九原二千餘里，至浮苴井，〔一〕從票侯趙破奴萬餘騎出令居數千里，至匈奴河水，〔二〕皆不見匈奴一人而還。

〔一〕師古曰：「苴音子餘反。武紀苴字作沮，其音同。」

〔二〕臣瓚曰：「水名也。去令居千里。」

是時，天子巡邊，親至朔方，勒兵十八萬騎以見武節，〔一〕而使郭吉風告單于。〔二〕既至匈奴，匈奴主客問所使，〔三〕郭吉卑體好言曰：「吾見單于而口言。」單于見吉，吉曰：「南越王頭已縣於漢北闕下。今單于即能前與漢戰，天子自將兵待邊；即不能，亟南面而臣於漢。〔四〕何但遠走，亡匿於幕北寒苦無水草之地爲？」〔五〕語卒，單于大怒，立斬主客見者，而留郭吉不歸，遷辱之北海上。而單于終不肯爲寇於漢邊，休養士馬，習射獵，數使使好辭甘言求和親。

〔一〕師古曰：「見，示也。」

〔二〕師古曰：「風讀曰諷。」

〔三〕師古曰：「主客，主接諸客者也。問以何事而來。」

〔四〕師古曰：「亟，急也，音居力反。」

〔五〕師古曰：「但，空也。」

漢使王烏等闚匈奴。匈奴法，漢使不去節，不以墨黥其面，不得入穹廬。〔一〕王烏，北地人，習胡俗，去其節，黥面入廬。單于愛之，陽許曰：「吾爲遣其太子入質於漢，以求和親。」〔二〕

〔一〕師古曰：「以墨黥面也。」

〔二〕師古曰：「言爲王烏故遣太子入質。」

漢使楊信使於匈奴。是時漢東拔濊貉、朝鮮以爲郡，〔一〕而西置酒泉郡以隔絕胡與羌通之路。又西通月氏、大夏，以翁主妻烏孫王，以分匈奴西方之援國。又北益廣田至胘雷爲塞，〔二〕而匈奴終不敢以爲言。是歲，翕侯信死，漢用事者以匈奴已弱，可臣從也。楊信爲人剛直屈强，素非貴臣也，〔三〕單于不親。欲召入，不肯去節，乃坐穹廬外見楊信。楊信說單于曰：「卽欲和親，以單于太子爲質於漢。」單于曰：「非故約。故約，漢常遣翁主，給繒絮食物有品，以和親，〔四〕而匈奴亦不復擾邊。今乃欲反古，〔五〕令吾太子爲質，無幾矣。」〔六〕匈奴俗，見漢使非中貴人，其儒生，以爲欲說，折其辯；少年，以爲欲刺，折其氣。每漢兵入匈奴，匈奴輒報償。漢留匈奴使，匈奴亦留漢使，必得當乃止。

〔一〕師古曰：「濊與穢同，亦或作薉。」

〔二〕服虔曰：「胘雷，地在烏孫北也。胘音州縣之縣。」

〔三〕師古曰：「屈音其勿反。强音其兩反。」

〔四〕師古曰：「品謂等差也。」

〔五〕師古曰：「反，違也。」

〔六〕師古曰：「言遣太子爲質，則匈奴國中所餘者無幾，皆當盡也。幾音居豈反。」

楊信既歸，漢使王烏等如匈奴。匈奴復讇以甘言，〔一〕欲多得漢財物，紿王烏曰：「吾欲入漢〔二〕見天子，面相結爲兄弟。」王烏歸報漢，漢爲單于築邸于長安。匈奴曰：「非得漢貴人使，吾不與誠語。」〔三〕匈奴使其貴人至漢，病，服藥欲愈之，不幸而死。漢使路充國佩二千石印綬，使送其喪，厚幣直數千金。單于以爲漢殺吾貴使者，乃留路充國不歸。諸所言者，單于特空紿王烏，〔四〕殊無意入漢，遣太子來質。於是匈奴數使奇兵侵犯漢邊。漢乃拜郭昌爲拔胡將軍，及浞野侯屯朔方以東，備胡。〔五〕

〔一〕師古曰：「謵，古諂字。」
〔二〕師古曰：「紿，詐也。」
〔三〕師古曰：「誠，實也。」
〔四〕師古曰：「特，但也。」
〔五〕師古曰：「浞野侯，趙破奴也。浞音仕角反。」

烏維單于立十歲死，子詹師廬立，年少，號爲兒單于。是歲，元封六年也。自是後，單于益西北，左方兵直雲中，右方兵直酒泉、敦煌。

兒單于立，漢使兩使，一人弔單于，一人弔右賢王，欲以乖其國。使者入匈奴，匈奴悉將致單于。單于怒而悉留漢使。漢使留匈奴者前後十餘輩，而匈奴使來漢，亦輒留之相當。

是歲，漢使貳師將軍西伐大宛，而令因杅將軍築受降城。〔一〕其冬，匈奴大雨雪，〔二〕畜多飢寒死，而單于年少，好殺伐，國中多不安。左大都尉欲殺單于，使人間告漢〔三〕曰：「我欲殺單于降漢，漢遠，漢卽來兵近我，我卽發。」〔四〕初漢聞此言，故築受降城，猶以爲遠。

〔一〕師古曰：「杅音于。」

〔二〕師古曰：「雨音于具反。」

〔三〕師古曰：「私來報。」

〔四〕師古曰：「來兵，言以兵來也。」

其明年春，漢使浞野侯破奴將二萬騎出朔方北二千餘里，〔一〕期至浚稽山而還。〔二〕浞野侯旣至期，左大都尉欲發而覺，單于誅之，發兵擊浞野侯。浞野侯行捕首虜數千人。還，未至受降城四百里，匈奴八萬騎圍之。浞野侯夜出自求水，匈奴生得浞野侯，因急擊其軍。軍吏畏亡將而誅，莫相勸而歸，軍遂沒於匈奴。單于大喜，遂遣兵攻受降城，不能下，乃侵入邊而去。明年，單于欲自攻受降城，未到，病死。

〔一〕師古曰：「以迎左大都尉。」

〔二〕師古曰：「浚音俊。稽音雞。在武威北。」

兒單于立三歲而死。子少，匈奴乃立其季父烏維單于弟右賢王句黎湖爲單于。〔一〕是歲，太初三年也。

〔一〕師古曰：「句音鉤。」

句黎湖單于立，漢使光祿徐自爲出五原塞數百里，遠者千里，築城障列亭至盧朐，〔一〕而使游擊將軍韓說、長平侯衞伉屯其旁，〔二〕使强弩都尉路博德築居延澤上。

〔一〕師古曰：「盧朐，山名也。朐音劬。」

〔二〕師古曰：「說讀曰悅。伉音抗，卽衞青子。」

其秋，匈奴大入雲中、定襄、五原、朔方，殺略數千人，敗數二千石而去，行壞光祿所築亭障。又使右賢王入酒泉、張掖，略數千人。會任文擊救，〔一〕盡復失其所得而去。聞貳師將軍破大宛，斬其王還，單于欲遮之，不敢，其冬病死。

〔一〕服虔曰：「任文，漢將也。」師古曰：「擊救者，擊匈奴而自救漢人。」

句黎湖單于立一歲死，其弟左大都尉且鞮侯立爲單于。〔一〕

〔一〕師古曰：「且音子余反。鞮音丁奚反。」

漢旣誅大宛，威震外國，天子意欲遂困胡，乃下詔曰：「高皇帝遺朕平城之憂，〔一〕高后時單于書絕悖逆。昔齊襄公復九世之讎，春秋大之。」〔二〕是歲，太初四年也。

〔一〕師古曰：「遺，留也。」

〔三〕師古曰：「公羊傳莊四年春，齊襄公滅紀，復讎也。襄公之九世祖昔爲紀侯所譖，而亨殺于周，故襄公滅紀也。九世猶可以復讎乎？曰：雖百世可也。」

且鞮侯單于初立，恐漢襲之，盡歸漢使之不降者路充國等於漢。單于乃自謂「我兒子，安敢望漢天子！漢天子，我丈人行。」〔一〕漢遣中郎將蘇武厚幣賂遺單于，單于益驕，禮甚倨，非漢所望也。明年，浞野侯破奴得亡歸漢。

〔一〕師古曰：「丈人，尊老之稱也。行音胡浪反。」

其明年，漢使貳師將軍將三萬騎出酒泉，擊右賢王於天山，得首虜萬餘級而還。匈奴大圍貳師，幾不得脫。〔一〕漢兵物故什六七。〔二〕漢又使因杅將軍出西河，與强弩都尉會涿邪山，亡所得。使騎都尉李陵將步兵五千人出居延北千餘里，與單于會，合戰，陵所殺傷萬餘人，兵食盡，欲歸，單于圍陵，陵降匈奴，其兵得脫歸漢者四百人。單于乃貴陵，以其女妻之。

〔一〕師古曰：「幾音鉅依反。」

〔二〕師古曰：「物故謂死也。」

後二歲，漢使貳師將軍六萬騎，步兵七萬，出朔方；强弩都尉路博德將萬餘人，與貳師會；游擊將軍說步兵三萬人，出五原；〔一〕因杅將軍敖將騎萬，步兵三萬人，出雁門。匈奴聞，悉遠其累重於余吾水北，〔二〕而單于以十萬待水南，與貳師接戰。貳師解而引歸，與單于連鬭十餘日。游擊亡所得。因杅與左賢王戰，不利，引歸。

〔一〕師古曰：「卽上韓說也。」

〔二〕師古曰：「累重謂妻子資產也。累音力瑞反。重音直用反。」

明年，且鞮侯單于死，立五年，長子左賢王立爲狐鹿姑單于。是歲，太始元年也。

初，且鞮侯兩子，長爲左賢王，次爲左大將，病且死，言立左賢王。左賢王未至，貴人以爲有病，更立左大將爲單于。左賢王聞之，不敢進。左大將使人召左賢王而讓位焉。左賢王辭以病，左大將不聽，謂曰：「卽不幸死，傳之於我。」左賢王許之，遂立爲狐鹿姑單于。狐鹿姑單于立，以左大將爲左賢王，數年病死，其子先賢撣不得代，〔一〕更以爲日逐王。日逐王者，賤於左賢王。單于自以其子爲左賢王。

〔一〕師古曰：「撣音纏。」

單于既立六年，而匈奴入上谷、五原，殺略吏民。其年，匈奴復入五原、酒泉，殺兩部都尉。於是漢遣貳師將軍七萬人出五原，御史大夫商丘成將三萬餘人出西河，重合侯莽通將四萬騎出酒泉千餘里。單于聞漢兵大出，悉遣其輜重，徙趙信城北邸郅居水。〔一〕左賢王驅其人民度余吾水六七百里，居兜銜山。單于自將精兵左安侯度姑且水。〔二〕

〔一〕師古曰：「郅，至也，音丁禮反。郅音之日反。」

〔二〕師古曰：「且音子余反。」

御史大夫軍至追(斜)〔邪〕徑，無所見，還。〔一〕匈奴使大將與李陵將三萬餘騎追漢軍，至浚稽山合，轉戰九日，漢兵陷陳卻敵，殺傷虜甚衆。至蒲奴水，虜不利，還去。

〔一〕師古曰：「從疾道而追之，不見虜而還也。邪音似嗟反。」

重合侯軍至天山，匈奴使大將偃渠與左右呼知王將二萬餘騎要漢兵，見漢兵強，引去。重合侯無所得失。是時，漢恐車師兵遮重合侯，乃遣闓陵侯將兵別圍車師，〔一〕盡得其王民衆而還。

〔一〕師古曰：「闓讀與開同。」

貳師將軍將出塞，匈奴使右大都尉與衞律將五千騎要擊漢軍於夫羊句山狹。〔一〕貳師遣屬國胡騎二千與戰，虜兵壞散，死傷者數百人。漢軍乘勝追北，至范夫人城，〔二〕匈奴奔走，莫敢距敵。會貳師妻子坐巫蠱收，聞之憂懼。其掾胡亞夫亦避罪從軍，說貳師曰：「夫人室家皆在吏，若還不稱意，適與獄會，郅居以北可復得見乎？」〔三〕貳師由是狐疑，欲深入要功，遂北至郅居水上。虜已去，貳師遣護軍將二萬騎度郅居之水。一日，逢左賢王左大將，將二萬騎與漢軍合戰一日，漢軍殺左大將，虜死傷甚衆。軍長史與決眭都尉煇渠侯謀〔四〕曰：「將軍懷異心，欲危衆求功，恐必敗。」謀共執貳師。貳師聞之，斬長史，引兵還至速邪烏燕然山。〔五〕單于知漢軍勞倦，自將五萬騎遮擊貳師，相殺傷甚衆。夜壍漢軍前，深數尺，從後急擊之，軍大亂敗，貳師降。單于素知其漢大將貴臣，以女妻之，尊寵在衞律上。

〔一〕服虔曰：「夫羊，地名也。」師古曰：「句山，西山也。句音鉤。」

〔二〕應劭曰：「本漢將築此城。將亡，其妻率餘衆完保之，因以爲名也。」張晏曰：「范氏能胡詛者。」

〔三〕如淳曰：「以就誅後，雖復欲降匈奴，不可得。」

〔四〕晉灼曰：「本匈奴官也。功臣表歸義侯僕多子（雷）〔電〕後以屬國都尉擊匈奴，封煇渠。煇渠，魯（閔）〔陽〕縣也。」師古曰：「眭音息隨反。煇音輝。僕多者，字當爲朋。」

〔五〕師古曰：「速邪烏，地名也，燕然山在其中。燕（一音）〔音一〕千反。」

其明年，單于遣使遺漢書云：「南有大漢，北有彊胡。胡者，天之驕子也，不爲小禮以自煩。今欲與漢闓大關，取漢女爲妻，〔一〕歲給遺我糵酒萬石，稷米五千斛，〔二〕雜繒萬匹，它如故約，則邊不相盜矣。」漢遣使者報送其使，單于使左右難漢使者，曰：「漢，禮義國也。貳師道前太子發兵反，何也？」使者曰：「然。乃丞相私與太子爭鬭，太子發兵欲誅丞相，丞相誣之，故誅丞相。此子弄父兵，罪當笞，小過耳。孰與冒頓單于身殺其父代立，常妻後母，禽獸行也！」單于留使者，三歲乃得還。

〔一〕師古曰：「闓讀與開同。」

〔三〕師古曰：「以蘗爲酒，味尤甜。稯米，稯粟米也。」

貳師在匈奴歲餘，衞律害其寵，會母閼氏病，〔一〕律飭胡巫〔二〕言先單于怒，曰「胡故時祠兵，常言得貳師以社，〔三〕今何故不用？」於是收貳師，貳師（怒）〔罵〕曰：「我死必滅匈奴！」遂屠貳師以祠。會連雨雪數月，畜產死，人民疫病，穀稼不孰，〔四〕單于恐，爲貳師立祠室。

〔一〕師古曰：「單于之母也。」

〔二〕師古曰：「飭與敕同。」

〔三〕師古曰：「以祠社。」

〔四〕師古曰：「北方早寒，雖不宜（黍）〔禾〕稷，匈奴中亦種黍穄。」

自貳師沒後，漢新失大將軍士卒數萬人，不復出兵。三歲，武帝崩。前此者，漢兵深入窮追二十餘年，匈奴孕重墮殰，罷極苦之。〔一〕自單于以下常有欲和親計。

〔一〕師古曰：「孕重，懷任者也。墮，落也。殰，敗也，音讀。罷讀曰疲。極，困也。苦之，心厭苦也。」

後三年，單于欲求和親，會病死。初，單于有異母弟爲左大都尉，賢，國人鄉之，〔一〕母閼氏恐單于不立子而立左大都尉也，乃私使殺之。左大都尉同母兄怨，遂不肯復會單于庭。又單于病且死，謂諸貴人：「我子少，不能治國，立弟右谷蠡王。」及單于死，衞律等與顓渠閼氏謀，匿單于死，詐撟單于令，〔三〕與貴人飲盟，更立子左谷蠡王爲壺衍鞮單于。是歲，始元二年也。

〔一〕師古曰：「鄉讀曰嚮。謂悉皆附之。」

〔三〕師古曰：「撟與矯同，其字從手。矯，託也。」

壺衍鞮單于既立，風謂漢使者，言欲和親。〔一〕左賢王、右谷蠡王以不得立怨望，率其衆欲南歸漢。恐不能自致，卽脅盧屠王，欲與西降烏孫，謀擊匈奴。盧屠王告之，單于使人驗問，右谷蠡王不服，反以其罪罪盧屠王，國人皆冤之。於是二王去居其所，未嘗肯會龍城。〔二〕

〔一〕師古曰：「風讀曰諷，謂不正言也。」

〔二〕師古曰：「各自居其本處，不復會龍城祭。」

後二年秋，匈奴入代，殺都尉。單于年少初立，母閼氏不正，國內乖離，常恐漢兵襲之。於是衞律爲單于謀「穿井築城，治樓以藏穀，與秦人守之。〔一〕漢兵至，無奈我何。」卽穿井數百，伐材數千。或曰胡人不能守城，是遺漢糧也，〔三〕衞律於是止，乃更謀歸漢使不降者蘇武、馬宏等。馬宏者，前副光祿大夫王忠使西國，爲匈奴所遮，忠戰死，馬宏生得，亦不肯降。故匈奴歸此二人，欲以通善意。是時，單于立三歲矣。

〔一〕師古曰：「秦時有人亡入匈奴者，今其子孫尚號秦人。」

〔二〕師古曰：「遺音弋季反。」

明年，匈奴發左右部二萬騎，爲四隊，〔一〕並入邊爲寇。漢兵追之，斬首獲虜九千人，生得甌脱王，漢無所失亡。匈奴見甌脱王在漢，恐以爲道擊之，〔二〕即西北遠去，不敢南逐水草，發人民屯甌脱。明年，復遣九千騎屯受降城以備漢，北橋余吾，令可度，〔三〕以備奔走。〔四〕是時，衞律已死。衞律在時，常言和親之利，匈奴不信，及死後，兵數困，國益貧。單于弟左谷蠡王思衞律言，欲和親而恐漢不聽，故不肯先言，常使左右風漢使者。〔五〕然其侵盜益希，遇漢使愈厚，欲以漸致和親，漢亦羈縻之。其後，左谷蠡王死。明年，單于使犂汙王窺邊，言酒泉、張掖兵益弱，出兵試擊，冀可復得其地。時漢先得降者，聞其計，天子詔邊警備。後無幾，右賢王、犂汙王四千騎〔六〕分三隊，入日勒、屋蘭、番和。〔七〕張掖太守、屬國都尉發兵擊，大破之，得脱者數百人。屬國千長義渠王騎士射殺犂汙王，〔八〕賜黄金二百斤，馬二百匹，因封爲犂汙王。屬國都尉郭忠封成安侯。自是後，匈奴不敢入張掖。

〔一〕師古曰：「隊，部也，音徒内反。」

〔二〕師古曰：「道讀曰導。」

〔三〕師古曰：「於余吾水上作橋。」

〔四〕師古曰：「擬有迫急，北走避漢，從此橋度也。」

〔五〕師古曰：「風讀曰諷。」

〔六〕師古曰：「無幾謂不多時也。幾音居豈反。」

〔七〕師古曰：「皆張掖縣也。番音盤。」

〔八〕師古曰：「千長者，千人之長。」

其明年，匈奴三千餘騎入五原，略殺數千人，後數萬騎南旁塞獵，〔一〕行攻塞外亭（長）〔障〕，略取吏民去。是時漢邊郡𤉶火候望精明，匈奴爲邊寇者少利，希復犯塞。漢復得匈奴降者，言烏桓嘗發先單于冢，匈奴怨之，方發二萬騎擊烏桓。大將軍霍光欲發兵（要）〔邀〕擊之，〔二〕以問護軍都尉趙充國。充國以爲「烏桓間數犯塞，〔三〕今匈奴擊之，於漢便。又匈奴希寇盜，北邊幸無事。蠻夷自相攻擊，而發兵要之，招寇生事，非計也。」光更問中郎將范明友，明友言可擊。於是拜明友爲度遼將軍，將二萬騎出遼東。匈奴聞漢兵至，引去。初，光誡明友：「兵不空出，卽後匈奴，遂擊烏桓。」〔四〕烏桓時新中匈奴兵，〔五〕明友旣後匈奴，因乘烏桓敝，擊之，斬首六千餘級，獲三王首，還，封爲平陵侯。

〔一〕師古曰：「旁音步浪反。」

〔二〕師古曰：「邀迎而擊之。邀音工堯反。」

〔三〕師古曰：「間卽中間也，猶言比日也。」

〔四〕師古曰：「後匈奴者，言兵遲後，邀匈奴不及。」

〔五〕師古曰：「爲匈奴所中傷。」

匈奴繇是恐，〔一〕不能出兵。卽使使之烏孫，求欲得漢公主。擊烏孫，取車延、惡師地。烏孫公主上書，下公卿議救，未決。昭帝崩，宣帝卽位，烏孫昆彌復上書，言「連爲匈奴所侵削，昆彌願發國半精兵人馬五萬匹，盡力擊匈奴，唯天子出兵，哀救公主！」本始二年，漢大發關東輕銳士，選郡國吏三百石伉健習騎射者，皆從軍。〔二〕遣御史大夫田廣明爲祁連將軍，四萬餘騎，出西河；度遼將軍范明友三萬餘騎，出張掖；前將軍韓增三萬餘騎，出雲中；後將軍趙充國爲蒲類將軍，三萬餘騎，出酒泉；雲中太守田順爲虎牙將軍，三萬餘騎，出五原：凡五將軍，兵十餘萬騎，出塞各二千餘里。及校尉常惠使護發兵烏孫西域，昆彌自將翕侯以下五萬餘騎從西方入，與五將軍兵凡二十餘萬衆。匈奴聞漢兵大出，老弱犇走，敺畜產遠遁逃，〔三〕是以五將少所得。

〔一〕師古曰：「繇讀與由同。」

〔二〕師古曰：「伉音古浪反。」

〔三〕師古曰：「犇，古奔字。敺與驅同。」

度遼將軍出塞千二百餘里，至蒲離候水，斬首捕虜七百餘級，鹵獲馬牛羊萬餘。前將軍出塞千二百餘里，至烏員，〔一〕斬首捕虜，至候山百餘級，〔二〕鹵馬牛羊二千餘。蒲類將軍兵當與烏孫合擊匈奴蒲類澤，烏孫先期至而去，漢兵不與相及。蒲類將軍出塞千八百餘里，西去候山，斬首捕虜，得單于使者蒲陰王以下三百餘級，鹵馬牛羊七千餘。聞虜已引去，皆不至期還。天子薄其過，寬而不罪。祁連將軍出塞千六百里，至雞秩山，斬首捕虜十九級，獲牛馬羊百餘。逢漢使匈奴還者冉弘等，言雞秩山西有虜衆，祁連即戒弘，使言無虜，欲還兵。御史屬公孫益壽諫，以爲不可，祁連不聽，遂引兵還。虎牙將軍出塞八百餘里，至丹余吾水上，即止兵不進，斬首捕虜千九百餘級，鹵馬牛羊七萬餘，引兵還。上以虎牙將軍不至期，詐增鹵獲，而祁連知虜在前，逗遛不進，〔三〕皆下吏自殺。擢公孫益壽爲侍御史。校尉常惠與烏孫兵至右谷蠡庭，獲單于父行〔四〕及嫂、居次、名王、犂汙都尉、千長、將以下三萬九千餘級，虜馬牛羊驢贏橐駝七十餘萬。漢封惠爲長羅侯。然匈奴民衆死傷而去者，及畜產遠移死〔于〕〔亡〕不可勝數。於是匈奴遂衰耗，〔五〕怨烏孫。

〔一〕師古曰：「烏員，地名也，音云。」

〔二〕師古曰：「候山，山名也。於此山斬捕得人。」

〔三〕孟康曰：「律語也，謂軍行頓止，稽留不進也。」師古曰：「逗讀與住同，又音豆。」

〔四〕師古曰：「行音胡浪反。」

〔三〕師古曰：「耗，減也，音呼到反。」

其冬，單于自將萬騎擊烏孫，頗得老弱，欲還。會天大雨雪，〔一〕一日深丈餘，人民畜產凍死，還者不能什一。於是丁令乘弱攻其北，〔二〕烏桓入其東，烏孫擊其西。凡三國所殺數萬級，馬數萬匹，牛羊甚衆。又重以餓死，〔三〕人民死者什三，畜產什五，匈奴大虛弱，諸國羈屬者皆瓦解，攻盜不能理。其後漢出三千餘騎，爲三道，並入匈奴，捕虜得數千人還。匈奴終不敢取當，〔四〕茲欲鄉和親，〔五〕而邊境少事矣。

〔一〕師古曰：「雨音于具反。」

〔二〕師古曰：「令音零。」

〔三〕師古曰：「重音直用反。」

〔四〕師古曰：「當者，報其直。」

〔五〕師古曰：「茲，益也。鄉讀曰嚮。」

壺衍鞮單于立十七年死，弟左賢王立，爲虛閭權渠單于。是歲，地節二年也。

虛閭權渠單于立，以右大將女爲大閼氏，而黜前單于所幸顓渠閼氏。顓渠閼氏父左大且渠怨望。是時匈奴不能爲邊寇，於是漢罷外城，以休百姓。〔一〕單于聞之喜，召貴人謀，欲與漢和親。左大且渠心害其事，曰：「前漢使來，兵隨其後，今亦效漢發兵，先使使者入。」

乃自請與呼盧訾王各將萬騎南旁塞獵，相逢俱入。〔二〕行未到，會三騎亡降漢，言匈奴欲為寇。於是天子詔發邊騎屯要害處，使大將軍軍監治衆等四人〔三〕將五千騎，分三隊，〔四〕出塞各數百里，捕得虜各數十人而還。時匈奴亡其三騎，不敢入，即引去。是歲也，匈奴飢，人民畜產死十六七。又發兩屯各萬騎以備漢。其秋，匈奴前所得西嗕居左地者，〔五〕其君長以下數千人皆驅畜產行，與甌脫戰，所戰殺傷甚衆，遂南降漢。

〔一〕師古曰：「外城，塞外諸城。」

〔二〕師古曰：「訾音子移反。旁音步浪反。」

〔三〕師古曰：「治衆者，軍監之名。」

〔四〕師古曰：「隊音徒內反。」

〔五〕孟康曰：「嗕音辱，匈奴種也。」師古曰：「嗕音奴獨反。」

其明年，西域城郭共擊匈奴，取車師國，〔一〕得其王及人衆而去。單于復以車師王昆弟兜莫為車師王，收其餘民東徙，不敢居故地。而漢益遣屯士分田車師地以實之。其明年，匈奴怨諸國共擊車師，遣左右大將各萬餘騎屯田右地，欲以侵迫烏孫西域。後二歲，匈奴遣左右奥鞬各六千騎，〔二〕與左大將再擊漢之田車師城者，不能下。其明年，丁令比三歲入盜匈奴，〔三〕殺略人民數千，驅馬畜去。匈奴遣萬餘騎往擊之，無所得。其明年，單于將十萬餘騎旁塞獵，〔四〕欲入邊寇。未至，會其民題除渠堂亡降漢言狀，漢以爲言兵鹿奚盧侯，而遣後將軍趙充國將兵四萬餘騎屯緣邊九郡備虜。月餘，單于病歐血，因不敢入，還去，即罷兵。乃使題王都犁胡次等入漢，請和親，未報，會單于死。是歲，神爵二年也。

〔一〕師古曰：「城郭謂諸國爲城居者。」

〔二〕師古曰：「奥音郁。鞬音居言反。」

〔三〕師古曰：「比，頻也。」

〔四〕師古曰：「旁音步浪反。」

虛閭權渠單于立九年死。自始立而黜顓渠閼氏，顓渠閼氏即與右賢王私通。右賢王會龍城而去，顓渠閼氏語以單于病甚，且勿遠。後數日，單于死。郝宿王刑未央使人召諸王，未至，〔一〕顓渠閼氏與其弟左大且渠都隆奇謀，立右賢王屠耆堂爲握衍朐鞮單于。握衍朐鞮單于者，代父爲右賢王，〔二〕烏維單于耳孫也。

〔一〕師古曰：「郝音呼各反。」

〔二〕師古曰：「朐音劬。」

握衍朐鞮單于立，復修和親，遣弟伊酋若王勝之入漢獻見。〔一〕單于初立，凶惡，盡殺虛閭權渠時用事貴人刑未央等，而任用顓渠閼氏弟都隆奇，又盡免虛閭權渠子弟近親，而自以其子弟代之。虛閭權渠單于子稽侯狦既不得立，〔二〕亡歸妻父烏禪幕。〔三〕烏禪幕者，本烏孫、康居間小國，數見侵暴，率其衆數千人降匈奴，狐鹿姑單于以其弟子日逐王姊妻之，使長其衆，居右地。〔四〕日逐王先賢撣，其父左賢王當爲單于，讓狐鹿姑單于，狐鹿姑單于許立之。國人以故頗言日逐王當爲單于。日逐王素與握衍朐鞮單于有隙，即率其衆數萬騎歸漢。漢封日逐王爲歸德侯。單于更立其從兄薄胥堂爲日逐王。〔五〕

〔一〕師古曰：「酋音材由反。」
〔二〕師古曰：「狦音先安反，又音所姦反。」
〔三〕師古曰：「禪音蟬。」
〔四〕師古曰：「長，衆爲之長帥。」
〔五〕師古曰：「胥音先余反。」

明年，單于又殺先賢撣兩弟。烏禪幕請之，不聽，心恚。其後左奧鞬王死，單于自立其小子爲奧鞬王，留庭。奧鞬貴人共立故奧鞬王子爲王，與俱東徙。單于遣右丞相將萬騎往擊之，失亡數千人，不勝。時單于已立二歲，暴虐殺伐，國中不附。及太子、左賢王數讒左地貴人，左地貴人皆怨。其明年，烏桓擊匈奴東邊姑夕王，頗得人民，單于怒。姑夕王恐，即與烏禪幕及左地貴人共立稽侯狦爲呼韓邪單于，發左地兵四五萬人，西擊握衍朐鞮單于，至姑且水北。〔一〕未戰，握衍朐鞮單于兵敗走，使人報其弟右賢王曰：「匈奴共攻我，若肯發兵助我乎？」〔二〕右賢王曰：「若不愛人，殺昆弟諸貴人。各自死若處，無來汙我。」〔三〕握衍朐鞮單于恚，自殺。左大且渠都隆奇亡之右賢王所，其民衆盡降呼韓邪單于。是歲，神爵四年也。握衍朐鞮單于立三年而敗。

〔一〕師古曰：「且音子余反。」

〔二〕師古曰：「若，汝也。其下亦同。」

〔三〕師古曰：「言於汝所居處自死。」

校勘記

三七四三頁一三行　粥音（戈）〔弋〕六反，景祐、殿本都作「弋」，此誤。

三七四五頁一六行　與申（后）〔侯〕有隙。景祐、殿本都作「侯」。王先謙說「后」字誤。

三七四七頁七行　獂音（完）〔桓〕。景祐、殿本都作「桓」。

三七四八頁二行　〔東胡〕卻千餘里。景祐、殿本都重「東胡」二字。

三七四八頁四行　而始皇帝使蒙恬將數十萬之（物）〔衆〕北擊胡，景祐、殿本都作「衆」，史記同，此誤。

三七五〇頁一三行　若今之伏宿（處）〔舍〕也。景祐、殿本都作「舍」。

三七五二頁四行　其世（信）〔姓〕官號可得而記云。景祐、殿本都作「姓」，此誤。

三七五三頁六行　(龍)新犂之國。　王念孫、沈欽韓都說「龍」字衍。按史記作「薪犂之國」。

三七五三頁八行　鏦音(戈)〔弋〕主反。　景祐、殿本都作「弋」，此誤。

三七五四頁七行　從解圍之隅(直角)〔角直〕以出去。　殿本作「角直」。王先謙說殿本是。

三七五八頁四行　願寢兵休(事)〔士〕，　景祐、殿、局本都作「士」，此誤。

三七六二頁九行　使使(遣)〔遺〕匈奴書曰：　景祐、汲古、殿、局本都作「遺」，此誤。

三七六二頁一一行　(居)〔俱〕無暴虐。　景祐、殿本都作「俱」，此誤。

三七六二頁一五行　天下莫不咸嘉。(使)漢與匈奴鄰敵之國，　劉奉世疑「使」字衍。王念孫據史記以爲「使」是「便」之誤，「嘉」字後人所加，存參。

三七六三頁三行　俱蹈大道(也)，　劉敞說「也」字衍。按史記無「也」字。

三七六四頁三行　(今)〔令〕不追。　景祐、殿本都作「令」，此誤。

三七六五頁一〇行　漢兵約單于入馬邑而縱(兵)，　王念孫說「縱」下「兵」字後人以意加之也，史記無。

三七六九頁九行　(西)〔而〕減北地以西戍卒半。　劉敞說「西」當作「而」。按史記作「而」。

三七六九頁一一行　其〔明〕年春，　朱一新說此脫「明」字。王先謙說史記亦有「明」字。

三七七九頁三行　御史大夫軍至追(斜)〔邪〕徑，無所見，還。　景祐、殿本都作「邪」。王先謙說作「邪」是。王念孫說「追邪徑」是地名，與顏注異。

三七八〇頁七行 歸義侯僕多子（罾）〔雷〕後以屬國都尉擊匈奴。封煇渠。煇渠，魯（閎）〔陽〕縣也。景祐、殿本「罾」作「雷」。「閎」作「陽」。

三七八〇頁九行 燕（一音）〔音一〕千反。景祐、殿、局本都作「一千」，此誤倒。

三七八一頁三行 貳師（怒）〔罵〕曰：景祐、殿本都作「罵」。

三七八一頁九行 雖不宜（黍）〔禾〕稷，匈奴中亦種黍穄。景祐、殿本都作「禾」。

三七八四頁六行 行攻塞外亭（長）〔障〕，錢大昭說「長」當作「障」。按景祐、殿本都作「障」。

三七八四頁八行 大將軍霍光欲發兵（要）〔邀〕擊之，錢大昭說「要」依注當作「邀」。按景祐、殿本都作「邀」。

三七八六頁一二行 及畜產遠移死（于）〔亡〕不可勝數。錢大昭說「于」當作「亡」。按景祐、殿、局本都作「亡」。

漢書卷九十四下

匈奴傳第六十四下

呼韓邪單于歸庭數月，罷兵使各歸故地，乃收其兄呼屠吾斯在民間者立爲左谷蠡王，使人告右賢貴人，欲令殺右賢王。其冬，都隆奇與右賢王共立日逐王薄胥堂爲屠耆單于，發兵數萬人東襲呼韓邪單于。呼韓邪單于兵敗走，屠耆單于還，以其長子都塗吾西爲左谷蠡王，少子姑瞀樓頭爲右谷蠡王，〔一〕留居單于庭。

〔一〕師古曰：「瞀音莫構反。」

明年秋，屠耆單于使日逐王先賢撣兄右奥鞬王爲烏藉都尉〔一〕各二萬騎，屯東方以備呼韓邪單于。是時，西方呼揭王來與唯犂當戶謀，〔二〕共讒右賢王，言欲自立爲烏藉單于。屠耆單于殺右賢王父子，後知其冤，復殺唯犂當戶。於是呼揭王恐，遂畔去，自立爲呼揭單于。右奥鞬王聞之，卽自立爲車犂單于。烏藉都尉亦自立爲烏藉單于。凡五單于。屠耆單于自將兵東擊車犂單于，使都隆奇擊烏藉。烏藉、車犂皆敗，西北走，與呼揭單于兵合爲四萬人。烏藉、呼揭皆去單于號，共幷力尊輔車犂單于。屠耆單于聞之，使左大將、都尉將四萬騎分屯東方，以備呼韓邪單于，自將四萬騎西擊車犂單于。車犂單于敗，西北走，屠耆單于卽引西南，留闟敦地。〔三〕

〔一〕師古曰：「擅音纏。奧音郁。鞬音居言反。」

〔二〕師古曰：「揭音丘例反。唯音弋癸反。」

〔三〕師古曰：「闟音蹋。敦音頓，又音對。」

其明年，呼韓邪單于遣其弟右谷蠡王等西襲屠耆單于屯兵，殺略萬餘人。屠耆單于聞之，卽自將六萬騎擊呼韓邪單于，行千里，未至嗕姑地，〔一〕逢呼韓邪單于兵可四萬人，合戰。屠耆單于兵敗，自殺。都隆奇乃與屠耆少子右谷蠡王姑瞀樓頭亡歸漢，車犂單于東降呼韓邪單于。呼韓邪單于左大將烏厲屈與父呼遬累烏厲溫敦〔二〕皆見匈奴亂，率其衆數萬人南降漢。封烏厲屈爲新城侯，烏厲溫敦爲義陽侯。是時李陵子復立烏藉都尉爲單于，呼韓邪單于捕斬之，遂復都單于庭，然衆裁數萬人。屠耆單于從弟休旬王將所主五六百騎，擊殺左大且渠，幷其兵，至右地，自立爲閏振單于，在西邊。其後，呼韓邪單于兄左賢王呼屠吾斯亦自立爲郅支骨都侯單于，在東邊。其後二年，閏振單于率其衆東擊郅支單于。郅支單于與戰，殺之，幷其兵，遂進攻呼韓邪。呼韓邪破，其兵走，郅支都單于庭。

〔一〕師古曰：「嗕音乃穀反。」

〔二〕師古曰：「呼遬累者，其官號也。遬，古速字也。累音力追反。」

呼韓邪之敗也，左伊秩訾王為呼韓邪計，勸令稱臣入朝事漢，從漢求助，如此匈奴乃定。呼韓邪議問諸大臣，皆曰：「不可。匈奴之俗，本上氣力而下服役，〔一〕以馬上戰鬬為國，故有威名於百蠻。戰死，壯士所有也。〔二〕今兄弟爭國，不在兄則在弟，雖死猶有威名，子孫常長諸國。〔三〕漢雖彊，猶不能兼并匈奴，奈何亂先古之制，臣事於漢，卑辱先單于，〔四〕為諸國所笑！雖如是而安，何以復長百蠻！」左伊秩訾曰：「不然。彊弱有時，今漢方盛，烏孫城郭諸國皆為臣妾。〔五〕自且鞮侯單于以來，匈奴日削，不能取復，〔六〕雖屈彊於此，未嘗一日安也。〔七〕今事漢則安存，不事則危亡，計何以過此！」諸大人相難久之。呼韓邪從其計，引衆南近塞，遣子右賢王銖婁渠堂入侍。〔八〕郅支單于亦遣子右大將駒于利受入侍。是歲，甘露元年也。

〔一〕師古曰：「以服役於人為下。」

〔二〕師古曰：「言人皆有此事耳。」

〔三〕師古曰：「為諸國之長帥也。」

〔四〕師古曰：「言忝辱之更令卑下也。」

〔五〕師古曰：「謂西域諸國為城郭而居也。」

〔六〕師古曰：「且音子餘反。復音扶目反。」

〔七〕師古曰：「屈音其勿反。」

〔八〕師古曰：「婁音力于反。」

明年，呼韓邪單于款五原塞，〔一〕願朝三年正月。〔二〕漢遣車騎都尉韓昌迎，發過所七郡郡二千騎，為陳道上。〔三〕單于正月朝天子于甘泉宮，漢寵以殊禮，位在諸侯王上，贊謁稱臣而不名。賜以冠帶衣裳，黃金璽盭綬，〔四〕玉具劍，〔五〕佩刀，弓一張，矢四發，〔六〕棨戟十，〔七〕安車一乘，鞍勒一具，〔八〕馬十五匹，黃金二十斤，錢二十萬，衣被七十七襲，〔九〕錦繡綺縠雜帛八千匹，絮六千斤。禮畢，使使者道單于先行，宿長平。〔一〇〕上自甘泉宿池陽宮。上登長平，詔單于毋謁，〔一一〕其左右當戶之羣臣皆得列觀，及諸蠻夷君長王侯數萬，咸迎於渭橋下，夾道陳。上登渭橋，咸稱萬歲。單于就邸，留月餘，遣歸國。單于自請願留居光祿塞下，〔一二〕有急保漢受降城。〔一三〕漢遣長樂衞尉高昌侯董忠、車騎都尉韓昌將騎萬六千，又發邊郡士馬以千數，送單于出朔方雞鹿塞。〔一四〕詔忠等留衞單于，助誅不服，又轉邊穀米糒，〔一五〕前後三萬四千斛，給贍其食。是歲，郅支單于亦遣使奉獻，漢遇之甚厚。明年，兩單于俱遣使朝獻，漢待呼韓邪使有加。明年，呼韓邪單于復入朝，禮賜如初，加衣百一十襲，錦帛九千匹，絮八千斤。以有屯兵，故不復發騎爲送。

〔一〕師古曰：「款，叩也。」

〔二〕師古曰：「會正旦之朝賀也。」

〔三〕師古曰：「所過之郡，每爲發兵陳列於道，以爲寵衞也。」

〔四〕師古曰：「盭，古戾字。戾，草名也。以戾染綬，亦諸侯王之制也。」

〔五〕孟康曰：「摽首鐔衞盡用玉爲之也。」師古曰：「鐔，劍口旁橫出者也。衞，劍鼻也。鐔音淫。衞字本作彘，其音同耳。」

〔六〕服虔曰：「發，十二矢也。」韋昭曰：「射禮三而止，每射四矢，故以十二爲一發也。」師古曰：「發猶今言箭一放兩放也。今則以一矢爲一放也。」

〔七〕師古曰：「棨戟，有衣之戟也。棨音啓。」

〔八〕師古曰：「勒，馬轡也。」

〔九〕師古曰：「一稱爲一襲，猶今人之言一副衣服也。」

〔一〇〕師古曰：「道讀曰導。長平，涇水上坂也，解在宣紀。」

〔一一〕師古曰：「不令拜也。」

〔一二〕師古曰：「徐自爲所築者也。」

〔一三〕師古曰：「保，守也。於此自守。」

〔一四〕師古曰：「在朔方窳渾縣西北。」

〔二五〕師古曰：「糒，乾飯也，音備。」

始郅支單于以爲呼韓邪降漢，兵弱不能復自還，卽引其衆西，欲攻定右地。又屠耆單于小弟本侍呼韓邪，亦亡之右地，收兩兄餘兵得數千人，自立爲伊利目單于，道逢郅支，合戰，郅支殺之，幷其兵五萬餘人。聞漢出兵穀助呼韓邪，卽遂留居右地。自度力不能定匈奴，〔一〕乃益西近烏孫，欲與幷力，遣使見小昆彌烏就屠。烏就屠見呼韓邪爲漢所擁，郅支亡虜，欲攻之以稱漢，〔二〕乃殺郅支使，持頭送都護在所，發八千騎迎郅支。郅支見烏孫兵多，其使又不反，勒兵逢擊烏孫，破之。〔三〕因北擊烏揭，〔四〕烏揭降。發其兵西破堅昆，北降丁令，〔五〕幷三國。數遣兵擊烏孫，常勝之。堅昆東去單于庭七千里，南去車師五千里，郅支留都之。

〔一〕師古曰：「度音徒各反。」
〔二〕師古曰：「稱漢朝之意也。稱音尺孕反。」
〔三〕師古曰：「以兵逆之，相逢卽擊，故云逢擊。」
〔四〕師古曰：「揭音丘例反。」
〔五〕師古曰：「令音零。」

元帝初卽位，呼韓邪單于復上書，言民衆困乏。漢詔雲中、五原郡轉穀二萬斛以給焉。

郅支單于自以道遠，又怨漢擁護呼韓邪，遣使上書求侍子。漢遣谷吉送之，郅支殺吉。漢不知吉音問，而匈奴降者言聞甌脫皆殺之。〔一〕呼韓邪單于使來，漢輒簿責之甚急。〔二〕明年，漢遣車騎都尉韓昌、光祿大夫張猛送呼韓邪單于侍子，求問吉等，因赦其罪，勿令自疑。〔三〕昌、猛見單于民衆益盛，塞下禽獸盡，單于足以自衞，不畏郅支。聞其大臣多勸單于北歸者，〔四〕恐北去後難約束，〔五〕昌、猛卽與爲盟約曰：「自今以來，漢與匈奴合爲一家，世世毋得相詐相攻。有竊盜者，相報，行其誅，償其物；〔六〕有寇，發兵相助。漢與匈奴敢先背約者，受天不祥。令其世世子孫盡如盟。」昌、猛與單于及大臣俱登匈奴諾水東山，〔七〕刑白馬，單于以徑路刀金留犂撓酒，〔八〕以老上單于所破月氏王頭爲飲器者共飲血盟。昌、猛還奏事，公卿議者以爲「單于保塞爲藩，雖欲北去，猶不能爲危害。昌、猛擅以漢國世世子孫與夷狄詛盟，令單于得以惡言上告于天，羞國家，傷威重，〔九〕不可得行。宜遣使往告祠天，與解盟。昌、猛奉使無狀，罪至不道。」〔一〇〕上薄其過，〔一一〕有詔昌、猛以贖論，勿解盟。其後呼韓邪竟北歸庭，人衆稍稍歸之，國中遂定。

〔一〕師古曰：「於甌脫得聲問，云殺之。」

〔二〕師古曰：「簿責，以文簿一一責之也。簿音步戶反。」

〔三〕師古曰：「疑者，疑漢欲討伐也。」

〔四〕師古曰：「塞下無禽獸，則射獵無所得，又不畏郅支，故欲北歸舊處。」

〔五〕師古曰：「不可更共爲言要。」

〔六〕師古曰：「漢人爲盜於匈奴，匈奴人爲盜於漢，皆相告報而誅償。」

〔七〕師古曰：「諸水即今突厥地諸眞水也。」

〔八〕應劭曰：「徑路，匈奴寶刀也。金，契金也。留犂，飯匕也。撓，和也。契金著酒中，撓攪飲之。」師古曰：「契，刻；撓，攪也，音呼高反。」

〔九〕師古曰：「羞，辱也。」

〔10〕師古曰：「無狀，蓋無善狀。」

〔二〕師古曰：「以其罪過爲輕薄。」

郅支既殺使者，自知負漢，又聞呼韓邪益彊，恐見襲擊，欲遠去。會康居王數爲烏孫所困，與諸翕侯計，以爲匈奴大國，烏孫素服屬之，今郅支單于困阸在外，可迎置東邊，使合兵取烏孫以立之，〔一〕長無匈奴憂矣。卽使使至堅昆通語郅支。郅支素恐，又怨烏孫，聞康居計，大說，〔二〕遂與相結，引兵而西。康居亦遣貴人，橐它驢馬數千匹，迎郅支。郅支人衆中寒道死，〔三〕餘財三千人到康居。〔四〕其後，都護甘延壽與副陳湯發兵卽康居誅斬郅支，〔五〕語在延壽、湯傳。

〔一〕師古曰：「言與郅支幷力共滅烏孫，以其地立郅支，令居之也。」

〔二〕師古曰：「說讀曰悅。」

〔三〕師古曰：「中寒，傷於寒也。道死，死於道上也。」

〔四〕師古曰：「財與纔同。」

〔五〕師古曰：「卽，就也。」

郅支旣誅，呼韓邪單于且喜且懼，上書言曰：「常願謁見天子，誠以郅支在西方，恐其與烏孫俱來擊臣，以故未得至漢。今郅支已伏誅，願入朝見。」竟寧元年，單于復入朝，禮賜如初，加衣服錦帛絮，皆倍於黃龍時。單于自言願壻漢氏以自親。〔一〕元帝以後宮良家子王檣字昭君賜單于。單于驩喜，上書願保塞上谷以西至敦煌，〔二〕傳之無窮，請罷邊備塞吏卒，以休天子人民。天子令下有司議，議者皆以爲便。郎中侯應習邊事，以爲不可許。上問狀，應曰：「周秦以來，匈奴暴桀，寇侵邊境，漢興，尤被其害。臣聞北邊塞至遼東，外有陰山，東西千餘里，草木茂盛，多禽獸，本冒頓單于依阻其中，治作弓矢，來出爲寇，是其苑囿也。至孝武世，出師征伐，斥奪此地，攘之於幕北。〔三〕建塞徼，起亭隧，〔四〕築外城，設屯戍，以守之，然後邊境得用少安。幕北地平，少草木，多大沙，匈奴來寇，少所蔽隱，從塞以南，徑深山谷，往來差難。邊長老言匈奴失陰山之後，過之未嘗不哭也。如罷備塞戍卒，示夷狄之大利，不可一也。今聖德廣被，天覆匈奴，〔五〕匈奴得蒙全活之恩，稽首來臣。夫夷狄之情，困則卑順，彊則驕逆，天性然也。前以罷外城，省亭隧，今裁足以候望通㷭火而已。古者安不忘危，不可復罷，二也。中國有禮義之教，刑罰之誅，愚民猶尚犯禁，又況單于，能必其衆不犯約哉！三也。〔六〕自中國尚建關梁以制諸侯，所以絕臣下之覬欲也。〔七〕設塞徼，置屯戍，非獨爲匈奴而已，亦爲諸屬國降民，本故匈奴之人，恐其思舊逃亡，四也。近西羌保塞，與漢人交通，吏民貪利，侵盜其畜產妻子，以此怨恨，起而背畔，世世不絕。今罷乘塞，則生嫚易分爭之漸，五也。〔八〕往者從軍多沒不還者，子孫貧困，一旦亡出，從其親戚，六也。又邊人奴婢愁苦，欲亡者多，曰『聞匈奴中樂，無奈候望急何！』然時有亡出塞者，七也。盜賊桀黠，羣輩犯法，如其窘急，亡走北出，則不可制，八也。起塞以來百有餘年，非皆以土垣也，或因山巖石，木柴僵落，谿谷水門，〔九〕稍稍平之，卒徒築治，功費久遠，不可勝計。臣恐議者不深慮其終始，欲以壹切省繇戍，〔一〇〕十年之外，百歲之內，卒有它變，障塞破壞，亭隧滅絕，當更發屯繕治，累世之功不可卒復，九也。〔一一〕如罷戍卒，省候望，單于自以保塞守御，必深德漢，〔一二〕請求無已。小失其意，則不可測。開夷狄之隙，虧中國之固，十也。非所以永持至安，威制百蠻之長策也。」

〔一〕師古曰：「言欲取漢女而身爲漢家壻。」

〔二〕師古曰：「保，守也。自請保守之，令無寇盜。」

〔三〕師古曰：「斥，開也。攘，卻也，音人羊反。」

〔四〕師古曰：「隧謂深開小道而行，避敵鈔寇也。隧音遂。」

〔五〕師古曰：「如天之覆也。」

〔六〕師古曰：「必，極也，極保之也。」

〔七〕師古曰：「覬音冀。」

〔八〕師古曰：「乘塞，登之而守也。嫚易猶相欺侮也。易音弋豉反。」

〔九〕師古曰：「僵落，謂山上樹木摧折或立死枯僵墮落者。僵音薑。」

〔一〇〕師古曰：「壹切謂權時也，解在平紀。繇讀曰傜。」

〔一一〕師古曰：「卒讀皆曰猝。」

〔一二〕師古曰：「於漢自稱恩德也。」

對奏，天子有詔：「勿議罷邊塞事。」使車騎將軍口諭單于〔一〕曰：「單于上書願罷北邊吏士屯戍，子孫世世保塞。單于鄉慕禮義，〔二〕所以為民計者甚厚，此長久之策也，朕甚嘉之。中國四方皆有關梁障塞，非獨以備塞外也，亦以防中國姦邪放縱，出為寇害，故明法度以專衆心也。敬諭單于之意，〔三〕朕無疑焉。為單于怪其不罷，故使大司馬車騎將軍嘉曉單于。」單于謝曰：「愚不知大計，天子幸使大臣告語，甚厚！」

〔一〕師古曰：「將軍許嘉也。諭謂曉告。」

〔二〕師古曰：「鄉讀曰嚮。」

〔三〕師古曰：「言已曉知其意也。」

初，左伊秩訾爲呼韓邪畫計歸漢，竟以安定。其後或讒伊秩訾自伐其功，常鞅鞅，〔一〕呼韓邪疑之。左伊秩訾懼誅，將其衆千餘人降漢，漢以爲關內侯，食邑三百戶，令佩其王印綬。〔二〕及竟寧中，呼韓邪來朝，與伊秩訾相見，謝曰：「王爲我計甚厚，令匈奴至今安寧，王之力也，德豈可忘！我失王意，使王去不復顧留，〔三〕皆我過也。今欲白天子，請王歸庭。」伊秩訾曰：「單于賴天命，自歸於漢，得以安寧，單于神靈，天子之祐也，我安得力！既已降漢，又復歸匈奴，是兩心也。願爲單于侍（史）〔使〕於漢，不敢聽命。」〔四〕單于固請不能得而歸。

〔一〕師古曰：「伐謂矜其功力。」

〔二〕師古曰：「雖於漢爲關內侯，而依匈奴王號與印綬。」

〔三〕師古曰：「言不復顧念而留住匈奴中。」

〔四〕師古曰：「言爲單于充使，留侍於漢，不能還匈奴。」

王昭君號寧胡閼氏，〔一〕生一男伊屠智牙師，爲右日逐王。呼韓邪立二十八年，建始二年死。始呼韓邪嬖左伊秩訾兄呼衍王女二人。長女顓渠閼氏，生二子，長曰且莫車，〔二〕次曰囊知牙斯。少女爲大閼氏，生四子，長曰雕陶莫皋，次曰且麋胥，〔三〕皆長於且莫車，少子咸、樂二人，皆小於囊知牙斯。又它閼氏子十餘人。顓渠閼氏貴，且莫車愛。呼韓邪病且死，欲立且莫車，其母顓渠閼氏曰：「匈奴亂十餘年，不絕如髮，賴蒙漢力，故得復安。今平定未久，人民創艾戰鬭，〔四〕且莫車年少，百姓未附，恐復危國。我與大閼氏一家共子，〔五〕不如立雕陶莫皋。」大閼氏曰：「且莫車雖少，大臣共持國事，今舍貴立賤，後世必亂。」〔六〕單于卒從顓渠閼氏計，立雕陶莫皋，約令傳國與弟。呼韓邪死，雕陶莫皋立，爲復株絫若鞮單于。〔七〕

〔一〕師古曰：「言胡得之，國以安寧也。」

〔二〕師古曰：「且音子餘反。」

〔三〕師古曰：「且音子餘反。胥音先於反。」

〔四〕師古曰：「創音初亮反。艾讀曰乂。」

〔五〕師古曰：「一家，言親姊妹也。共子，兩人所生恩慈無別也。」

〔六〕師古曰：「舍謂棄置也。」

〔七〕師古曰：「復音服。絫音力追反。」

復株絫若鞮單于立，遣子右致盧兒王醯諧屠奴侯入侍，以且麋胥爲左賢王，且莫車爲左谷蠡王，囊知牙斯爲右賢王。復株絫單于復妻王昭君，生二女，長女云爲須卜居次，〔一〕

小女爲當于居次。〔二〕

〔一〕李奇曰：「居次者，女之號，若漢言公主也。」文穎曰：「須卜氏，匈奴貴族也。」

〔二〕文穎曰：「當于亦匈奴大族也。」師古曰：「須卜、當于，皆其夫家氏族。」

河平元年，單于遣右皋林王伊邪莫演等奉獻朝正月。〔一〕既罷，遣使者送至蒲反。〔二〕伊邪莫演言「欲降。卽不受我，我自殺，終不敢還歸。」使者以聞，下公卿議。議者或言宜如故事，受其降。光祿大夫谷永、議郎杜欽以爲「漢興，匈奴數爲邊害，故設金爵之賞以待降者。今單于詘體稱臣，列爲北藩，遣使朝賀，無有二心，漢家接之，宜異於往時。今既享單于聘貢之質，〔三〕而更受其逋逃之臣，是貪一夫之得而失一國之心，擁有罪之臣而絕慕義之君也。假令單于初立，欲委身中國，未知利害，〔四〕私使伊邪莫演詐降以卜吉凶，受之虧德沮善，〔五〕令單于自疏，不親邊吏；或者設爲反間，欲因而生隙，〔六〕受之適合其策，使得歸曲而直責。〔七〕此誠邊竟安危之原，師旅動靜之首，〔八〕不可不詳也。不如勿受，以昭日月之信，抑詐諼之謀，懷附親之心，便」。〔九〕對奏，天子從之。遣中郎將王舜往問降狀。伊邪莫演曰：「我病狂妄言耳。」遣去。歸到，官位如故，不肯令見漢使。明年，單于上書願朝河平四年正月，遂入朝，加賜錦繡繒帛二萬匹，絮二萬斤，它如竟寧時。

〔一〕師古曰：「演音衍。」

〔二〕師古曰：「河東之縣也。」

〔三〕師古曰：「享，當也。質，誠也。」

〔四〕師古曰：「假令猶言或當也。」

〔五〕師古曰：「沮，壞也，音材汝反。」

〔六〕師古曰：「間音居莧反。」

〔七〕師古曰：「歸曲於漢，而以直義來責也。」

〔八〕師古曰：「竟讀曰境。」

〔九〕師古曰：「諼，詐辭也，音許遠反。」

復株絫單于立十歲，鴻嘉元年死。弟且麋胥立，爲搜諧若鞮單于。

搜諧單于立，遣子左祝都韓王朐留斯侯入侍，〔一〕以且莫車爲左賢王。搜諧單于立八歲，元延元年，爲朝二年發行，〔二〕未入塞，病死。弟且莫車立，爲車牙若鞮單于。

〔一〕師古曰：「朐音許于反。」

〔二〕師古曰：「欲會二年歲首之朝（會）〔禮〕，故豫發其國而行。」

車牙單于立，遣子右於涂仇撣王烏夷當入侍，〔一〕以囊知牙斯爲左賢王。車牙單于立四歲，綏和元年死。弟囊知牙斯立，爲烏珠留若鞮單于。

〔一〕師古曰：「涂音徒。撣音纏。」

烏珠留單于立，以第二閼氏子樂爲左賢王，以第五閼氏子輿爲右賢王，〔一〕遣子右股奴王烏鞮牙斯入侍。漢遣中郎將夏侯藩、副校尉韓容使匈奴。時帝舅大司馬票騎將軍王根領尚書事，或說根曰：「匈奴有斗入漢地，直張掖郡，〔二〕生奇材木，箭竿就羽，〔三〕如得之，於邊甚饒，國家有廣地之實，將軍顯功，垂於無窮。」根爲上言其利，上直欲從單于求之，〔四〕爲有不得，傷命損威。〔五〕根卽但以上指曉藩，令從藩所說而求之。〔六〕藩至匈奴，以語次說單于曰：「竊見匈奴斗入漢地，直張掖郡。漢三都尉居塞上，士卒數百人寒苦，候望久勞。單于宜上書獻此地，直斷閼之，省兩都尉士卒數百人，以復天子厚恩，〔七〕其報必大。」〔八〕單于曰：「此天子詔語邪，將從使者所求也？」藩曰：「詔指也，然藩亦爲單于畫善計耳。」單于曰：「孝宣、孝元皇帝哀憐父呼韓邪單于，從長城以北匈奴有之。此溫偶駼王所居地也，〔九〕未曉其形狀所生，請遣使問之。」〔一〇〕藩、容歸漢。後復使匈奴，至則求地。單于曰：「父兄傳五世，漢不求此地，至知獨求，何也？已問溫偶駼王，匈奴西邊諸侯作穹廬及車，皆仰此山材木，〔一一〕且先父地，不敢失也。」藩還，遷爲太原太守。單于遣使上書，以藩求地狀聞。詔報單于曰：「藩擅稱詔從單于求地，法當死，更大赦二，〔一二〕今徙藩爲濟南太守，不令當匈奴。」明年，侍子死，歸葬。復遣子左於駼仇撣王稽留昆入侍。〔一三〕

〔一〕師古曰：「此二人皆烏珠留之弟也。第二閼氏，卽上所謂大閼氏也。第五閼氏，亦呼韓邪單于之閼氏。」

〔二〕師古曰：「斗，絕也。直，當也。」

〔三〕師古曰：「鷲，大雕也，黃頭赤目，其羽可爲箭。竿音工旱反。」

〔四〕師古曰：「直猶正耳。」

〔五〕師古曰：「詔命不行，故云傷命也。」

〔六〕師古曰：「自以藩意說單于而求之。」

〔七〕師古曰：「復亦報。」

〔八〕師古曰：「漢得此地，必厚報賞單于。」

〔九〕師古曰：「偶音五口反。駼音塗。次下亦同。」

〔一〇〕師古曰：「所生，謂山之所出草木、鳥獸爲用者。」

〔一一〕師古曰：「謂諸小王爲諸侯者，效中國之言耳。仰音牛向反。」

〔一二〕師古曰：「更，經也，音功衡反。」

〔一三〕師古曰：「撣音纏。稽音雞。」

至哀帝建平二年，烏孫庶子卑援疐〔一〕翕侯人衆入匈奴西界，寇盜牛畜，頗殺其民。單于聞之，遣左大當戶烏夷泠〔二〕將五千騎擊烏孫，殺數百人，略千餘人，敺牛畜去。〔三〕卑援疐恐，遣子趨逯爲質匈奴。〔四〕單于受，以狀聞。漢遣中郎將丁野林、副校尉公乘音使匈奴，責讓單于，告令還歸卑援疐質子。單于受詔，遣歸。

〔一〕師古曰：「援音爰。疐音竹二反。」

〔二〕師古曰：「泠音零。」

〔三〕師古曰：「敺與驅同。」

〔四〕師古曰：「逯音錄。」

建平四年，單于上書願朝五年。時哀帝被疾，或言匈奴從上游來厭人，〔一〕自黃龍、竟寧時，單于朝中國輒有大故。〔二〕上由是難之，以問公卿，亦以爲虛費府帑，〔三〕可且勿許。單于使辭去，未發，黃門郎揚雄上書諫曰：

〔一〕服虔曰：「游猶流也。河水從西北來，故曰上游也。」師古曰：「上游，亦總謂地形耳，不必係於河水也。厭音一涉反。」

〔二〕師古曰：「大故謂國之大喪。」

〔三〕師古曰：「府，物所聚也。帑，藏金帛之所也，音乇莽反，又音奴。」

臣聞六經之治，貴於未亂；兵家之勝，貴於未戰。〔一〕二者皆微，〔二〕然而大事之本，不可不察也。今單于上書求朝，國家不許而辭之，臣愚以爲漢與匈奴從此隙矣。本北地之狄，五帝所不能臣，三王所不能制，其不可使隙甚明。臣不敢遠稱，請引秦以來明之：

〔一〕師古曰：「已亂而後治之，戰鬭而後獲勝，則不足貴。」

〔三〕師古曰：「微謂精妙也。」

以秦始皇之彊，蒙恬之威，帶甲四十餘萬，然不敢窺西河，乃築長城以界之。會漢初興，以高祖之威靈，三十萬衆困於平城，士或七日不食。時奇譎之士石畫之臣甚衆，〔一〕卒其所以脫者，世莫得而言也。〔二〕又高皇后嘗忿匈奴，羣臣庭議，樊噲請以十萬衆橫行匈奴中，季布曰：「噲可斬也，妄阿順指！」於是大臣權書遺之，〔三〕然後匈奴之結解，中國之憂平。及孝文時，匈奴侵暴北邊，候騎至雍甘泉，京師大駭，發三將軍屯細柳、棘門、霸上以備之，數月乃罷。孝武即位，設馬邑之權，欲誘匈奴，使韓安國將三十萬衆徼於便墜，〔四〕匈奴覺之而去，徒費財勞師，一虜不可得見，況單于之面乎！其後深惟社稷之計，規恢萬載之策，〔五〕乃大興師數十萬，使衞青、霍去病操兵，前後十餘年。〔六〕於是浮西河，絕大幕，破寘顏，襲王庭，窮極其地，追奔逐北，封狼居胥山，禪於姑衍，以臨翰海，〔七〕虜名王貴人以百數。自是之後，匈奴震怖，益求和親，然而未肯稱臣也。

〔一〕鄧展曰：「石，大也。」師古曰：「石言堅固如石也。畫，計策也，音獲。」

〔二〕師古曰：「卒，終也。莫得而言，謂自免之計，其事醜惡，故不傳。」

〔三〕師古曰：「以權道爲書，順辭以答之。」

〔四〕師古曰：「徼，要也，音工堯反。墬，古地字。」
〔五〕師古曰：「恢，大也。」
〔六〕師古曰：「操，持也，音千高反。」
〔七〕師古曰：「積土爲封，而又禪祭也。」

且夫前世豈樂傾無量之費，役無罪之人，快心於狼望之北哉？〔一〕以爲不壹勞者不久佚，不暫費者不永寧，〔二〕是以忍百萬之師以摧餓虎之喙，運府庫之財填盧山之壑而不悔也。〔三〕至本始之初，匈奴有桀心，〔四〕欲掠烏孫，侵公主，乃發五將之師十五萬騎獵其南，而長羅侯以烏孫五萬騎震其西，皆至質而還。〔五〕時鮮有所獲，〔六〕徒奮揚威武，明漢兵若雷風耳。雖空行空反，尚誅兩將軍。故北狄不服，中國未得高枕安寢也。逮至元康、神爵之間，大化神明，鴻恩溥洽，而匈奴內亂，五單于爭立，日逐、呼韓邪攜國歸（死）〔化〕，扶伏稱臣，〔七〕然尚羈縻之，計不顓制。〔八〕自此之後，欲朝者不距，不欲者不彊。〔九〕何者？外國天性忿鷙，〔一〇〕形容魁健，〔一一〕負力怙氣，〔一二〕難化以善，易肄以惡，〔一三〕其彊難詘，其和難得。故未服之時，勞師遠攻，傾國殫貨，伏尸流血，破堅拔敵，如彼之難也；既服之後，慰薦撫循，交接賂遺，威儀俯仰，如此之備也。往時嘗屠大宛之城，蹈烏桓之壘，探姑繒之壁，〔一四〕籍蕩姐之場，〔一五〕艾朝鮮之旃，拔兩越之旗，〔一六〕近不過旬月之役，遠不離二時之勞，〔一七〕固已犂其庭，掃其閭，〔一八〕郡縣而置之，雲徹席卷，後無餘菑。〔一九〕唯北狄爲不然，眞中國之堅敵也，三垂比之懸矣，前世重之兹甚，〔二〇〕未易可輕也。

〔一〕師古曰：「匈奴中地名也。」

〔二〕師古曰：「佚與逸同。」

〔三〕師古曰：「喙，口也，摧百萬之師於獸口也。盧山，匈奴中山也。喙音許穢反。」

〔四〕師古曰：「桀，堅也。言其起立不順。」

〔五〕師古曰：「質，信也，謂所期處。」

〔六〕師古曰：「鮮，少也，音先踐反。」

〔七〕師古曰：「伏音蒲北反。」

〔八〕師古曰：「顓與專同。專制謂以爲臣妾也。」

〔九〕師古曰：「彊音其兩反。」

〔一〇〕師古曰：「鷙，佷也，音竹二反。」

〔一一〕師古曰：「魁，大也。」

〔一二〕師古曰：「負，恃也。」

〔一三〕師古曰：「隸謂附屬之也。惡謂威也。」

〔一四〕師古曰：「姑繒，謂西南夷種也，在益州，見昭紀也。」

〔一五〕劉德曰：「羌屬也。」師古曰：「籍猶蹈也。婼音柴。」

〔一六〕師古曰：「艾讀曰刈。刈，絕也。」

〔一七〕師古曰：「離，歷也。三月爲一時。」

〔一八〕師古曰：「犂，耕也。」

〔一九〕師古曰：「菑，古災字也。」

〔二〇〕師古曰：「茲，益也。」

今單于歸義，懷款誠之心，欲離其庭，陳見於前，此乃上世之遺策，神靈之所想望，國家雖費，不得已者也。〔一〕奈何距以來厭之辭，疏以無日之期，消往昔之恩，開將來之隙！夫款而隙之，使有恨心，負前言，緣往辭，〔二〕歸怨於漢，因以自絕，終無北面之心，威之不可，諭之不能，焉得不爲大憂乎！夫明者視於無形，聰者聽於無聲，誠先於未然，即蒙恬、樊噲不復施，棘門、細柳不復備，馬邑之策安所設，衞、霍之功何得用，五將之威安所震？〔三〕不然，壹有隙之後，雖智者勞心於內，辯者轂擊於外，〔四〕猶不若未然之時也。且往者圖西域，制車師，〔五〕置城郭都護三十六國，費歲以大萬計者，〔六〕豈爲康居、烏孫能踰白龍堆而寇西邊哉？〔七〕乃以制匈奴也。夫百年勞之，一日失之，費十而愛一，臣竊爲國不安也。唯陛下少留意於未亂未戰，以遏邊萌之禍。

〔一〕師古曰：「已，止也。」

〔二〕師古曰：「言單于因緣往昔和好之辭以怨漢也。」

〔三〕師古曰：「先於未然，謂計策素定，禦難折衝。」

〔四〕師古曰：「轂擊，言使車交馳，其轂相擊也。」

〔五〕師古曰：「圖，謀也。」

〔六〕師古曰：「財用之費，一歲數百萬也。」

〔七〕孟康曰：「龍堆形如土龍身，無頭有尾，高大者二三丈，埤者丈餘，皆東北向，相似也，在西域中。」

書奏，天子寤焉，召還匈奴使者，更報單于書而許之。賜雄帛五十匹，黃金十斤。單于未發，會病，復遣使願朝明年。故事，單于朝，從名王以下及從者二百餘人。單于又上書言：「蒙天子神靈，人民盛壯，願從五百人入朝，以明天子盛德。」上皆許之。

元壽二年，單于來朝，上以太歲厭勝所在，〔一〕舍之上林苑蒲陶宮。〔二〕告之以加敬於單于，〔三〕單于知之。加賜衣三百七十襲，錦繡繒帛三萬匹，絮三萬斤，它如河平時。既罷，遣中郎將韓況送單于。單于出塞，到休屯井，北度車田盧水，道里回遠。〔四〕況等乏食，單于乃給其糧，失期不還五十餘日。

〔一〕師古曰：「厭音一涉反。」

〔二〕師古曰：「舍，止宿。」

〔三〕師古曰：「云以敬於單于，故令止上林。」

〔四〕師古曰：「回音胡內反。」

初，上遣稽留昆隨單于去，到國，復遣稽留昆同母兄右大且方與婦入侍。〔一〕還歸，復遣且方同母兄左日逐王都與婦入侍。是時，漢平帝幼，太皇太后稱制，新都侯王莽秉政，欲說太后以威德至盛異於前，〔二〕乃風單于〔三〕令遣王昭君女須卜居次云入侍〔四〕太后，所以賞賜之甚厚。

〔一〕師古曰：「且音子閭反。」

〔二〕師古曰：「說讀曰悅。以此事取悅於太后。」

〔三〕師古曰：「風讀曰諷。」

〔四〕師古曰：「云者，其女名。」

會西域車師後王句姑、〔一〕去胡來王唐兜〔二〕皆怨恨都護校尉，將妻子人民亡降匈奴，語在西域傳。單于受置左谷蠡地，遣使上書言狀曰：「臣謹已受。」詔遣中郎將韓隆、王昌、副校尉甄阜、侍中謁者帛敞、長水校尉王歙使匈奴，〔三〕告單于曰：「西域內屬，不當得受，〔四〕今遣之。」〔五〕單于曰：「孝宣、孝元皇帝哀憐，爲作約束，自長城以南天子有之，長城以北單于有之。有犯塞，輒以狀聞；有降者，不得受。臣知父呼韓邪單于蒙無量之恩，死遺言曰：『有從中國來降者，勿受，輒送至塞，以報天子厚恩。』此外國也，得受之。」使者曰：「匈奴骨肉相攻，國幾絕，〔六〕蒙中國大恩，危亡復續，妻子完安，累世相繼，宜有以報厚恩。」

單于叩頭謝罪，執二虜還付使者。詔使中郎將王萌待西域惡都奴界上逆受。〔七〕單于遣使送到國，因請其罪。使者以聞，有詔不聽，〔八〕會西域諸國王斬以示之。乃造設四條：〔九〕中國人亡入匈奴者，烏孫亡降匈奴者，西域諸國佩中國印綬降匈奴者，烏桓降匈奴者，皆不得受。遣中郎將王駿、王昌、副校尉甄阜、王尋使匈奴，班四條與單于，雜函封，〔一〇〕付單于，令奉行，因收故宣帝所爲約束封函還。時，莽奏令中國不得有二名，因使使者以風單于，〔一一〕宜上書慕化，爲一名，漢必加厚賞。單于從之，上書言：「幸得備藩臣，竊樂太平聖制，臣故名囊知牙斯，今謹更名曰知。」莽大說，〔一二〕白太后，遣使者答諭，厚賞賜焉。

〔一〕師古曰：「句音鉤。」

〔二〕師古曰：「爲其去胡而來降漢，故以爲王號。」

〔三〕師古曰：「歙音翕。」

〔四〕師古曰：「既屬漢家，不得復臣匈奴。」

〔五〕師古曰：「今即遣還。」

〔六〕師古曰：「幾音鉅依反。」

〔七〕服虔曰：「惡都奴，西域之谷名也。」師古曰：「逆受，迎而受之。」

〔八〕師古曰：「不免其罪。」

〔九〕師古曰：「更新爲此制也。」

〔10〕師古曰：「與璽書同一函而封之。」

〔11〕師古曰：「風讀曰諷。」

〔12〕師古曰：「說讀曰悅。」

漢既班四條，後護烏桓使者告烏桓民，毋得復與匈奴皮布稅。匈奴以故事遣使者責烏桓稅，〔一〕匈奴人民婦女欲賈販者皆隨往焉。烏桓距曰：「奉天子詔條，（之）〔不〕當予匈奴稅。」匈奴使怒，收烏桓酋豪，縛到懸之。酋豪昆弟怒，共（入）〔殺〕匈奴使及其官屬，收略婦女馬牛。單于聞之，遣使發左賢王兵入烏桓責殺使者，因攻擊之。烏桓分散，或走上山，或東保塞。匈奴頗殺人民，敺婦女弱小且千人去，〔二〕置左地，告烏桓曰：「持馬畜皮布來贖之。」烏桓見略者親屬二千餘人持財畜往贖，匈奴受，留不遣。〔三〕

〔一〕師古曰：「故時常稅，是以求之。」

〔二〕師古曰：「敺與驅同。」

〔三〕師古曰：「受其皮布而留人不遣。」

王莽之篡位也，建國元年，遣五威將王駿率甄阜、王颯、陳饒、帛敞、丁業六人，〔一〕多齎金帛，重遺單于，諭曉以受命代漢狀，因易單于故印。故印文曰「匈奴單于璽」，莽更曰「新匈奴單于章」。〔二〕將率既至，授單于印紱，〔三〕詔令上故印紱。單于再拜受詔。譯前，欲解取故印紱，單于舉掖授之。左姑夕侯蘇從旁謂單于曰：「未見新印文，宜且勿與。」單于止，不肯與。請使者坐穹廬，單于欲前爲壽。五威將曰：「故印紱當以時上。」單于曰：「諾。」復舉掖授譯。蘇復曰：「未見印文，且勿與。」單于曰：「印文何由變更！」遂解故印紱奉上，將率受。著新紱，不解視印，飲食至夜乃罷。右率陳饒謂諸將率曰：「鄉者姑夕侯疑印文，幾令單于不與人。〔四〕如令視印，見其變改，必求故印，此非辭說所能距也。既得而復失之，辱命莫大焉。不如椎破故印，以絕禍根。」將率猶與，莫有應者。〔五〕饒，燕士，果悍，〔六〕即引斧椎壞之。明日，單于果遣右骨都侯當白將率曰：「漢賜單于印，言『璽』不言『章』，又無『漢』字，諸王已下乃有『漢』言『章』。今〔印〕〔即〕去『璽』加『新』，與臣下無別。願得故印。」將率示以故印，謂曰：「新室順天制作，故印隨將率所自爲破壞。單于宜承天命，奉新室之制。」當還白，單于知已無可奈何，又多得賂遺，即遣弟右賢王輿奉馬牛隨將率入謝，因上書求故印。

〔一〕師古曰：「颯音立。」

〔二〕師古曰：「新者，莽自係其國號。」

〔三〕師古曰：「紱者，印之組也，音弗。」

〔四〕師古曰：「鄉讀曰嚮。幾音鉅依反。」

〔五〕師古曰：「與讀曰豫。」

〔六〕師古曰：「果，決也。悍，勇也，音胡幹反。」

將率還到左犂汗王咸所居地，見烏桓民多，以問咸。咸具言狀，〔一〕將率曰：「前封四條，不得受烏桓降者，亟還之。」〔二〕咸曰：「請密與單于相聞，得語，歸之。」單于使咸報曰：「當從塞內還之邪，從塞外還之邪？」將率不敢顓決，以聞。詔報，從塞外還之。

〔一〕師古曰：「謂前驅略得婦女弱小，贖之不還者。」

〔二〕師古曰：「亟，急也，音居力反。」

單于始用夏侯藩求地有距漢語，後以求稅烏桓不得，因寇略其人民，釁由是生，重以印文改易，〔一〕故怨恨。乃遣右大且渠蒲呼盧訾等十餘人將兵衆萬騎，以護送烏桓爲名，〔二〕勒兵朔方塞下。朔方太守以聞。

〔一〕師古曰：「重音直用反。」

〔二〕師古曰：「陽言云護送烏桓人衆，實來爲寇。」

明年，西域車師後王須置離謀降匈奴，都護但欽誅斬之。置離兄狐蘭支將人衆二千餘人，敺畜產，舉國亡降匈奴，〔一〕單于受之。狐蘭支與匈奴共入寇，擊車師，殺後成長，〔二〕傷都護司馬，復還入匈奴。

〔一〕師古曰：「敺與驅同。舉其一國之人皆亡降也。」

〔二〕師古曰：「後成，車師小國名也。長，其長帥也。」

時戊己校尉史陳良、終帶、司馬丞韓玄、右曲候任商等見西域頗背叛，聞匈奴欲大侵，恐并死，卽謀劫略吏卒數百人，共殺戊己校尉刀護，〔一〕遣人與匈奴南犂汗王南將軍相聞。匈奴南將軍二千騎入西域迎良等，良等盡脅略戊己校尉吏士男女二千餘人入匈奴。玄、商留南將軍所，良、帶徑至單于庭，人衆別置零吾水上田居。單于號良、帶曰烏桓都將軍，留居單于所，數呼與飲食。西域都護但欽上書言匈奴南將軍右伊秩訾將人衆寇擊諸國。莽於是大分匈奴爲十五單于，遣中郎將藺苞、副校尉戴級將兵萬騎，多齎珍寶至雲中塞下，招誘呼韓邪單于諸子，欲以次拜之。使譯出塞誘呼右犂汗王咸、咸子登、助三人，至則脅拜咸爲孝單于，賜安車鼓車各一，黄金千斤，雜繒千匹，戲戟十；〔二〕拜助爲順單于，賜黄金五百斤；傳送助、登長安。莽封苞爲宣威公，拜爲虎牙將軍；封級爲揚威公，拜爲虎賁將軍。單于聞之，怒曰：「先單于受漢宣帝恩，不可負也。今天子非宣帝子孫，何以得立？」遣左骨都侯、右伊秩訾王呼盧訾及左賢王樂將兵入雲中益壽塞，大殺吏民。是歲，建國三年也。

〔一〕師古曰：「刀音貂。」

〔二〕師古曰：「戲戟，有旗之戟也。戲音許宜反，又音麾。」

是後，單于歷告左右部都尉、諸邊王，入塞寇盜，大輩萬餘，中輩數千，少者數百，殺鴈門、朔方太守、都尉，略吏民畜產不可勝數，緣邊虛耗。莽新即位，怙府庫之富欲立威，乃拜十二部將率，發郡國勇士，武庫精兵，各有所屯守，轉委輸於邊。議滿三十萬衆，齎三百日糧，同時十道並出，窮追匈奴，內之于丁令，〔一〕因分其地，立呼韓邪十五子。

〔一〕師古曰：「逐之遣入丁令地。令音零。」

莽將嚴尤諫曰：「臣聞匈奴爲害，所從來久矣，未聞上世有必征之者也。後世三家周、秦、漢征之，然皆未有得上策者也。周得中策，漢得下策，秦無策焉。當周宣王時，獫允內侵，至于涇陽，命將征之，盡境而還。其視戎狄之侵，譬猶蟁蝱之螫，敺之而已。〔一〕故天下稱明，是爲中策。漢武帝選將練兵，約齎輕糧，深入遠戍，〔二〕雖有克獲之功，胡輒報之，兵連禍結三十餘年，中國罷耗，匈奴亦創艾，〔三〕而天下稱武，是爲下策。秦始皇不忍小恥而輕民力，築長城之固，延袤萬里，〔四〕轉輸之行，起於負海，疆境既完，中國內竭，以喪社稷，是爲無策。今天下遭陽九之阸，比年饑饉，西北邊尤甚。發三十萬衆，具三百日糧，東援海代，南取江淮，然後乃備。〔五〕計其道里，一年尚未集合，兵先至者聚居暴露，師老械弊，勢不可用，此一難也。邊既空虛，不能奉軍糧，內調郡國，不相及屬，此二難也。〔六〕計一人三百日食，用糒十八斛，非牛力不能勝；牛又當自齎食，加二十斛，重矣。胡地沙鹵，多乏水草，以往事揆之，軍出未滿百日，牛必物故且盡，〔七〕餘糧尚多，人不能負，此三難也。胡地秋冬甚寒，春夏甚風，多齎鬴鍑薪炭，重不可勝，〔八〕食糒飲水，以歷四時，師有疾疫之憂，是故前世伐胡，不過百日，非不欲久，勢力不能，此四難也。輜重自隨，則輕銳者少，〔九〕不得疾行，虜徐遁逃，勢不能及，幸而逢虜，又累輜重，〔一〇〕如遇險阻，銜尾相隨，〔一一〕虜要遮前後，危殆不測，此五難也。大用民力，功不可必立，臣伏憂之。今既發兵，宜縱先至者，令臣尤等深入霆擊，且以創艾胡虜。」〔一二〕莽不聽尤言，轉兵穀如故，天下騷動。

〔一〕師古曰：「蝨，古蚊字也。蝱音盲。螫音式亦反。敺與驅同。」

〔二〕師古曰：「約，少也。少齎衣裝。」

〔三〕師古曰：「罷讀曰疲。耗，損也。創音初向反。艾讀曰乂。次下亦同。」

〔四〕師古曰：「袤，長也，音茂。」

〔五〕師古曰：「揆，引也，音癸。」

〔六〕師古曰：「調，發也，音徒釣反。屬音之欲反。」

〔七〕師古曰：「物故謂死也。」

〔八〕師古曰：「鬴，古釜字也。鍑，釜之大口者也。鍑音富。」

〔九〕師古曰：「重音直用反。其下亦同。」

〔一〇〕師古曰：「累音力瑞反。」

〔二〕師古曰：「銜，馬銜也。尾，馬尾也。言前後單行，不得並驅。」

〔三〕師古曰：「請率見到之兵，且以擊虜。」

咸既受莽孝單于之號，馳出塞歸庭，具以見脅狀白單于。單于更以爲於粟置支侯，匈奴賤官也。後助病死，莽以登代助爲順單于。

厭難將軍陳欽、〔一〕震狄將軍王巡屯雲中葛邪塞。是時，匈奴數爲邊寇，殺將率吏士，略人民，毆畜產去甚衆。〔二〕捕得虜生口驗問，皆曰孝單于咸子角數爲寇。兩將以聞。四年，莽會諸蠻夷，斬咸子登於長安市。

〔一〕師古曰：「厭音一涉反。」

〔二〕師古曰：「毆與驅同。」

初，北邊自宣帝以來，數世不見煙火之警，人民熾盛，牛馬布野。及莽撓亂匈奴，與之構難，〔一〕邊民死亡係獲，又十二部兵久屯而不出，吏士罷弊，〔二〕數年之間，北邊虛空，野有暴骨矣。

〔一〕師古曰：「撓，攪也，音火高反。」

〔二〕師古曰：「罷讀曰疲。」

烏珠留單于立二十一歲，建國五年死。匈奴用事大臣右骨都侯須卜當，即王昭君女伊

墨居次云之壻也。云常欲與中國和親，又素與咸厚善，見咸前後爲莽所拜，故遂越輿而立咸爲烏累若鞮單于。〔一〕

〔一〕師古曰：「累音力追反。」

烏累單于咸立，以弟輿爲左谷蠡王。烏珠留單于子蘇屠胡本爲左賢王，以弟屠耆閼氏子盧渾爲右賢王。〔一〕烏珠留單于在時，左賢王數死，以爲其號不祥，更易命左賢王曰「護于」。護于之尊最貴，次當爲單于，故烏珠留單于授其長子以爲護于，欲傳以國。咸怨烏珠留單于貶賤己號，不欲傳國，及立，貶護于爲左屠耆王。云、當遂勸咸和親。

〔一〕師古曰：「渾音胡昆反。」

天鳳元年，云、當遣人之西河虎猛制虜塞下，〔一〕告塞吏曰欲見和親侯。和親侯王歙者，王昭君兄子也。〔二〕中部都尉以聞。莽遣歙、歙弟騎都尉展德侯颯使匈奴，〔三〕賀單于初立，賜黃金衣被繒帛，紿言侍子登在，因購求陳良、終帶等。單于盡收四人及手殺校尉刀護賊芝音妻子以下二十七人，皆械檻付使者，遣廚唯姑夕王富等四十人送歙、颯。莽作焚如之刑，燒殺陳良等，〔四〕罷諸將率屯兵，但置游擊都尉。單于貪莽賂遺，故外不失漢故事，然內利寇掠。又使還，知子登前死，怨恨，寇虜從左地入，不絕。〔五〕使者問單于，輒曰：「烏桓與匈奴無狀黠民共爲寇入塞，譬如中國有盜賊耳！咸初立持國，威信尚淺，盡力禁止，不敢有二心。」

〔一〕師古曰：「虎猛，縣名，制虜塞在其界。」

〔二〕師古曰：「歙音翕。」

〔三〕師古曰：「颯音立。」

〔四〕應劭曰：「易有焚如、死如、棄如之言，莽依此作刑名也。」如淳曰：「焚如、死如、棄如者，謂不孝子也。不畜於父母，不容於朋友，故燒殺棄之，莽依此作刑名也。」師古曰：「易離卦九四爻辭也。」

〔五〕師古曰：「入爲寇而虜掠。」

天鳳二年五月，莽復遣歙與五威將王咸率伏黯、丁業等六人，使送右廚唯姑夕王，因奉歸前所斬侍子登及諸貴人從者喪，皆載以常車。〔一〕至塞下，單于遣云、當子男大且渠奢等至塞迎。咸等至，多遺單于金珍，因諭說改其號，號匈奴曰「恭奴」，單于曰「善于」，賜印綬。封骨都侯當爲後安公，當子男奢爲後安侯。單于貪莽金幣，故曲聽之，然寇盜如故。咸、歙又以陳良等購金付云、當，令自差與之。〔二〕十二月，還入塞，莽大喜，賜歙錢二百萬，悉封黯等。

〔一〕劉德曰：「縣易車也。」舊司農出錢市車，縣次易牛也。」

〔二〕師古曰：「差其次第多少。」

單于咸立五歲，天鳳五年死，弟左賢王輿立，爲呼都而尸道皋若鞮單于。匈奴謂孝曰

「若鞮」。自呼韓邪後，與漢親密，見漢謚帝爲「孝」，慕之，故皆爲「若鞮」。

呼都而尸單于輿既立，貪利賞賜，遣大且渠奢與云女弟當(戶)〔于〕居次子醯櫝王〔一〕俱奉獻至長安。莽遣和親侯歙與奢等俱至制虜塞下，與云、當會，因以兵迫脅，將至長安。云、當小男從塞下得脫，歸匈奴。當至長安，莽拜爲須卜單于，欲出大兵以輔立之。兵調度亦不合，而匈奴愈怒，並入北邊，北邊由是壞敗。會當病死，莽以其庶女陸逯任妻後安公奢，〔二〕所以尊寵之甚厚，終爲欲出兵立之者。〔三〕會漢兵誅莽，云、奢亦死。

〔一〕師古曰：「櫝音讀。」

〔二〕李奇曰：「陸逯，邑也。莽改公主曰任。奢本爲侯，莽以女妻之，故進爵爲公。」師古曰：「逯音錄。任音壬。」

〔三〕師古曰：「言爲此計意不止。」

更始二年冬，漢遣中郎將歸德侯颯、大司馬護軍陳遵使匈奴，授單于漢舊制璽綬，王侯以下印綬，因送云、當餘親屬貴人從者。單于輿驕，謂遵、颯曰：「匈奴本與漢爲兄弟，匈奴中亂，〔一〕孝宣皇帝輔立呼韓邪單于，故稱臣以尊漢。今漢亦大亂，爲王莽所篡，匈奴亦出兵擊莽，空其邊境，令天下騷動思漢，莽卒以敗而漢復興，亦我力也，當復尊我！」遵與相掌距，〔二〕單于終持此言。其明年夏，還。會赤眉入長安，更始敗。

〔一〕師古曰：「言中間之時也，讀如本字，又音竹仲反。」

〔三〕師古曰：「牚謂支柱也，音丈庚反，又丑庚反。」

贊曰：書戒「蠻夷猾夏」，〔一〕詩稱「戎狄是膺」，〔二〕春秋「有道守在四夷」，〔三〕久矣夷狄之爲患也。故自漢興，忠言嘉謀之臣曷嘗不運籌策相與爭於廟堂之上乎？高祖時則劉敬，呂后時樊噲、季布，孝文時賈誼、朝錯，孝武時王恢、韓安國、朱買臣、公孫弘、董仲舒，人持所見，各有同異，然總其要，歸兩科而已。縉紳之儒則守和親，介胄之士則言征伐，皆偏見一時之利害，而未究匈奴之終始也。自漢興以至于今，曠世歷年，多於春秋，其與匈奴，有脩文而和親之矣，有用武而克伐之矣，有卑下而承事之矣，〔四〕有威服而臣畜之矣，詘伸異變，强弱相反，是故其詳可得而言也。

〔一〕師古曰：「虞書舜典載舜命皋陶作士之言也。猾，亂也。夏謂中夏諸國也。」

〔二〕師古曰：「魯頌閟宮之詩，美僖公與師與齊桓討難。膺，當也。」

〔三〕師古曰：「春秋左氏傳昭（三十二）〔二十三〕年楚囊瓦爲令尹，城郢。沈尹戌曰：『古者天子，守在四夷。』言德及遠。」

〔四〕師古曰：「下音胡亞反。」

昔和親之論，發於劉敬。是時天下初定，新遭平城之難，故從其言，約結和親，賂遺單于，冀以救安邊境。孝惠、高后時遵而不違，匈奴寇盜不爲衰止，而單于反以加驕倨。逮至孝文，與通關市，妻以漢女，增厚其賂，歲以千金，而匈奴數背約束，邊境屢被其害。是以文帝中年，赫然發憤，遂躬戎服，親御鞌馬，從六郡良家材力之士，〔一〕馳射上林，講習戰陳，聚天下精兵，軍於廣武，顧問馮唐，與論將帥，喟然歎息，思古名臣，此則和親無益，已然之明效也。

〔一〕師古曰：「六郡，謂隴西、天水、安定、北地、上郡、西河也。其安定、天水、西河，武帝所置耳，史本其土地，而追言也。」

仲舒親見四世之事，猶復欲守舊文，頗增其約。以爲「義動君子，利動貪人，如匈奴者，非可以仁義說也，〔一〕獨可說以厚利，結之於天耳。〔二〕故與之厚利以沒其意，〔三〕與盟於天以堅其約，質其愛子以累其心，〔四〕匈奴雖欲展轉，奈失重利何，奈欺上天何，奈殺愛子何。〔五〕夫賦斂行賂不足以當三軍之費，城郭之固無以異於貞士之約，〔六〕而使邊城守境之民父兄緩帶，稚子咽哺，〔七〕胡馬不窺於長城，而羽檄不行於中國，不亦便於天下乎！」察仲舒之論，考諸行事，乃知其未合於當時，而有闕於後世也。當孝武時，雖征伐克獲，而士馬物故亦略相當；雖開河南之野，建朔方之郡，亦棄造陽之北九百餘里。匈奴人民每來降漢，單于亦輒拘留漢使以相報復，〔八〕其桀驁尚如斯，〔九〕安肯以愛子而爲質乎？此不合當時之言也。若不置質，空約和親，是襲孝文既往之悔，而長匈奴無已之詐也。〔一〇〕夫邊城不選守境武略之臣，脩障隧備塞之具，厲長戟勁弩之械，恃吾所以待邊寇。而務賦斂於民，遠行貨賂，割剝百姓，以奉寇讎。信甘言，守空約，而幾胡馬之不窺，不已過乎！〔一一〕

〔一〕師古曰：「此說謂勸諭。」

〔二〕師古曰：「此說讀曰悅。」

〔三〕師古曰：「沒，溺也。」

〔四〕師古曰：「累音力瑞反。」

〔五〕師古曰：「展轉，爲移動其心。」

〔六〕晉灼曰：「堅城固守，不勝遣貞士爲和親之約也。」

〔七〕師古曰：「咽，吞也。哺謂所食在口者也。咽音宴。哺音捕。」

〔八〕師古曰：「復音扶目反。」

〔九〕師古曰：「驁與傲同。」

〔一〇〕師古曰：「襲，重也，重疊爲其事。」

〔一一〕師古曰：「幾讀曰冀。」

至孝宣之世，承武帝奮擊之威，直匈奴百年之運，〔一〕因其壞亂幾亡之阸，〔二〕權時施宜，覆以威德，然後單于稽首臣服，遣子入侍，〔二〕〔三〕世稱藩，賓於漢庭。是時邊城晏閉，

牛馬布野，〔三〕三世無犬吠之警，蔾庶亡干戈之役。〔四〕

〔一〕師古曰：「直，當也。」

〔二〕師古曰：「幾，近也，音鉅依反。」

〔三〕師古曰：「晏，晚也。」

〔四〕師古曰：「蔾，古黎字。」

後六十餘載之間，遭王莽篡位，始開邊隙，單于由是歸怨自絕，莽遂斬其侍子，邊境之禍構矣。故呼韓邪始朝於漢，漢議其儀，而蕭望之曰：「戎狄荒服，言其來服荒忽無常，時至時去，宜待以客禮，讓而不臣。如其後嗣遯逃竄伏，〔一〕使於中國不爲叛臣。」及孝元時，議罷守塞之備，侯應以爲不可，可謂盛不忘衰，安必思危，遠見識微之明矣。至單于咸棄其愛子，昧利不顧，〔二〕侵掠所獲，歲鉅萬計，而和親賂遺，不過千金，安在其不棄質而失重利也？仲舒之言，漏於是矣。

〔一〕師古曰：「遯，古遁字。」

〔二〕師古曰：「昧，貪也，音妹。」

夫規事建議，不圖萬世之固，而媮恃一時之事者，未（必）〔可〕以經遠也。〔一〕若乃征伐之功，秦漢行事，嚴尤論之當矣。故先王度土，中立封畿，〔二〕分九州，列五服，〔三〕物土貢，制外內，〔四〕或脩刑政，或昭文德，遠近之勢異也。是以春秋內諸夏而外夷狄。〔五〕夷狄之人貪而好利，被髮左衽，人面獸心，其與中國殊章服，異習俗，飲食不同，言語不通，辟居北垂寒露之野，〔六〕逐草隨畜，射獵爲生，隔以山谷，雍以沙幕，〔七〕天地所以絕外內也。是故聖王禽獸畜之，不與約誓，不就攻伐；約之則費賂而見欺，攻之則勞師而招寇。其地不可耕而食也，其民不可臣而畜也，是以外而不內，疏而不戚，〔八〕政教不及其人，正朔不加其國；來則懲而御之，去則備而守之。〔九〕其慕義而貢獻，則接之以禮讓，羈靡不絕，使曲在彼，蓋聖王制御蠻夷之常道也。

〔一〕師古曰：「媮與偷同。」

〔二〕師古曰：「度音大各反。中音竹仲反。」

〔三〕師古曰：「九州、五服，解並在前。」

〔四〕師古曰：「物土貢者，各因其土所生之物而貢之也。制外內，謂五服之差，遠近異制。」

〔五〕師古曰：「春秋成十五年『諸侯會吳於鍾離』。公羊傳曰：『曷爲殊會？吳外也。曷爲外？春秋內中國而外諸夏，內諸夏而外夷狄也。』」

〔六〕師古曰：「辟讀曰僻。」

〔七〕師古曰：「雍讀曰壅。」

〔八〕師古曰：「戚，近也。」

〔九〕師古曰：「懲謂使其創乂。」

校勘記

三八〇六頁六行　願爲單于侍(史)〔使〕於漢，景祐、殿、局本都作「使」。王先謙說作「使」是。

三八〇九頁一三行　欲會二年歲首之朝(會)〔禮〕，景祐、殿本都作「禮」。

三八一四頁五行　快心於狼望之北哉？王先謙據通鑑胡注，以「狼望」爲狼煙候望之地，與顏注異。

三八一四頁一〇行　呼韓邪攜國歸(死)〔化〕，王念孫說「歸死」二字於義不可通，漢紀孝哀紀、通典邊防十一並作「歸化」。

三八二〇頁五行　(之)〔不〕當予匈奴稅。錢大昭說「之」當作「不」。按景祐、殿、局本都作「不」。

三八二〇頁六行　共(入)〔殺〕匈奴使及其官屬，錢大昭說「入」當作「殺」。按景祐、殿、局本都作「殺」。

三八二一頁八行　今(印)〔卽〕去『璽』加『新』，景祐本作「卽」。王念孫說作「卽」是，卽者若也。

三八二九頁二行　云女弟當(戶)〔于〕居次　王先謙說「戶」當爲「于」。按見上文。

三八三〇頁二行　春秋「有道守在四夷」，楊樹達說，賈子春秋篇「天子有道，守在四夷」，此春秋舊說。「有道」二字當在引號內。

三八三〇頁一一行　春秋左氏傳昭(三十二)〔二十三〕年　按當作「二十三年」，各本並誤。

三八三二頁一六行　(二)〔三〕世稱藩，景祐、殿、局本都作「三」。王先謙說作「三」是。

三八三三頁一四行　未(必)〔可〕以經遠也。景祐、殿本都作「可」。王先謙說作「可」是。

漢書卷九十五

西南夷兩粵朝鮮傳第六十五

(西)〔南〕夷君長以十數，夜郎最大。〔一〕其西，靡莫之屬以十數，滇最大。〔二〕自滇以北，君長以十數，邛都最大。〔三〕此皆椎結，〔四〕耕田，有邑聚。其外，西自桐師以東，北至葉榆，〔五〕名爲嶲、昆明，〔六〕編髮，〔七〕隨畜移徙，亡常處，亡君長，地方可數千里。自嶲以東北，君長以十數，徙、莋都最大。〔八〕自莋以東北，君長以十數，冉駹最大。〔九〕其俗，或土著，或移徙。〔一〇〕在蜀之西。自駹以東北，君長以十數，白馬最大，皆氐類也。此皆巴蜀西南外蠻夷也。

〔一〕師古曰：「後爲縣，屬牂柯郡。」

〔二〕師古曰：「地有滇池，因爲名也。滇音顚。」

〔三〕師古曰：「今之邛州本其地。」

〔四〕師古曰：「椎音直追反。結讀曰髻。爲髻如椎之形也。陸賈傳及貨殖傳皆作魋字，音義同耳。此下朝鮮傳亦同。」

〔五〕師古曰：「葉榆，澤名，因以立號，後爲縣，屬益州郡。」

〔六〕師古曰：「巂即今之巂州也。昆明又在其西南，即今之南寧州，諸爨所居，是其地也。巂音髓。」

〔七〕師古曰：「編音步典反。」

〔八〕師古曰：「徙及莋都，二國也。徙後爲徙縣，屬蜀郡。莋都後爲沈黎郡。徙音斯。莋音材各反。」

〔九〕師古曰：「今夔州、開州首領多姓冉者，本皆冉種也。駹音尨。」

〔一〇〕師古曰：「土著，謂有常處著於土地也。著音直略反。」

始楚威王時，使將軍莊蹻將兵循江上，〔一〕略巴、黔中以西。〔二〕莊蹻者，楚莊王苗裔也。蹻至滇池，方三百里，〔三〕旁平地肥饒數千里，〔四〕以兵威定屬楚。欲歸報，會秦擊奪楚巴、黔中郡，道塞不通，因乃以其衆王滇，變服，從其俗，以長之。〔五〕秦時嘗破，略通五尺道，〔六〕諸此國頗置吏焉。十餘歲，秦滅。及漢興，皆棄此國而關蜀故徼。〔七〕巴蜀民或竊出商賈，取其莋馬、僰僮、旄牛，以此巴蜀殷富。

〔一〕師古曰：「循，順也。謂緣江而上也。蹻音居略反。」

〔二〕師古曰：「黔中，即今黔州是其地，本巴人也。」

〔三〕師古曰：「地理志益州滇池縣，其澤在西北。華陽國志云澤下流淺狹，狀如倒池，故云滇池。」

〔四〕師古曰：「池旁之地也。」

〔五〕師古曰：「爲其長帥也。」

〔六〕師古曰：「其處險阸，故道纔廣五尺。」

〔七〕師古曰：「西南之徼，猶北方塞也。徼音工釣反。」

建元六年，大行王恢擊東粵，東粵殺王郢以報。恢因兵威使番陽令唐蒙風曉南粵。〔一〕南粵食蒙蜀枸醬，〔二〕蒙問所從來，曰：「道西北牂柯江，〔三〕江廣數里，出番禺城下。」〔四〕蒙歸至長安，問蜀賈人，獨蜀出枸醬，多持竊出市夜郎。夜郎者，臨牂柯江，江廣百餘步，足以行船。南粵以財物役屬夜郎，西至桐師，然亦不能臣使也。蒙乃上書說上曰：「南粵王黃屋左纛，〔五〕地東西萬餘里，名爲外臣，實一州主。今以長沙、豫章往，水道多絕，難行。竊聞夜郎所有精兵可得十萬，浮船牂柯，出不意，此制粵一奇也。誠以漢之强，巴蜀之饒，通夜郎道，爲置吏，甚易。」上許之。乃拜蒙以郎中將，將千人，食重萬餘人，〔六〕從巴（莋）〔苻〕關入，遂見夜郎侯多同。〔七〕厚賜，諭以威德，約爲置吏，使其子爲令。〔八〕夜郎旁小邑皆貪漢繒帛，以爲漢道險，終不能有也，乃且聽蒙約。還報，乃以爲犍爲郡。發巴蜀卒治道，自僰道指牂柯江。蜀人司馬相如亦言西夷邛、莋可置郡。使相如以郎中將往諭，皆如南夷，爲置一都尉，十餘縣，屬蜀。

〔一〕師古曰：「番音蒲何反。風讀曰諷。」

〔二〕晉灼曰：「枸音矩。」劉德曰：「枸樹如桑，其椹長二三寸，味酢。取其實以爲醬，美，蜀人以爲珍味。」師古曰：「劉說非也。子形如(赤)〔桑〕椹耳。緣木而生，非樹也。子又不長二三寸，味尤辛，不酢。今宕渠則有之。食讀曰飤。」

〔三〕師古曰：「道，由也，由此而來也。」

〔四〕師古曰：「番音普安反。禺音隅。」

〔五〕師古曰：「言爲天子之車服。」

〔六〕師古曰：「食糧及衣重也。重音直用反。」

〔七〕師古曰：「多同，其侯名也。」

〔八〕師古曰：「比之於漢縣也。」

當是時，巴蜀四郡通西南夷道，載轉相饟。〔一〕數歲，道不通，士罷餓餧，離暑溼，死者甚衆。〔二〕西南夷又數反，發兵興擊，耗費亡功。〔三〕上患之，使公孫弘往視問焉。還報，言其不便。及弘爲御史大夫，時方築朔方，據河逐胡，弘等因言西南夷爲害，〔四〕可且罷，專力事匈奴。上許之，罷西夷，獨置南夷兩縣一都尉，稍令犍爲自保就。〔五〕

〔一〕師古曰：「饟，古餉字。」

〔二〕師古曰：「罷讀曰疲。餧，飢也。離，遭也。餧音能賄反。」

〔三〕師古曰：「耗，損也，音呼到反。」

〔四〕師古曰：「言通西南夷大爲損害。」

〔五〕師古曰：「令自保守，且脩成其郡縣。」

及元狩元年，博望侯張騫言使大夏時，見蜀布、邛竹杖，問所從來，曰「從東南身毒國，〔一〕可數千里，得蜀賈人市。」或聞邛西可二千里有身毒國。騫因盛言大夏在漢西南，慕中國，患匈奴隔其道，誠通蜀，身毒國道便近，又亡害。於是天子乃令王然于、柏始昌、呂越人等十餘輩間出西南夷，〔二〕指求身毒國。至滇，滇王當羌乃留爲求道。〔三〕四歲餘，皆閉昆明，莫能通。〔四〕滇王與漢使言：「漢孰與我大？」〔五〕及夜郎侯亦然。各自以一州王，不知漢廣大。使者還，因盛言滇大國，足事親附。〔六〕天子注意焉。

〔一〕師古曰：「即天竺也，亦曰捐篤也。」
〔二〕師古曰：「求間隙而出也。」
〔三〕師古曰：「當羌，滇王名。」
〔四〕師古曰：「爲昆明所閉塞。」
〔五〕師古曰：「與猶如。」
〔六〕師古曰：「言可專事招來之，令其親附。」

及至南粵反，上使馳義侯因犍爲發南夷兵。且蘭君恐遠行，旁國虜其老弱，〔一〕乃與其衆反，殺使者及犍爲太守。漢乃發巴蜀罪人當擊南粵者八校尉擊之。會越已破，漢八校尉不下，中郎將郭昌、衞廣引兵還，行誅隔滇道者且蘭，〔二〕斬首數萬，遂平南夷爲牂柯郡。夜郎侯始倚南粵，南粵已滅，還誅反者，〔三〕夜郎遂入朝，上以爲夜郎王。南粵破後，及漢誅且蘭、邛君，并殺筰侯，冉駹皆震恐，請臣置吏。以邛都爲粵嶲郡，筰都爲沈黎郡，冉駹爲文山郡，廣漢西白馬爲武都郡。

〔一〕師古曰：「恐發兵與漢行後，其國空虛，而旁國來寇，鈔取其老弱也。且音子餘反。」

〔二〕師古曰：「言因軍行而便誅之也。」

〔三〕師古曰：「謂軍還而誅且蘭。」

使王然于以粵破及誅南夷兵威風諭滇王入朝。〔一〕滇王者，其衆數萬人，其旁東北勞深、靡莫皆同姓相杖，未肯聽。〔二〕勞、莫數侵犯使者吏卒。元封二年，天子發巴蜀兵擊滅勞深、靡莫，以兵臨滇。滇王始首善，以故弗誅。〔三〕滇王離西夷，〔四〕滇舉國降，請置吏入朝。於是以爲益州郡，賜滇王王印，復長其民。〔五〕西南夷君長以百數，獨夜郎、滇受王印。滇，小邑也，最寵焉。

〔一〕師古曰：「風讀曰諷。」

〔二〕師古曰：「杖猶倚也，相依倚爲援而不聽滇王入朝也。杖音直亮反。」

〔三〕師古曰：「言初始以來，常有善意。」

〔四〕師古曰：「言東嚮事漢。」

〔五〕師古曰：「爲之長帥。」

後二十三歲，孝昭始元元年，益州廉頭、姑繒民反，殺長吏。牂柯、談指、同並等二十四邑，凡三萬餘人皆反。〔一〕遣水衡都尉發蜀郡、犍爲犇命萬餘人〔二〕擊牂柯，大破之。後三歲，姑繒、葉榆復反，遣水衡都尉呂辟胡將郡兵擊之。〔三〕辟胡不進，蠻夷遂殺益州太守，乘勝與辟胡戰，士戰及溺死者四千餘人。明年，復遣軍正王平與大鴻臚田廣明等並進，大破益州，斬首捕虜五萬餘級，獲畜產十餘萬。上曰：「鉤町侯亡波率其邑君長人民擊反者，〔四〕斬首捕虜有功，其立亡波爲鉤町王。大鴻臚廣明賜爵關內侯，食邑三百戶。」後間歲，武都氐人反，〔五〕遣執金吾馬適建、龍額侯韓增與大鴻臚廣明將兵擊之。

〔一〕師古曰：「並音伴。」

〔二〕師古曰：「犇，古奔字。奔命，解在昭紀。」

〔三〕師古曰：「辟音璧。」

〔四〕師古曰：「鉤音鉅于反。町音大鼎反。」

〔五〕師古曰：「間歲，隔一歲。」

至成帝河平中，夜郎王興與鉤町王禹、漏臥侯俞〔一〕更舉兵相攻。〔二〕牂柯太守請發兵誅興等，議者以爲道遠不可擊，乃遣太中大夫蜀郡張匡持節和解。興等不從命，刻木象漢吏，立道旁射之。杜欽說大將軍王鳳曰：「太中大夫匡使和解蠻夷王侯，王侯受詔，已復相攻，輕易漢使，不憚國威，其效可見。恐議者選耎，復守和解，〔三〕太守察動靜，有變乃以聞。如此，則復曠一時，〔四〕王侯得收獵其衆，申固其謀，黨助衆多，各不勝忿，必相殄滅。自知罪成，狂犯守尉，〔五〕遠臧溫暑毒草之地，雖有孫吳將，賁育士，〔六〕若入水火，往必焦沒，知勇亡所施。屯田守之，費不可勝量。宜因其罪惡未成，未疑漢家加誅，陰敕旁郡守尉練士馬，〔七〕大司農豫調穀積要害處，〔八〕選任職太守往，以秋涼時入，誅其王侯尤不軌者。即以為不毛之地，亡用之民，聖王不以勞中國，〔九〕宜罷郡，放棄其民，絕其王侯勿復通。如以先帝所立累世之功不可墮壞，〔一〇〕亦宜因其萌牙，早斷絕之，及已成形然後戰師，則萬姓被害。」

〔一〕孟康曰：「漏臥，夷邑名，後為縣。」師古曰：「俞音踰。」
〔二〕師古曰：「更，互也，音工衡反。」
〔三〕師古曰：「選耎，怯不前之意也。選音息兗反。耎音人兗反。」
〔四〕師古曰：「曠，空也。一時，〔二〕〔三〕月也。言空廢一時不早發兵也。」
〔五〕師古曰：「言起狂勃之心而殺守尉也。」
〔六〕師古曰：「孫，孫武也。吳，吳起也。賁，孟賁也。育，夏育也。」
〔七〕師古曰：「練，簡也。」
〔八〕師古曰：「調，發也。要害者，在我為要，於敵為害也。調音徒釣反。」

〔九〕師古曰：「卽猶若也。不毛，言不生草木。」

〔一〇〕師古曰：「如亦若也。墮，毁也，音火規反。」

大將軍鳳於是薦金城司馬陳立爲牂柯太守。立者，臨邛人，前爲連然長，不韋令，〔一〕蠻夷畏之。及至牂柯，諭告夜郎王興，興不從命，立請誅之。未報，乃從吏數十人出行縣，〔二〕至興國且同亭，〔三〕召興。興將數千人往至亭，從邑君數十人入見立。立數責，因斷頭。〔四〕邑君曰：「將軍誅亡狀，爲民除害，願出曉士衆。」以興頭示之，皆釋兵降。〔五〕鉤町王禹、漏臥侯俞震恐，入粟千斛，牛羊勞吏士。立還歸郡，興妻父翁指與興子邪務收餘兵，迫脅旁二十二邑反。至冬，立奏募諸夷與都尉長史分將攻翁指等。翁指據阸爲壘，立使奇兵絕其饟道，縱反間以誘其衆。〔六〕都尉萬年曰：「兵久不決，費不可共。」〔七〕引兵獨進，敗走，趨立營。〔八〕立怒，叱戲下令格之。〔九〕都尉復還戰，立引兵救之。時天大旱，立攻絕其水道。蠻夷共斬翁指，持首出降。立已平定西夷，徵詣京師。會巴郡有盜賊，復以立爲巴郡太守，秩中二千石居，賜爵左庶長。〔一〇〕徙爲天水太守，勸民農桑爲天下最，賜金四十斤。入爲左曹衛將軍、護軍都尉，卒官。

〔一〕蘇林曰：「皆益州縣也。」

〔二〕師古曰：「行音下更反。」

〔三〕師古曰：「且音子餘反。」

〔四〕師古曰：「數音所具反。」

〔五〕師古曰：「釋，解也。」

〔六〕師古曰：「閒音居莧反。」

〔七〕師古曰：「共讀曰供。」

〔八〕師古曰：「趨讀曰趣。趣，向也。」

〔九〕師古曰：「戲音許宜反，又音麾。解在高紀及灌夫傳。」

〔一〇〕師古曰：「第十爵也。」

王莽篡位，改漢制，貶鉤町王以爲侯。王邯怨恨，〔一〕牂柯大尹周欽詐殺邯。邯弟承攻殺欽，州郡擊之，不能服。三邊蠻夷愁擾盡反，復殺益州大尹程隆。莽遣平蠻將軍馮茂發巴、蜀、犍爲吏士，賦斂取足於民，以擊益州。出入三年，疾疫死者什七，巴、蜀騷動。莽徵茂還，誅之。更遣寧始將軍廉丹與庸部牧史熊〔二〕大發天水、隴西騎士，廣漢、巴、蜀、犍爲吏民十萬人，轉輸者合二十萬人，擊之。始至，頗斬首數千，其後軍糧前後不相及，士卒飢疫，三歲餘死者數萬。而粵嶲蠻夷任貴亦殺太守枚根，自立爲邛穀王。〔三〕會莽敗漢興，誅貴，復舊號云。〔四〕

〔一〕師古曰：「邯，其王名也。邯音酣。」

〔二〕師古曰：「莽改益州爲庸部。」

〔三〕師古曰：「枚根，太守之姓名。」

〔四〕師古曰：「此漢興者，謂光武中興也。」

南粵王趙佗，眞定人也。〔一〕秦并天下，略定揚粵，〔二〕置桂林、南海、象郡，以適徙民與粵雜處。〔三〕十三歲，至二世時，南海尉任囂〔四〕病且死，召龍川令趙佗〔五〕語曰：「聞陳勝等作亂，豪桀叛秦相立，南海辟遠，恐盜兵侵此。〔六〕吾欲興兵絕新道，〔七〕自備待諸侯變，會疾甚。且番禺負山險阻，〔八〕南北東西數千里，頗有中國人相輔，此亦一州之主，可爲國。郡中長吏亡足與謀者，故召公告之。」卽被佗書，行南海尉事。〔九〕囂死，佗卽移檄告橫浦、陽山、湟谿關〔一〇〕曰：「盜兵且至，急絕道聚兵自守。」因稍以法誅秦所置吏，以其黨爲守假。〔一一〕秦已滅，佗卽擊并桂林、象郡，自立爲南粵武王。

〔一〕師古曰：「眞定，本趙國之縣也。佗音徒何反。」

〔二〕師古曰：「本揚州之分，故云揚粵。」

〔三〕師古曰：「適讀曰謫。謫有罪者，徙之於越地，與其土人雜居。」

〔四〕師古曰：「囂音敖。」

〔五〕師古曰：「龍川，南海之縣也，卽今之循州。」

〔六〕師古曰：「辟讀曰僻。」

〔七〕師古曰：「秦所開越道也。」

〔八〕師古曰：「負，倚也。」

〔九〕師古曰：「被，加也，音皮義反。」

〔一〇〕師古曰：「湟音皇。」

〔一一〕師古曰：「令爲郡縣之職，或守或假也。」

高帝已定天下，爲中國勞苦，故釋佗不誅。〔一〕十一年，遣陸賈立佗爲南粤王，與剖符通使，使和輯百粤，〔二〕毋爲南邊害，與長沙接境。

〔一〕師古曰：「釋，置也。」

〔二〕師古曰：「輯與集同也。」

高后時，有司請禁粤關市鐵器。佗曰：「高皇帝立我，通使物，今高后聽讒臣，別異蠻夷，鬲絕器物，〔一〕此必長沙王計，欲倚中國，〔二〕擊滅南海幷王之，自爲功也。」於是佗乃自尊號爲南武帝，發兵攻長沙邊，敗數縣焉。高后遣將軍隆慮侯竈擊之，〔三〕會暑溼，士卒大疫，兵不能隃領。〔四〕歲餘，高后崩，即罷兵。佗因此以兵威財物賂遺閩粤、西甌駱，役屬焉。〔五〕東西萬餘里。乃乘黃屋左纛，稱制，與中國侔。〔六〕

〔一〕師古曰：「鬲與隔同。」

〔二〕師古曰：「倚音於綺反。」
〔三〕師古曰：「周竈也。慮音盧。」
〔四〕師古曰：「隃與踰同。下皆類此。」
〔五〕師古曰：「西甌即駱越也。言西者，以別東甌也。」
〔六〕師古曰：「侔，等也。」

文帝元年，初鎮撫天下，使告諸侯四夷從代來即位意，諭盛德焉。〔一〕乃爲佗親冢在眞定置守邑，〔二〕歲時奉祀。召其從昆弟，尊官厚賜寵之。詔丞相平舉可使粵者，平言陸賈先帝時使粵。上召賈爲太中大夫，謁者一人爲副使，賜佗書曰：「皇帝謹問南粵王，甚苦心勞意。朕，高皇帝側室之子，〔三〕棄外奉北藩于代，道里遼遠，壅蔽樸愚，未嘗致書。〔四〕高皇帝棄羣臣，孝惠皇帝即世，高后（自）〔自〕臨事，不幸有疾，日進不衰，〔五〕以故誖暴乎治。〔六〕諸呂爲變故亂法，不能獨制，乃取它姓子爲孝惠皇帝嗣。賴宗廟之靈，功臣之力，誅之已畢。朕以王侯吏不釋之故，〔七〕不得不立，今即位。乃者聞王遺將軍隆慮侯書，求親昆弟，請罷長沙兩將軍。〔八〕朕以王書罷將軍博陽侯，親昆弟在眞定者，已遣人存問，脩治先人冢。前日聞王發兵於邊，爲寇災不止。當其時長沙苦之，南郡尤甚，雖王之國，庸獨利乎！〔九〕必多殺士卒，傷良將吏，寡人之妻，孤人之子，獨人父母，得一亡十，朕不忍爲也。朕欲定地犬牙相入者，以問吏，吏曰『高皇帝所以介長沙土也』，〔一〇〕朕不得擅變焉。吏曰：『得王之地不足以爲大，得王之財不足以爲富，服領以南，王自治之。』〔一一〕雖然，王之號爲帝。兩帝並立，亡一乘之使以通其道，是爭也；爭而不讓，仁者不爲也。願與王分棄前患，〔一二〕終今以來，通使如故。〔一三〕故使賈馳諭告王朕意，王亦受之，毋爲寇災矣。上褚五十衣，中褚三十衣，下褚二十衣，遺王。〔一四〕願王聽樂娛憂，存問鄰國。」〔一五〕

〔一〕師古曰：「言不以威武加於遠方也。」
〔二〕師古曰：「親謂父母也。」
〔三〕師古曰：「言非正嫡所生也。」
〔四〕師古曰：「言未得通使於越。」
〔五〕師古曰：「言疾病益甚也。」
〔六〕師古曰：「誖，乖也，音布內反。」
〔七〕孟康曰：「辭讓帝位不見置也。」
〔八〕師古曰：「佗之昆弟在故鄉者求訪之，而兩將軍將兵擊越者請罷之，以賓附於漢也。言親昆弟者，謂有服屬者也。」
〔九〕師古曰：「言越兵寇邊，長沙、南郡皆厭苦之。而漢軍亦當相拒，方有戰鬭，於越亦非利也。」
〔一〇〕師古曰：「介，隔也。」

〔一〕蘇林曰：「山領名也。」如淳曰：「長沙南界也。」

〔二〕師古曰：「彼此共棄，故云分。」

〔三〕師古曰：「從今通使至於終久，故云終今以來也。」

〔四〕師古曰：「以綿裝衣曰褚。上中下者，綿之多少薄厚之差也。褚音竹呂反。」

〔五〕師古曰：「謂東越及甌駱等。」

陸賈至，南粵王恐，乃頓首謝，願奉明詔，長爲藩臣，奉貢職。於是下令國中曰：「吾聞兩雄不俱立，兩賢不並世。漢皇帝賢天子。自今以來，去帝制黃屋左纛。」因爲書稱：「蠻夷大長老夫臣佗昧死再拜上書皇帝陛下：老夫故粵吏也，高皇帝幸賜臣佗璽，以爲南粵王，使爲外臣，時內貢職。〔一〕孝惠皇帝即位，義不忍絕，所以賜老夫者厚甚。高后自臨用事，近細士，信讒臣，〔二〕別異蠻夷，出令曰：『毋予蠻夷外粵金鐵田器；馬牛羊〔三〕即予，予牡，毋與牝。』〔四〕老夫處辟，馬牛羊齒已長，〔五〕自以祭祀不脩，有死罪，使內史藩、中尉高、御史平凡三輩上書謝過，皆不反。又風聞老夫父母墳墓已壞削，兄弟宗族已誅論。〔六〕吏相與議曰：『今內不得振於漢，外亡以自高異。』〔七〕故更號爲帝，自帝其國，非敢有害於天下也。高皇后聞之大怒，削去南粵之籍，使使不通。老夫竊疑長沙王讒臣，故敢發兵以伐其邊。且南方卑溼，蠻夷中西有西甌，其衆半羸，〔八〕南面稱王；東有閩粵，其衆數千人，亦稱王；西北有長沙，其半蠻夷，亦稱王。〔九〕老夫故敢妄竊帝號，聊以自娛。老夫身定百邑之地，東西南北數千萬里，帶甲百萬有餘，然北面而臣事漢，何也？不敢背先人之故。老夫處粵四十九年，于今抱孫焉。然夙興夜寐，寢不安席，食不甘味，目不視靡曼之色，耳不聽鍾鼓之音者，以不得事漢也。今陛下幸哀憐，復故號，〔一〇〕通使漢如故，老夫死骨不腐，改號不敢爲帝矣！謹北面因使者獻白璧一雙，翠鳥千，犀角十，紫貝五百，桂蠹一器，〔一一〕生翠四十雙，孔雀二雙。昧死再拜，以聞皇帝陛下。」

〔一〕師古曰：「言以時輸入貢職。」

〔二〕師古曰：「細士猶言小人也。」

〔三〕師古曰：「言非中國，故云外越。」

〔四〕師古曰：「恐其蕃息。」

〔五〕師古曰：「辟讀曰僻。齒已長，謂老矣。」

〔六〕師古曰：「風聞，聞風聲。」

〔七〕師古曰：「振，起也。」

〔八〕師古曰：「羸謂劣弱也。」

〔九〕師古曰：「言長沙之國半雜蠻夷之人。」

〔一〇〕師古曰：「復音扶目反。」

〔一〕應劭曰：「桂樹中蝎蟲也。」蘇林曰：「漢舊常以獻陵廟，載以赤轂小車。」師古曰：「此蟲食桂，故味辛，而漬之以蜜食之也。蠹音丁故反。」

陸賈還報，文帝大說。〔一〕遂至孝景時，稱臣遣使入朝請。〔二〕然其居國，竊如故號；其使天子，稱王朝命如諸侯。

〔一〕師古曰：「說讀曰悅。」

〔二〕師古曰：「請音才性反。」

至武帝建元四年，佗孫胡爲南粵王。立三年，閩粵王郢興兵南擊邊邑。粵使人上書曰：「兩粵俱爲藩臣，毋擅興兵相攻擊。今東粵擅興兵侵臣，臣不敢興兵，唯天子詔之。」於是天子多南粵義，〔一〕守職約，〔二〕爲興師，遣兩將軍往討閩粵。兵未隃領，閩粵王弟餘善殺郢以降，於是罷兵。

〔一〕師古曰：「多猶重也。」

〔二〕師古曰：「守藩臣之職，而不踰約制。」

天子使嚴助往諭意，南粵王胡頓首曰：「天子乃興兵誅閩粵，死亡以報德！」遣太子嬰齊入宿衞。謂助曰：「國新被寇，使者行矣。胡方日夜裝入見天子。」助去後，其大臣諫胡曰：「漢興兵誅郢，亦行以驚動南粵。且先王言事天子期毋失禮，要之不可以怵好語入見。〔一〕入見則不得復歸，亡國之勢也。」於是胡稱病，竟不入見。後十餘歲，胡實病甚，太子嬰齊請歸。胡薨，謚曰文王。

〔一〕師古曰：「怵，誘也。不可被誘怵以好語而入漢朝也。怵音先聿反。」

嬰齊嗣立，卽藏其先武帝、文帝璽。〔一〕嬰齊在長安時，取邯鄲摎氏女，〔二〕生子興。及卽位，上書請立摎氏女爲后，興爲嗣。漢數使使者風諭，〔三〕嬰齊猶尙樂擅殺生自恣，懼入見，要以用漢法，比內諸侯，固稱病，遂不入見。遣子次公入宿衞。嬰齊薨，謚爲明王。

〔一〕李奇曰：「去其僭號。」

〔二〕師古曰：「摎音居虯反。」

〔三〕師古曰：「風讀曰諷。諷諭令入朝。」

太子興嗣立，其母爲太后。太后自未爲嬰齊妻時，曾與霸陵人安國少季通。〔一〕及嬰齊薨後，元鼎四年，漢使安國少季諭王、王太后入朝，令辯士諫大夫終軍等宣其辭，勇士魏臣等輔其決，〔二〕衞尉路博德將兵屯桂陽，待使者。王年少，太后中國人，安國少季往，復與私通，國人頗知之，多不附太后。太后恐亂起，亦欲倚漢威，〔三〕勸王及幸臣求內屬。卽因使者上書，請比內諸侯，三歲壹朝，除邊關。於是天子許之，賜其丞相呂嘉銀印，及內史、中尉、太傅印，餘得自置。〔四〕除其故黥劓刑，用漢法。諸使者皆留塡撫之。〔五〕王、王太后飭治行裝重賫，爲入朝具。

〔一〕師古曰：「姓安國，字少季。」

〔二〕師古曰：「助令決策也。」

〔三〕師古曰：「倚音於綺反。」

〔四〕師古曰：「丞相、內史、中尉、太傅之外，皆任其國自選置，不受漢之印綬。」

〔五〕師古曰：「塡音竹刃反。」

相呂嘉年長矣，相三王，宗族官貴爲長吏七十餘人，男盡尙王女，女盡嫁王子弟宗室，及蒼梧秦王有連。〔一〕其居國中甚重，粤人信之，多爲耳目者，得衆心愈於王。〔二〕王之上書，數諫止王，王不聽。有畔心，數稱病不見漢使者。使者注意嘉，勢未能誅。王、王太后亦恐嘉等先事發，欲介使者權，謀誅嘉等。〔三〕置酒請使者，大臣皆侍坐飲。嘉弟爲將，將卒居宮外。酒行，太后謂嘉：「南粤內屬，國之利，而相君苦不便者，何也？」以激怒使者。使者狐疑相杖，遂不敢發。〔四〕嘉見耳目非是，〔五〕卽趨出。太后怒，欲鏦嘉以矛，〔六〕王止太后。嘉遂出，介弟兵就舍，〔七〕稱病，不肯見王及使者。乃陰謀作亂。王素亡意誅嘉，嘉知之，以故數月不發。太后獨欲誅嘉等，力又不能。

〔一〕孟康曰：「蒼梧，越中王，自名爲秦王。連，親婚也。」晉灼曰：「秦王卽下趙光也。趙本與秦同姓，故曰秦王。」

〔二〕師古曰：「愈，勝也。」

〔三〕師古曰：「介，恃也。」

〔四〕師古曰：「杖音直亮反。」

〔五〕師古曰：「異於常也。」

〔六〕師古曰：「鏦謂撞刺之也，音窻。」

〔七〕李奇曰：「介，被也。」師古曰：「介，甲也，被甲而自衞也，弟兵即上所云弟將卒居外者。」

天子聞之，罪使者怯亡決。又以爲王、王太后已附漢，獨呂嘉爲亂，不足以興兵，欲使莊參以二千人往。參曰：「以好往，數人足；以武往，二千人亡足以爲也。」辭不可，天子罷參兵。郟壯士故濟北相韓千秋〔一〕奮曰：「以區區粵，又有王應，獨呂嘉爲害，願得勇士三百人，必斬嘉以報。」於是天子遣千秋與王太后弟摎樂將二千人往。入粵境，呂嘉乃遂反，下令國中曰：「王年少。太后中國人，又與使者亂，專欲內屬，盡持先王寶入獻天子以自媚，多從人，行至長安，虜賣以爲僮。取自脫一時利，亡顧趙氏社稷爲萬世慮之意。」乃與其弟將卒攻殺太后、王，盡殺漢使者。遣人告蒼梧秦王及其諸郡縣，立明王長男粵妻子術陽侯建德爲王。而韓千秋兵之入也，破數小邑。其後粵直開道給食，〔二〕未至番禺四十里，粵以兵擊千秋等，滅之。使人函封漢使節置塞上，好爲謾辭謝罪，〔三〕發兵守要害處。於是天子曰：「韓千秋雖亡成功，亦軍鋒之冠。〔四〕封其子延年爲成安侯。樛樂，其姊爲王太后，首願屬漢，封其子廣德爲龔侯。」〔五〕乃赦天下，曰：「天子微弱，諸侯力政，譏臣不討賊。〔六〕呂嘉、建德等反，自立晏如，〔七〕令粵人及江淮以南樓船十萬師往討之。」

〔一〕師古曰：「潁川郟縣人也。郟音夾。」
〔二〕師古曰：「縱之令深入，然後誅滅之。」
〔三〕師古曰：「謾，誑也，音慢，又音莫連反。」
〔四〕師古曰：「言最爲首也。」
〔五〕晉灼曰：「龔，古龍字。」
〔六〕師古曰：「力政，謂以兵力相加也。譏臣不討賊者，春秋之義。」
〔七〕師古曰：「言自相置立，而心安泰無恐懼。」

元鼎五年秋，衞尉路博德爲伏波將軍，出桂陽，下湟水；〔一〕主爵都尉楊僕爲樓船將軍，出豫章，下橫浦；故歸義粵侯二人爲戈船、下瀨將軍，〔二〕出零陵，或下離水，或抵蒼梧；使馳義侯因巴蜀罪人，發夜郎兵，下牂柯江：咸會番禺。

〔一〕師古曰：「湟音皇。」
〔二〕師古曰：「從粵來歸義，而漢封之。」

六年冬，樓船將軍將精卒先陷尋陿，破石門，得粵船粟，因推而前，挫粵鋒，以粵數萬人待伏波將軍。伏波將軍將罪人，道遠後期，與樓船會乃有千餘人，遂俱進。樓船居前，至番禺，建德、嘉皆城守。樓船自擇便處，居東南面，伏波居西北面。會暮，樓船攻敗粵人，縱火燒城。粵素聞伏波，莫，不知其兵多少。〔一〕伏波乃爲營，〔二〕遣使招降者，賜印綬，復縱令相招。〔三〕樓船力攻燒敵，〔四〕反敺而入伏波營中。〔五〕遲旦，城中皆降伏波。〔六〕呂嘉、建德以夜與其屬數百人亡入海。伏波又問降者，知嘉所之，遣人追。故其校司馬蘇弘得建德，爲海常侯；〔七〕粵郎都稽得嘉，爲臨蔡侯。〔八〕

〔一〕師古曰：「莫讀曰暮。」

〔二〕師古曰：「設營壘以待降者。」

〔三〕師古曰：「來降者即賜以侯印，而放令還，更相招諭之也。」

〔四〕師古曰：「力，盡力也。」

〔五〕師古曰：「敺與驅同。」

〔六〕師古曰：「遲音丈二反。解在高紀。」

〔七〕師古曰：「校之司馬，若今行軍總管司馬也。」

〔八〕孟康曰：「越中所自置郎也。」師古曰：「稽音雞。」

蒼梧王趙光與粵王同姓，聞漢兵至，降，爲隨桃侯。（又）〔及〕粵揭陽令史定降漢，爲安道侯。〔一〕粵將畢取以軍降，爲膫侯。〔二〕粵桂林監居翁〔三〕諭告甌駱四十餘萬口降，爲湘城侯。戈船、下瀨將軍兵及馳義侯所發夜郎兵未下，南粵已平。遂以其地爲儋耳、珠崖、南海、蒼梧、鬱林、合浦、交阯、九眞、日南九郡。伏波將軍益封。樓船將軍以推鋒陷堅爲將梁侯。

〔一〕蘇林曰：「揭音羯。南海縣。」

〔二〕師古曰：「越將姓畢名取也。功臣表膫屬南陽，音來彫反。」

〔三〕服虔曰：「桂林部監也。姓居名翁。」

自尉佗王凡五世，九十三歲而亡。

閩粵王無諸及粵東海王搖，其先皆粵王句踐之後也，姓騶氏。秦并天下，廢爲君長，以其地爲閩中郡。〔一〕及諸侯畔秦，無諸、搖率粵歸番陽令吳芮，所謂番君者也，〔二〕從諸侯滅秦。當是時，項羽主命，不王也，〔三〕以故不佐楚。漢擊項籍，無諸、搖帥粵人佐漢。漢五年，復立無諸爲閩粵王，王閩中故地，都冶。〔四〕孝惠三年，舉高帝時粵功，〔五〕曰閩君搖功多，其民便附，乃立搖爲東海王，都東甌，世號曰東甌王。

〔一〕師古曰：「即今之泉州建安是也。」

〔二〕師古曰：「吳芮號也。番音蒲河反。」

〔三〕孟康曰：「主號命諸侯，不王無諸、搖等也。」

〔四〕師古曰：「地名，即侯官縣是也。冶音弋者反。」

〔五〕師古曰：「追論其功。」

后數世，〔一〕孝景三年，吳王濞反，欲從閩粵，〔二〕閩粵未肯行，獨東甌從。及吳破，東甌受漢購，殺吳王丹徒，以故得不誅。

〔一〕師古曰：「后與後同，古通用字。」

〔二〕師古曰：「招粵令從也。」

吳王子駒亡走閩粵，怨東甌殺其父，常勸閩粵擊東甌。建元三年，閩粵發兵圍東甌，東甌使人告急天子。天子問太尉田蚡，蚡對曰：「粵人相攻擊，固其常，不足以煩中國往救也。」中大夫嚴助詰蚡，言當救。天子遣助發會稽郡兵浮海救之，語具在助傳。漢兵未至，閩粵引兵去。東粵請舉國徙中國，乃悉與衆處江淮之間。

六年，閩粵擊南粵，南粵守天子約，不敢擅發兵，而以聞。上遣大行王恢出豫章，大司農韓安國出會稽，皆爲將軍。兵未隃領，閩粵王郢發兵距險。其弟餘善與宗族謀曰：「王以擅發兵，不請，故天子兵來誅。漢兵衆强，即幸勝之，後來益多，〔一〕滅國乃止。今殺王以謝天子，天子罷兵，固國完。不聽乃力戰，不勝即亡入海。」皆曰：「善。」即鏦殺王，〔二〕使使奉其頭致大行。大行曰：「所爲來者，誅王。王頭至，不戰而殞，利莫大焉。」乃以便宜案兵告大司農軍，而使使奉王頭馳報天子。詔罷兩將軍兵，曰：「郢等首惡，獨無諸孫繇君丑不與謀。」〔三〕乃使郎中將立丑爲粵繇王，奉閩粵祭祀。

〔一〕師古曰：「言漢地廣大，兵衆盛强，今雖勝之，後必更來也。」

〔二〕師古曰：「鏦音初江反。」

〔三〕張晏曰：「繇，邑號也。」師古曰：「繇音搖。與讀曰豫。」

餘善以殺郢，威行國中，民多屬，竊自立爲王，繇王不能制。上聞之，爲餘善不足復興師，曰：「餘善首誅郢，師得不勞。」因立餘善爲東粵王，與繇王並處。

至元鼎五年，南粵反，餘善上書請以卒八〔十〕〔千〕從樓船擊呂嘉等。兵至揭陽，以海風波爲解，〔一〕不行，持兩端，陰使南粵。〔二〕及漢破番禺，樓船將軍僕上書願請引兵擊東粵。上以士卒勞倦，不許。罷兵，令諸校留屯豫章梅領待命。〔三〕

〔一〕師古曰：「解者，自解說，若今言分疏。」

〔二〕師古曰：「遣使與相知。」

〔三〕師古曰：「聽詔命也。」

明年秋，餘善聞樓船請誅之，漢兵留境，且往，〔一〕乃遂發兵距漢道，號將軍騶力等爲

「吞漢將軍」，入白沙、武林、梅領，殺漢三校尉。是時，漢使大司農張成、故山州侯齒將屯，〔二〕不敢擊，卻就便處，〔三〕皆坐畏懦誅。餘善刻「武帝」璽自立，詐其民，為妄言。〔四〕上遣橫海將軍韓說出句章，〔五〕浮海從東方往；樓船將軍僕出武林，〔六〕中尉王溫舒出梅領，粵侯為戈船、下瀨將軍出如邪、白沙，元封元年冬，咸入東粵。東粵素發兵距嶮，使徇北將軍守武林，敗樓船軍數校尉，殺長史。樓船軍卒錢唐轅終古斬徇北將軍，〔七〕為語兒侯。〔八〕自兵未往。

〔一〕師古曰：「言兵在境首，恐將來討之。」

〔二〕師古曰：「齒，城陽恭王子也，舊封山州侯。」

〔三〕師古曰：「卻，退也，音丘略反。」

〔四〕師古曰：「妄自尊大也。」

〔五〕師古曰：「說讀曰悅。句章，會稽之縣。」

〔六〕師古曰：「楊僕也。」

〔七〕師古曰：「錢唐，會稽縣也。轅，姓；終古，名也。轅音袁。」

〔八〕孟康曰：「越中地也。今吳南亭是。」師古曰：「語字或作篽，或作蘌，其音同。」

故粵衍侯吳陽前在漢，漢使歸諭餘善，不聽。及橫海軍至，陽以其邑七百人反，攻粵軍於漢陽。及故粵建成侯敖與繇王居股謀，俱殺餘善，以其衆降橫海軍。封居股為東成侯，萬戶；封敖爲開陵侯；〔一〕封陽爲卯石侯，〔二〕橫海將軍説爲按道侯，橫海校尉福爲繚嫈侯。〔三〕福者，城陽王子，故爲海常侯，坐法失爵，從軍亡功，以宗室故侯。及東粵將多軍，〔四〕漢兵至，棄軍降，封爲無錫侯。故甌駱將左黃同斬西于王，封爲下鄜侯。〔五〕

〔一〕師古曰：「功臣表云開陵侯建成以故東粵建成侯斬餘善侯，二千戶。而此傳云名敖，疑表誤。」

〔二〕師古曰：「功臣表作外石，與此不同，疑表誤。」

〔三〕師古曰：「繚音遼。嫈音於耕反。」

〔四〕李奇曰：「多軍，名。」

〔五〕師古曰：「鄜音郛。」

於是天子曰「東粵陿多阻，閩粵悍，數反覆」，〔一〕詔軍吏皆將其民徙處江淮之間。東粵地遂虛。

〔一〕師古曰：「悍，勇也。」

朝鮮王滿，燕人。自始燕時，嘗略屬眞番、朝鮮，〔一〕爲置吏築障。〔二〕秦滅燕，屬遼東外徼。漢興，爲遠難守，復修遼東故塞，至浿水爲界，〔三〕屬燕。燕王盧綰反，入匈奴，滿亡命，聚黨千餘人，椎結蠻夷服而東走出塞，度浿水，居秦故空地上下障，稍役屬眞番、朝鮮蠻夷

及故燕、齊亡在者王之，〔四〕都王險。〔五〕

〔一〕師古曰：「戰國時燕國略得此地。」

〔二〕師古曰：「障，所以自障蔽也，音之亮反。」

〔三〕師古曰：「浿水在樂浪縣，音普蓋反。」

〔四〕師古曰：「燕、齊之人亡居此地，及眞番、朝鮮蠻夷皆屬滿也。」

〔五〕李奇曰：「地名也。」

會孝惠、高后天下初定，遼東太守卽約滿爲外臣，保塞外蠻夷，毋使盜邊；蠻夷君長欲入見天子，勿得禁止。以聞，上許之，以故滿得以兵威財物侵降其旁小邑，眞番、臨屯皆來服屬，方數千里。

傳子至孫右渠，〔一〕所誘漢亡人滋多，〔二〕又未嘗入見；〔三〕眞番、辰國欲上書見天子，又雍閼弗通。〔四〕元封二年，漢使涉何譙諭右渠，終不肯奉詔。〔五〕何去至界，臨浿水，使馭刺殺送何者朝鮮裨王長，〔六〕卽渡水，馳入塞，遂歸報天子曰「殺朝鮮將」。上爲其名美，弗詰，拜何爲遼東東部都尉。朝鮮怨何，發兵攻襲，殺何。

〔一〕師古曰：「滿死傳子，子死傳孫。右渠者，其孫名也。」

〔二〕師古曰：「滋，益也。」

〔三〕師古曰：「不朝見天子也。」

〔四〕師古曰：「辰謂辰韓之國也。雍讀曰壅。」

〔五〕師古曰：「譙，責讓也，音才笑反。」

〔六〕師古曰：「長者，裨王名也。送何至浿水，何因剌殺之。」

天子募罪人擊朝鮮。其秋，遣樓船將軍楊僕從齊浮勃海，兵五萬，左將軍荀彘出遼東，誅右渠。右渠發兵距險。左將軍卒多率遼東士〔一〕兵先縱，敗散。多還走，坐法斬。〔二〕樓船將齊兵七千人先至王險。右渠城守，窺知樓船軍少，卽出擊樓船，樓船軍敗走。將軍僕失其衆，遁山中十餘日，稍求收散卒，復聚。左將軍擊朝鮮浿水西軍，未能破。

〔一〕如淳曰：「遼東兵多也。」

〔二〕師古曰：「於法合斬。」

天子爲兩將未有利，乃使衞山因兵威往諭右渠。右渠見使者，頓首謝：「願降，恐將詐殺臣；今見信節，請服降。」遣太子入謝，獻馬五千匹，及餽軍糧。〔一〕人衆萬餘持兵，方度浿水，使者及左將軍疑其爲變，謂太子已服降，宜令人毋持兵。太子亦疑使者左將軍詐之，遂不度浿水，復引歸。山報，天子誅山。

〔一〕師古曰：「餽亦饋字。」

左將軍破浿水上軍，乃前至城下，圍其西北。樓船亦往會，居城南。右渠遂堅城守，數月未能下。

左將軍素侍中，幸，〔一〕將燕代卒，悍，乘勝，軍多驕。樓船將齊卒，入海已多敗亡，其先與右渠戰，困辱亡卒，卒皆恐，將心慙，其圍右渠，常持和節。左將軍急擊之，朝鮮大臣乃陰間使人私約降樓船，〔二〕往來言，尚未肯決。左將軍數與樓船期戰，樓船欲就其約，不會。左將軍亦使人求間隙降下朝鮮，不肯，心附樓船。以故兩將不相得。左將軍心意樓船前有失軍罪，〔三〕今與朝鮮和善而又不降，疑其有反計，未敢發。天子曰：「將率不能前，乃使衞山諭降右渠，不能顓決，與左將軍相誤，卒沮約。〔四〕今兩將圍城又乖異，以故久不決。」使故濟南太守公孫遂往正之，有便宜得以從事。遂至，左將軍曰：「朝鮮當下久矣，不下者，樓船數期不會。」具以素所意告遂曰：「今如此不取，恐爲大害，非獨樓船，又且與朝鮮共滅吾軍。」遂亦以爲然，而以節召樓船將軍入左將軍軍計事，卽令左將軍戲下執縛樓船將軍，〔五〕并其軍。以報，天子（許）〔誅〕遂。

〔一〕師古曰：「親幸於天子。」

〔二〕師古曰：「與樓船爲要約而請降。」

〔三〕師古曰：「意，疑也。」

〔四〕師古曰：「顓與專同。卒，終也。沮，壞也。」

〔五〕師古曰：「戲讀與麾同。」

左將軍已并兩軍，卽急擊朝鮮。朝鮮相路人、相韓陶、尼谿相參、將軍王唊〔一〕相與謀曰：「始欲降樓船，樓船今執，獨左將軍并將，戰益急，恐不能與，〔二〕王又不肯降。」陶、唊、路人皆亡降漢。路人道死。元封三年夏，尼谿相參乃使人殺朝鮮王右渠來降。王險城未下，故右渠之大臣成已又反，復攻吏。左將軍使右渠子長、〔三〕降相路人子最，〔四〕告諭其民，誅成已。故遂定朝鮮爲眞番、臨屯、樂浪、玄菟四郡。封參爲澅清侯，〔五〕陶爲秋苴侯，〔六〕唊爲平州侯，長爲幾侯。最以父死頗有功，爲沮陽侯。左將軍徵至，坐爭功相嫉乖計，棄市。樓船將軍亦坐兵至列口當待左將軍，〔七〕擅先縱，失亡多，當誅，贖爲庶人。

〔一〕應劭曰：「凡五人也，戎狄不知官紀，故皆稱相。」師古曰：「相路人一也，相韓陶二也，尼谿相參三也，將軍王唊四也。應氏乃云五人，誤讀爲句，謂尼谿人名，失之矣。不當尋下文乎？唊音頰。」

〔二〕如淳曰：「不能與左將軍相持也。」師古曰：「此說非也。不能與猶言不如也。」

〔三〕師古曰：「右渠之子名長。」

〔四〕師古曰：「相路人前已降漢而死於道，故謂之降相。最者，其子名。」

〔五〕師古曰：「澅音獲。」

〔六〕晉灼曰：「功臣表秋苴屬勃海。」師古曰：「苴音千餘反。」

〔七〕蘇林曰：「列口，縣名也。度海先得之。」

贊曰：楚、粵之先，歷世有土。及周之衰，楚地方五千里，而句踐亦以粵伯。〔一〕秦滅諸侯，唯楚尚有滇王。漢誅西南夷，獨滇復寵。及東粵滅國遷衆，繇王居股等猶爲萬戶侯。三方之開，皆自好事之臣。故西南夷發於唐蒙、司馬相如，兩粵起嚴助、朱買臣，朝鮮由涉何。遭世富盛，〔動〕能成功，然已勤矣。〔二〕追觀太宗塡撫尉佗，〔三〕豈古所謂「招攜以禮，懷遠以德」者哉！〔四〕

〔一〕師古曰：「伯讀曰霸。」

〔二〕師古曰：「已，甚也。言其事甚勤勞。」

〔三〕師古曰：「言文帝以恩德安撫之也。塡音竹刃反。」

〔四〕師古曰：「春秋左氏傳僖七年諸侯盟于甯母，管仲言於齊侯曰：『臣聞之，招攜以禮，懷遠以德。』攜謂離貳者也。懷，來也。言有離貳者則招集之，恃險遠者則懷來之也。故贊引之。」

校勘記

三八三七頁三行　（西）〔南〕夷君長以十數，　錢大昭說「西」當作「南」。按景祐、殿、局本都作「南」。

三八三九頁九行　從巴（筰）〔苻〕關入，　王念孫說「筰」是「苻」之誤。按景祐本正作「苻」。

三八四〇頁一行　子形如（赤）〔桑〕椹耳。　景祐、殿、局本都作「桑」。

三八四四頁一三行　一時，(二)〔三〕月也。　景祐、汲古、殿、局本都作「三」，此誤。

三八四九頁一〇行　高后(白)〔自〕臨事，　景祐、汲古、殿、局本都作「自」。王先謙說「白」乃轉寫誤耳。

三八五八頁一五行　(又)〔及〕粵揭陽令史定降漢，　景祐、殿本都作「及」。

三八六一頁九行　以卒八(十)〔千〕　景祐、殿、局本都作「千」。王先謙說作「千」是。

三八六五頁五行　左將軍卒多率遼東(二)士兵先縱，　王先謙說史記作「卒正多」，多是卒正名，如解非。

三八六六頁一二行　天子(許)〔誅〕遂。　王先謙說史記贊「荀彘爭勞，與遂皆誅」，作「誅」無疑。按各本皆誤。

三八六八頁四行　〔動〕能成功，　景祐、殿本都有「動」字。